Frontières de la citoyenneté
et violence politique en Côte d'Ivoire

Frontières de la citoyenneté et violence politique en Côte d'Ivoire

Sous la direction de

Jean-Bernard Ouédraogo & Ebrima Sall

Conseil pour le développement de la recherche
en sciences sociales en Afrique

© Conseil pour le développement de la recherche en sciences sociales en Afrique, 2008
Avenue Cheikh Anta Diop Angle Canal IV, BP 3304, Dakar, 18524 Sénégal.
Site web: www.codesria.org

Tous droits réservés

ISBN 2-86978-217-9
ISBN 13 : 9782869782174

Mise en page : Sériane Ajavon
Couverture : Ibrahima Fofana
Impression : Imprimerie Graphiplus, Dakar, Sénégal
Distribué en Afrique par le CODESRIA

Le Conseil pour le développement de la recherche en sciences sociales en Afrique (CODESRIA) est une organisation indépendante dont le principal objectif est de faciliter la recherche, de promouvoir une forme de publication basée sur la recherche, et de créer des forums permettant aux chercheurs africains d'échanger des opinions et des informations. Le Conseil cherche à lutter contre la fragmentation de la recherche à travers la mise en place de réseaux de recherche thématiques qui transcendent les barrières linguistiques et régionales.

Le CODESRIA publie une revue trimestrielle, intitulée *Afrique et Développement*, qui est la plus ancienne revue de sciences sociales basée sur l'Afrique. Le Conseil publie également *Afrika Zamani*, qui est une revue d'histoire, de même que la *Revue Africaine de Sociologie*, la *Revue Africaine des Relations Internationales (AJIA)*, et la *Revue de l'Enseignement Supérieur en Afrique*. Le CODESRIA co-publie également la revue *Identité, Culture et Politique : un Dialogue Afro-Asiatique*, ainsi que la *Revue Africaine des Médias*. Les résultats de recherche, ainsi que les autres activités de l'institution sont diffusés par l'intermédiaire des «Documents de travail», la «Série de Monographies», la «Série de Livres du CODESRIA», et le *Bulletin du CODESRIA*.

Le CODESRIA exprime sa gratitude à l'Agence suédoise de coopération pour le développement International (SIDA/SAREC), au Centre de recherche pour le développement international (CRDI), à la Fondation Ford, à la fondation MacArthur, Carnegie Corporation, au NORAD, à l'Agence danoise pour le développement international (DANIDA), au ministère français de la Coopération, au Programme des Nations Unies pour le développement (PNUD), au ministère des Affaires étrangères des Pays-bas, à la Fondation Rockefeller, FINIDA, CIDA, IIEP/ADEA, OCDE, OXFAM America, UNICEF, et le gouvernement du Sénégal pour leur soutien généreux à ses programmes de recherche, de formation et de publication.

Table des matières

Contributeurs vi

Introduction: Citoyenneté, violence et crise des paradigmes dominants 1
  Jean-Bernard Ouédraogo et Ebrima Sall

1. Racines des crises socio-politiques en Côte d'Ivoire et sens de l'histoire ... 25
   Francis Akindès

2. Réflexions d'un Burkinabè sur la crise en Côte d'Ivoire 63
   Basile Laetare Guissou

3. « Je suis un Sidibé de Tiémélékro ». L'acquisition de la nationalité
   ivoirienne à titre originaire: critère juridique ou critère anthropologique ?...79
   Epiphane Zoro

4. Enjeux de développement économique et social et nouveaux compromis
   sociaux: pré-conditions à la stabilisation des conflits en Afrique.
   Réflexions sur la crise en Côte d'Ivoire 89
   Bonnie Campbell

5. La crise de la ruralité en Côte d'Ivoire forestière. Ethnicisation
   des tensions foncières, conflits entre générations et politique
   de libéralisation 105
   Jean-Pierre Chauveau avec la collaboration de Koffi Samuel Bobo

6. Stratégies identitaires et migratoires des ressortissants africains
   résidant à Abidjan: quelle évolution possible ? 125
   Sylvie Bredeloup

7. L'armée dans la construction de la nation ivoirienne 149
   Azoumana Ouattara

8. La brutalisation du champ politique ivoirien 1990–2003 169
   Claudine Vidal

9. Un Africain à Paris: Retour sur l'exil politique de Laurent Gbagbo
   dans les années 80 183
   Pascal Bianchini

10. À propos du rôle des médias dans le conflit ivoirien... 199
    Lori-Anne Théroux-Bénoni et Aghi Auguste Bahi

Les contributeurs

Francis Akindès, Département de sociologie, Université de Bouaké, Côte d'Ivoire.

Aghi Auguste Bahi, CERCOM, Université d'Abidjan-Cocody, Côte d'Ivoire.

Koffi Samuel Bobo, Étudiant de maîtrise en sociologie, Université de Bouaké, associé au programme de l'unité de recherche IRD « Régulations foncières ».

Pascal Bianchini, Chercheur indépendant, agrégé de sciences sociales, Bordeaux, France.

Sylvie Bredeloup, Socio-anthropologue, directrice de recherche à L'IRD (UMR LPED), Université de Provence, France.

Bonnie Campbell, Département de science politique, Université du Québec à Montréal, Canada.

Jean-Pierre Chauveau, Anthropologue, directeur de recherche à l'IRD, Unité de recherche RÉFO, Régulations foncières et politiques publiques, associée à l'UMR MOISA (Marchés, organisations, institutions et stratégies d'acteurs).

Basile Guissou, Directeur Général du Centre national de la recherche scientifique et technologique (CNRST), Ouagadougou, Burkina Faso.

Azoumana Ouattara, Département de philosophie, Université de Bouaké, Côte d'Ivoire.

Jean-Bernard Ouedraogo, Secrétaire Exécutif adjoint du CODESRIA, Dakar, Sénégal.

Ebrima Sall, Directeur du département de la Recherche au CODESRIA, Dakar, Sénégal.

Lori-Anne Théroux-Bénoni, Centre d'études et de recherches internationales, Université de Montréal, Canada.

Claudine Vidal, Directrice de recherche émérite au CNRS, Centre d'études africaines, EHESS, Paris, France.

Epiphane Zoro-Bi, Magistrat, Mouvement ivoirien des Droits de l'Homme et Centre pour la promotion de la non-violence et de la culture démocratique, Abidjan, Côte d'Ivoire.

Introduction

Citoyenneté, violence et crise des paradigmes dominants

Jean-Bernard Ouédraogo et Ebrima Sall

Collective identities are made, not found. But they can only unify the heterogeneous.

Citizens who share a common political life also are others to one another, and each is entitled to remain an Other.

Jurgen Habermas

Le principal objectif de ce volume, après avoir justifié la tenue de la conférence dont il est issu,[1] est de rechercher un début d'explication à la série d'événements survenus depuis 1999 et qu'il est convenu d'appeler la « crise ivoirienne ». Il nous a semblé que l'interprétation évènementielle des faits apportait des explications insatisfaisantes à cette fracture profonde et que la bonne perspective conduisait obligatoirement à revisiter les catégories théoriques essentialistes que s'obstine à nous imposer un regard faussé, alourdi par des préjugés ethnocentriques, sur les faits constatés. Suivant l'esprit des « Séries de dialogues politiques » initiées par le CODESRIA, les participants à cette rencontre ont appliqué un certain nombre de règles indispensables au succès d'une telle entreprise. Une distanciation avec l'événementiel qui passe par un questionnement approfondi sur les causes de l'effondrement annoncé du modèle ivoirien; le sens historique des choses est appelé pour examiner l'enchaînement et l'interaction des faits dont il faut, à chaque fois, statuer sur le poids historique dans la direction tragique de la dynamique sociale. En complément à cette double orientation, les participants, des chercheurs familiers du « terrain ivoirien » et des personnalités politiques, syndicales et de la société civile, ont permis des discussions pertinentes et passionnées parce que souvent nourries par l'expérience. Était également présente une volonté de sortir de cette crise grâce à des actions éclairées par une compréhension de ce bouleversement social dramatique. Se sont confrontés autant de points de vue sur l'interprétation de l'histoire locale, que sur le sens et les contours structurels de la communauté sociale ivoirienne que l'actualité n'a fait que révéler. Bien qu'il ne soit pas possible de retranscrire de manière exhaustive la richesse de ces débats, cette richesse apparaît cependant dans les approfondissements réalisés par les contributeurs et que reflètent fidèlement les textes présentés dans ce volume. En cherchant les origines sociales de l'irruption de cette déchirure sociale et politique, les auteurs du volume partent tous d'une question centrale: de quelle manière le poids du mode de formation de la société ivoirienne moderne intervient-il sur les modalités des actions individuelles et des regroupements collectifs actuels? Cette rencontre a été aussi l'occasion d'une réflexion collective sur le rôle des sciences sociales dans la lecture de l'évolution des sociétés africaines contemporaines et dans l'identification des possibilités d'interventions correctrices

La fracture brutale et violente qu'a connue la formation sociale ivoirienne pose de nouveau, de manière cruciale, la question générale des identités collectives et dévoile les enjeux liés au caractère inachevé de l'entreprise de construction des « États-nations » en Afrique. Les processus de formation des identités collectives ont été profondément marqués par le partage colonial du continent et par sa mise sous contrôle par les puissances extérieures qui s'en est suivie. Depuis cette confrontation historique, la référence sociale principale est désormais un cadre territorial, dit « national » depuis les indépendances acquises dans les années soixante, qui correspondrait plus ou moins à l'espace au sein duquel se fabrique l'État moderne africain. Malgré la force de cet encadrement politique,[2] la nouvelle communauté, « le pays », reste de toute évidence hétérogène sur le triple plan politique, social et culturel. L'action politique et administrative de l'État servant à cimenter cette « nation », à constituer le cadre légal où se déploient des regroupements politiques, à imposer à tous la langue de l'ancienne puissance coloniale et enfin à promouvoir le discours « patriotique » qui légitime la nouvelle instance centrale et des élites qui l'animent. Sur la marge de l'idéologie consensuelle, adoptée par le régime du président Houphouët-Boigny, émergent des discours revendicateurs essentiellement centrés sur l'exigence d'un équilibrage des conditions sociales de vie gravement dégradées par l'accaparement des ressources par des élites locales gourmandes. Les remèdes que proposèrent les reformes économiques ont été incapables de corriger les effets néfastes d'une mauvaise redistribution des ressources. Il faudrait souligner que dans les années de l'immédiat après-indépendance, la construction nationale et le « développement » tendent d'ailleurs à se confondre, l'un appelant, au moins dans la rhétorique, l'autre. De ce point de vue, on comprend que, malgré ses contradictions, le « *développement est devenu un 'raccourci historique' vers le devenir en tant que nation* » (Deshpande 2003). Ce rôle central dévolu à l'État en tant qu'institution principale de socialisation ou de régulation collective fait que, lorsqu'il entre en crise, les conséquences se font sentir sur la collectivité nationale toute entière. C'est précisément ce qui semble s'être passé dans la plupart des pays aujourd'hui traversés par des crises sociales et politiques aiguës. Naturellement cette perspective reste valable pour l'histoire de la nation ivoirienne. C'est une erreur de continuer à penser que cette crise s'est spontanément déclarée dans les instances supérieures et ainsi négliger le fait que derrière les déclarations et les manifestations ostentatoires à propos de l'unité nationale, les regroupements précoloniaux ne se sont pas complètement dissous dans la Nation que chacun appelle de ses vœux. Dans le processus de fabrication de l'espace social « national », de nouvelles combinaisons configurationnelles s'y engagent en se réinventant continûment. Les racines des crises actuelles sont, nous semble-t-il, à chercher dans la transformation inédite que connaissent les sociétés africaines contemporaines.

On comprend alors que cette question de la production des identités collectives « nationales » soit perçue comme une entreprise volontariste prise en charge par divers appareils institutionnels des nouveaux États et par d'autres acteurs sociaux intéressés dans le succès de cette entreprise politique. La transformation des paysans et des groupes ethniques en « citoyens », si bien analysée par Eugen Weber (Weber 1984) dans le cas de la modernisation de la France rurale, devait être facilitée ici comme ailleurs par l'école, l'armée, les syndicats et d'autres institutions de socialisation. Norbert Elias (Elias 1975:26) note lui aussi, analysant la sociogenèse de l'État moderne, que « c'est à la suite de la formation progressive de ce monopole permanent du pouvoir central et d'un appareil de domination spécialisé que les unités de domination prennent le caractère d'États ». Car même en l'absence de référents textuels fondamentaux, contraignants et communément acceptés, « l'imagination » de la nation se poursuit et se construit en se nourrissant de fragments symboliques issus des sociétés anciennes étroitement combinés aux pratiques sociales héritées de la modernité occidentale et de bien d'autres héritées des traditions musulmane, africaine ou autre. Ce processus irréversible d'hybridation et de re-socialisation des individus et des communautés dans des formations sociales contemporaines est aujourd'hui bien engagé. Les textes présentés dans ce volume sont autant de jalons pour une compréhension de ce processus laborieux d'unification d'une entité « nationale » hybride aux composantes toujours rétives à toutes injonctions extérieures de dilution. L'État-nation est devenue la référence principale, le repère identitaire par rapport auquel les luttes identitaires et la « guerre de position » (Gramsci) que mènent les élites engendrées par cette « production de la société » est engagée. Il est évident qu'une suspension de ce trajet historique, un retour vers des groupements politiques précoloniaux, ne semble plus être, comme poussent à l'affirmer certaines doctrines passéistes, une option à envisager sérieusement. Le problème réside par conséquent dans la définition des modalités de l'articulation des dynamiques intégratives horizontales et verticales comme des postures de rejet de toutes formes d'élargissement et donc de dissolution possible des identités anciennes. Le texte de Epiphane Zoro dans ce volume, par exemple, discutant des modalités de l'acquisition de la nationalité ivoirienne pointe les sources et les contradictions sociales et historiques de ce dispositif juridique, le code de la nationalité en tant que référent légal à l'appartenance à la « Nation », à l'origine de la crise actuelle. Pour l'auteur, celle-ci résulterait du « vide juridique » immanent au code de la nationalité de 1961. Ce code de la nationalité, en restant silencieux sur la question de la nationalité des personnes habitant le territoire colonial appelé Côte d'Ivoire au moment de son accession à l'indépendance, a permis une instrumentalisation des identités civiques et citoyennes par les acteurs politiques. Si sous le régime du parti unique les enjeux identitaires étaient plus ou moins maîtrisés, l'ère du multipartisme inaugurera de nouveaux débats sur la question de la nationalité. Mais les insuffisances du code de la nationalité favoriseront des appropriations calculées des modalités de définitions des identités civiques et citoyennes. La tendance récente fut la référence, dans ces définitions, à des appartenances anthropologiques, tribales et ethniques, alors même que l'histoire de la Côte d'Ivoire les rendait objectivement impertinentes dans tous les cas. Car, procéder ainsi, c'est nier la dynamique historique des peuples alors contraints à se fédérer dans l'aventure coloniale. C'est dans l'exclusion, inséparable des luttes de redéfinitions, qu'il faut chercher les fondements de la crise actuelle. La réglementation juridique, expression d'une normativité supérieure, est comme le montre bien Epiphane Zoro, un lieu emblématique et polémique de la détermination de l'appartenance nationale. Mais refuser les faits de l'histoire et déterminer la nationalité d'origine uniquement sur une base tribale et ethnique, c'est travailler contre l'émergence d'un sentiment national unitaire, obligatoirement rassembleur sous la bannière de la règle commune constitutive de la nation moderne.

La crainte de voir les différences ethnolinguistiques, régionales, religieuses s'exacerber a conduit les dirigeants de l'après indépendance à nier énergiquement les différences verticales, de classes et de genre notamment, qui sont restées, cependant, actives dans le corps social. L'efficacité extrêmement limitée des institutions modernes de socialisation dans ce processus d'intégration horizontale « nationale » et leur incapacité à produire une conscience « nationale » pérenne située au-delà des identités et des consciences particulières, méritent d'être étudiées. La ligne de fracture, fondée sur une réactivation des altérités du passé — bien qu'il s'agisse là d'un passé réinventé — qui traverse certaines institutions, telle que l'armée, bien analysée dans la contribution de Ouattara à ce volume, est à la fois symptomatique de la crise et facteur aggravant de cette instabilité profonde qui touche l'ensemble social à l'architecture encore fragile.

En vérité la crise sans précédent qui s'est éclatée en Côte d'Ivoire traduit également dans son déroulement une crise de l'État et des structures coercitives, dépositaires du monopole de la violence, désormais partie prenantes à la compétition politique. Ces soubresauts expriment une crise de la formation de la nation, avec la naissance de luttes pour une renégociation de la citoyenneté. Cette lutte traverse les groupes sociaux et les institutions telles que l'armée, les Eglises et divers ordres d'appartenance qui structurent le corps social en Côte d'Ivoire. L'inefficacité des instruments de police, des corps mais aussi des esprits, à contrôler le désordre social et ainsi assurer la cohésion de la nation trouve sa justification dans la production historique de l'armée, avec la complicité coloniale doublée d'une stratégie politique houphouëtiste spécifique, qui ne se donne pas d'objectifs spécifiques et clairs, c'est-à-dire, une « mission » en sa qualité de force d'encadrement intérieur et de barrière face aux entités politiques extérieures. L'armée se trouve brutalement mise en rapport avec des enjeux sociaux et économiques et sa force performative ne peut s'actualiser que dans un contexte d'équilibre des enjeux que son histoire ne lui permet pas ni d'y répondre, ni d'organiser. Les insurgés (Soro 2005; Du Parge 2003) des événements de septembre 2002 relatent la lente dégradation du statut commun des militaires, supposés être les sentinelles de la sécurité et de la paix publique, et l'approfondissement d'une fracture ethnique parmi les « corps habillés ». La fragilité corporative et disciplinaire de l'armée, consubstantielle à son histoire, a favorisé son appropriation dans le « débat public » et faisant d'elle le lieu des compétitions des groupes ethniques en affrontement. Une des conséquences de cet échec de création d'un monopole sur la violence est l'apparition des milices, sortes d'armées privées levées par les factions concurrentes d'une société fragmentée. Mais une question demeure pendant quant à l'explication à donner à l'irruption violente des insurgés de septembre 2002: sur quelles fractures sociales s'appuie la mobilisation oppositionnelle que cette revendication violente manifeste? Les réponses apportées à cette question permettront d'élucider les formes de solidarités internes et externes à l'espace social ivoirien associées à cette volonté de poser un nouveau monopole sur un monopole contesté.

À la déstabilisation d'une institution aussi centrale que l'armée s'ajoutent les conditions économiques précaires et les options inégalitaires de réallocation des ressources disponibles qui ne permettent pas d'assurer une progression ajustée et maîtrisée de la dynamique sociale. En effet, comme aime à le rappeler Samir Amin, la réduction du gâteau a rendu la lutte pour son partage beaucoup plus féroce. Le sentiment de précarité et d'exclusion traverse l'ensemble social et fait basculer l'espace du politique, c'est-à-dire le lieu de négociation de la direction des affaires communes, progressivement dans la violence. Dans sa contribution, Claudine Vidal montre clairement que la « brutalisation du champs politique ivoirien » n'est pas un phénomène récent. Elle se confronte à cette question cruciale: comment et à la faveur de quelles circonstances des acteurs engagés dans le conflit politique ont agi et réagi en recourant systématiquement à la violence, en transgressant à chaque fois les normes de ce qui était jusqu'alors considéré comme le seuil du tolérable en politique? La réponse est à rechercher dans les modalités historiques et plurielles de « brutalisation » du champ politique. Cette brutalisation du champ politique émerge dans un mouvement complexe qui mêle à la fois une stratégie d'occultation du passé colonial, de marginalisation des contestations et une volonté de patrimonialisation du pouvoir, qui a permis au système houphouëtiste de contenir au plan interne les affrontements violents et d'acquérir un rayonnement international. Mais la dégradation des conditions de vie des populations et les contradictions sociales que dévoile désormais le multipartisme, aiguisent les désespoirs de la population face à l'implacable « conjoncture ». Dans un tel contexte de contestation accrue, le pouvoir renoue avec ses pratiques de brutalisation qui renforce les méfiances des populations rendues à l'évidence de la division et de la fragilité de la prospérité générale. L'esprit de communion encore présent à la mort du président ne fut pas durable, puisque les contestations électorales de 1995 qui a puisé ses énergies dans la mobilisations des tensions déjà existantes en milieu rurale et des inquiétudes de la jeunesse urbaine défavorisée conduisirent à des affrontements violents. La presse contribua à raviver et à aiguiser les clivages dont la « miliciarisation » traduit les fractures et la délégitimation croissante de la puissance publique.

Nombreux sont les régimes autoritaires qui ont réussi à se maintenir aussi longtemps que les économies prospèrent et permettent une large redistribution des avantages; une telle situation favorise la stabilisation relative des positions objectivement concurrentes dans la captation de ressources rares. Ces procès historiques contradictoires de la composition de l'espace politique ivoirien sont très nettement mis en évidence par la contribution de Bonnie Campbell. Campbell, en effet, montre de façon convaincante comment les orientations économiques et politiques privilégiées par les Programmes d'ajustement structurel ont contribué à rétrécir dangereusement le champ d'action du politique de manière considérable et à inscrire la formation sociale naissante dans un cycle de précarité institutionnelle et politique. En adoptant une perspective qui se réfère à la longue durée, l'auteur restitue la crise ivoirienne dans le cadre des programmes de relance économiques et des reformes institutionnelles au cours des deux dernières décennies précédant l'embrasement général, reformes menées sous l'instigation des organismes multilatéraux. Les années 60-70 correspondent au « miracle ivoirien », mais les disparités régionales déjà existantes, la dépendance politique aux réseaux extérieurs, l'importance des flux de capitaux vers l'étranger et les modalités de développement agricole sur lesquels s'est construit ce miracle, fondent en même temps sa fragilité. Les mesures imposées par le Programme d'ajustement structurel (PAS) devraient favoriser un changement dans les modes de gouvernance adoptés jusque là par les dirigeants politiques. Toutefois, au lieu de réviser les standards abstraits des mesures de libéralisation économique, la stratégie a été de plier les institutions locales pour mieux ancrer et légitimer les réformes économiques qui au bout du compte étaient inadaptées. Cette situation a entraîné une « dépolitisation » des processus publics en délégitimant toute une série d'objectifs politiques dont la réalisation aurait constitué un rempart à la crise actuelle. La libéralisation politique à travers l'introduction du multipartisme commandée par les bailleurs extérieurs s'est faite sans répondre auparavant aux contradictions sociales en cours, ni éclairer la question de la citoyenneté déjà problématique et les conditions d'éligibilité à la présidence qui deviendront des instruments de stratégies électoralistes et partisanes. Les leçons tirées de ce contexte de crise amène à repenser les stratégies de développement expérimentées par les dirigeants ivoiriens. Les ONG sont ainsi interpellées et toute stratégie devra contribuer à l'émergence de nouveaux compromis sociaux, à travers une réflexion sur les modalités de leur institution et sur les stratégies susceptibles de garder ouverts les espaces politiques.

Cependant, cette histoire, celle qui dit comment les nations ont été constituées en Occident et ailleurs, est restée en partie à l'état de projet en Afrique, et l'occultation des processus de construction de l'État a contribué à la marginalisation, intellectuelle et politique, des enjeux qu'elle révèle. Ce manque d'analyse sérieuse sur ce processus historique d'une grande importance laisse la place libre à une littérature plus ou moins culturaliste, voire essentialiste, qui s'acharne à démontrer qu'en Afrique tout a été différent, tout reste différent et, se fondant sur cette singularité supposée, laisse s'installer une interprétation hasardeuse de la dynamique réelle des sociétés africaines cachée par une opacité fictionnelle contestable dont on mesure aujourd'hui les limites heuristiques.

Or, si particularité il y avait dans les processus de production des identités collectives correspondant plus ou moins aux espaces dits nationaux, c'est probablement dans la manière dont les questions de l'appartenance et du « vouloir vivre ensemble » ont été résolument instrumentées par l'obsession du développement comme outil de changement social. La mise en concordance des appartenances nationales rivales se faisant sur la base d'une promesse de mieux-être social individuel et collectif que le « développement » devait apporter. Les textes rassemblés dans ce volume sont autant d'arguments pour un dépassement raisonné et critique de cette idéologie qui longtemps a exalté le « miracle ivoirien » en oubliant d'examiner les modalités de construction d'un collectif social sur un territoire délimité par la puissance coloniale française créant ainsi entité actuelle de la Côte d'Ivoire pour son profit. Il faut cependant souligner que si les frontières du territoire ivoirien n'ont pas vraiment fait l'objet de renégociation[3] après l'accession du pays à l'indépendance, les contours de l'espace social ivoirien sont, eux, en perpétuelle renégociation. L'usage abusif de catégories hobbesiennes, trop simplificatrices pour comprendre la complexité des relations de pouvoir, dans l'interprétation de la vie politique « nationale » nous a fait oublier le fait essentiel que la Nation est un processus historique et que cette fabrication de l'ensemble social large, à la dimension de la Nation dépasse de loin le cadre contrôlé par l'État, en tant qu'institution suprême. Les analyses développées par Jean-François Bayart, par exemple, tiennent rarement comptent du fait que l'État ne peut être compris que mis en rapport avec le processus social au sein duquel il naît. Le succès « médiatique » de cet « État sur le papier », construit à partir d'anecdotes contestables qui fondent malheureusement la « base empirique » de la démonstration, nous a fait oublier « l'État concret », celui qui s'invente dans le quotidien des enjeux sociaux confrontés. Trop occupé par la « problématique de l'énonciation » en négligeant le fait que le « discours » est, selon Foucault (Foucault 1971), l'ensemble des énoncés possédant une fonction normative et mettant en œuvre des techniques d'organisation du réel par la production de savoirs, de stratégies et de pratiques, et confondant souvent l'histoire à la chronologie, voire à l'évolutionnisme, ce courant de la science politique africaniste français n'a malheureusement pas su retracer les enjeux sociaux qui sont au principe de la construction de l'État, en tant que configuration centrale, sur le continent. En sacrifiant à la fausse opposition autochtone/exogène pour fixer l'identité sociale du politique, (Bayart 1989:325) en vient curieusement à réduire le concept de « gouvernementalité » (Foucault)[4] à l'expression « politique du ventre » si loin de la finesse du processus de contrôle des subjectivités analysées par Foucault. Le plus grand déni de l'historicité du politique est exprimé dans l'usage courant du terme « État en Afrique » en supposant ainsi une unité des processus politiques et leur égale situation vis-à-vis de la modernité qui est obligatoirement produit de la confrontation d'influences historiques diverses rendant théoriquement et empiriquement inopérante cette essentialisation, historiquement fermée, abusive du politique. Il faut également faire observer que rien n'est plus hétérogène que l'itinéraire historique des États européens et aucun ne semble autoriser une synthèse aussi sommaire que celle proposée par Bayart. Les rapports complexes de cette grande centralité politique qu'est l'État africain moderne avec les « nationalités » ces unités sociales précoloniales toujours actives sont rarement examinées avec l'attention que requière l'importance de leur fonction historique. Or, ce sont les questions soulevées (ainsi que les solutions que chacun leur trouve) par ce projet de fusion des unités multiples en un Tout national qui sont à l'origine des tribulations violentes de la Côte d'Ivoire actuelle. Cette observation tardive, mais indispensable, de l'évolution de la réalité sociale indigène passe par un déchirement douloureux de cette dissimulation intéressée. Sur le cas ivoirien, l'exaltation passionnée des réussites de l'orientation libérale du régime a conduit nombre d'analystes à ignorer, sinon à mépriser les études de Samir Amin (Amin 1967) et de Claude Meillassoux (Meillassoux 1964) qui critiquèrent fermement l'ordre colonial et ses ambitions sociales et économiques qui continuaient alors de dévaster les sociétés locales et celles voisines de la Côte d'Ivoire. Le succès injustifié de l'anthropologie essentialiste et de la science politique normative muée en certitudes péremptoires, plus ou moins affirmées, sur l'indolence des Africains et sur leur volonté ludique de jouer avec les produits du progrès, a empêché un examen minutieux des tensions secrètes qui sont à l'origine des explosions actuelles. Au lendemain du coup d'État manqué, transformé en rébellion nordiste, un anthropologue du pays sénoufo, du nord de la Côte d'Ivoire, affirmait le caractère sûrement éphémère de cette révolte puisque ces « sénoufo » étaient des gens pacifiques. Le savoir anthropologique en était arrivé à cette conclusion surprenante, fixiste et a-historique. Sur le cas des politiques foncières, Bonnecase (Bonnecase 2001) observe que celles-ci furent influencées par une « rhétorique de la topologie ethnographique coloniale » qui a introduit « une ambiguïté liée à cette multiplicité de degré d'altérité ». L'application de cette science sociale coloniale a profondément marquée l'évolution sociale de cette société ivoirienne moderne; c'est sur ces « catégories référentielles » que s'établissent les oppositions de la compétition sociale en cours. Cette science coloniale montre ces limites dans son incapacité actuelle à prendre en charge la complexité de l'évolution sociale et par conséquent à traiter convenablement les nouvelles contradictions qui s'y manifestent.

Cette rencontre de dialogue politique sur la crise en Côte d'Ivoire du mois de mai 2003 s'est achevée, pour nombre des participants, sur un certain constat d'impuissance qui rend caduques les paradigmes qui servirent à expliquer l'état de la société ivoirienne contemporaine. Il nous faut donc faire un retour modeste sur nos prétentions théoriques et pointer les zones d'ombre sans l'éclairage desquelles il nous est impossible d'avancer.

Ce n'est pas seulement la situation ivoirienne qui présente une telle opacité inhibante. Les observateurs les mieux avisés sont surpris de ne rien comprendre à l'évolution sociale de nombreuses régions d'Afrique. Cette impuissance manifeste, déroutante, à interpréter des réalités, supposées jusque-là connues et familières, laisse libre cours à une série de commentaires qui tiennent plus de la perception passionnée que d'un déchiffrement prudent et rationnel d'une situation préoccupante. Les vieux présupposés qui longtemps ont encadré le regard extérieur sur l'Afrique reviennent à l'ordre du jour à la faveur de la vacuité du cadre interprétatif efficient. L'irruption de la violence politique en Côte d'Ivoire, après la stupeur qu'elle a provoquée, a été le facteur déclenchant d'un long travail de remise en cause de nos certitudes théoriques sur la nature des relations entre individualité et collectivité, entre communautés anciennes et monopole étatique moderne et enfin, sur le sens et la forme des identités, des intérêts qu'elles défendent aussi, soumis à la puissance de tendances historiques souvent contradictoires. Dans ce trouble général, l'amplification graduelle de la violence politique en Afrique est souvent interprétée comme un résultat presque « naturel » de l'affirmation « identitaire » qui secoue l'Afrique actuelle (Moffa 1995), qui peine à sortir de l'enfance sociale. N'est-il pas évident qu'au cours de cette dernière décennie une violence indescriptible s'est emparée des sociétés africaines sans que les causes profondes ne soient clairement identifiées? On se souvient alors avec stupeur du génocide rwandais, des conflits touaregs et des horribles guerres de rapines au Liberia et en Sierra Leone. Mais si certains chercheurs y voient, avec un désespoir sincère mais simplificateur, la manifestation d'une propension séculaire des Africains à la violence, d'autres, sans doute plus nombreux, expriment un vif étonnement face au basculement sanglant qui entraîna la Côte d'Ivoire, « perle de l'Afrique », résultat salutaire du « miracle capitaliste », dans un cycle chaotique. En effet, alors que presque partout, durant une longue période de transition, certains spécialistes prétendaient que les Africains refusaient le « changement par l'argent » (Remy, Capron, Kohler 1977), en Côte d'Ivoire, d'autres croyaient y voir le triomphe du capitalisme qui semblait alors démentir l'impossibilité d'un développement capitaliste harmonieux. Or, le fameux « miracle ivoirien » était dans une très large mesure le résultat du prolongement de la politique de mise en valeur coloniale appliquée à ce riche territoire. La contribution de Basile Guissou aborde la crise ivoirienne en tant que résurgence des contradictions d'un passé libéré du travail performatif mais inachevé de l'ordre colonial. En effet, la consécration des ambitions expansionnistes par la conférence de Berlin en 1889 allait, dans la course entre l'Europe et les USA, permettre à la France de créer un grand espace dès 1900: le Haut-Sénégal-Niger. En 1919, la colonie de la Haute-Volta fut créée avec six frontières dont celle avec la Côte d'Ivoire, avec un poids démographique sans égal parmi les colonies françaises. Dans le processus de « mise en valeur » des colonies, la Haute-Volta servira de réservoir de main-d'œuvre[5] pour la mise en valeur de la Côte d'Ivoire. De force ou de gré, des milliers de Voltaïques y furent déportés et ce jusqu'en 1932, date de la dissolution de la Haute-Volta sous l'instigation des colons français cherchant à limiter les tracasseries policières et administratives qui gênent la fluidité de la main d'œuvre dont ils ont grand besoin. Les indignations et les revendications de l'élite traditionnelle de l'ancienne colonie, la Haute-Volta, n'ont porté leurs fruits qu'en 1947, dans un contexte de reconnaissance de liberté d'action syndicale, associative et politique. Colonie moins riche, la Haute-Volta reconstituée n'a pas échappé à l'influence du Président Félix Houphouët-Boigny dans la vie politique voltaïque. La rupture des relations, tumultueuses depuis 1947, fut consommée avec l'avènement de la révolution de 1983. Les regroupements sous-régionaux comme la CE et la CEA s'effritèrent. La crise sociale et politique qui secoue le pays depuis les années 80 traduit une mauvaise gestion, par la nouvelle classe dirigeante, de ce passé. Dominés par leurs passions politiques, ils ont inventé des catégories discriminatoires, fondées sur une autochtonie précoloniale, en oubliant que la Côte-d'Ivoire est une création coloniale. L'auteur conclut que la volonté de vivre ensemble et de considérer la citoyenneté comme une valeur positive tout en faisant preuve d'une capacité intellectuelle à s'ouvrir à l'espace ouest africain, parce que l'histoire l'impose, et ainsi bâtir un rempart contre la fragmentation sociale et donc contre la violence.

La déchirure violente qui entama inexorablement l'espace social ivoirien depuis la mort du patriarche Félix Houphouët-Boigny est accueillie avec une stupéfaction d'autant plus forte que cette rupture survient dans un espace social longtemps considéré comme un « havre de prospérité » qui érigea jadis l'attitude de « dialogue et de paix » en idéologie quasi officielle. En effet, l'hymne officiel du pays « de la vraie fraternité » atteste de cette affirmation de l'identité nationale fondée sur la paix et l'espérance. L'*Abidjanaise* exalte le « pays de l'hospitalité » et souhaite « dans la paix ramener la liberté ». Certains se souviennent avec nostalgie d'un des slogans désuets, accueilli alors avec amusement, du père de la Nation Félix Houphouët-Boigny: « la paix n'est pas un mot mais un comportement! » Cette performance limitée de ces prescriptions permet de prendre la mesure de l'ampleur de la réaction sociale actuelle qui est loin d'être gouvernée par les principes pacifiques prônés par le père de la nation et repris en chœur, durant des décennies, par des chansonniers de tout acabit. Dans le tourbillon colonial, les différentes identités (Mamdani 2002) reposant sur la culture et l'insertion dans un système marchand sont des effets et des conséquences de la construction de l'État en Afrique. La juxtaposition de ces identités soumise à la manipulation des élites peut conduire à des affrontements plus ou moins violents mais traduit toujours l'état du procès de formation de l'État-nation moderne sur ce continent. Ainsi, la fonction unitaire du parti unique imposé contre, disait-on alors, les facteurs de division, se révèle relativement inaboutie, incapable de contenir les tendances à la segmentation qui sont des expressions d'identités politiques qui participent à la construction de l'espace politique partagé. Pourquoi l'exaltation démocratique et le culte de la paix et du dialogue n'ont-t-ils pas réussi à bâtir une concorde nationale pérenne? En soi, l'inefficacité manifeste de l'idéologie officielle de cette époque pose le problème crucial du rôle de guidance de l'élite africaine et des appareils idéologiques qu'elle utilise. Les critiques des élites africaines souvent acerbes en se focalisant sur les effets de leur mauvaise gestion ont oublié de comprendre les causes sociales, les fondements des ordres politiques alors traités avec l'ignorance de la condescendance. Il en est de même de notre entendement des cadres idéologiques, décrétés mimétiques, qui sous-tendent le pouvoir en Afrique. Considéré comme un simple produit résiduel de la colonisation, l'imaginaire du politique y a été assez rapidement disqualifié sur le plan théorique sans qu'aucune explication satisfaisante issue du repérage concret de sa construction ne soit opérée. Les qualificatifs folkloriques de « puanteur » et « vomis » accolés aux pratiques locales mues par des « politiques du ventre » et générées par la situation « postcolonial » sont des cadres paradigmatiques incapables de rendre compte de la complexité du processus de production d'un discours dans le contexte historique syncrétique africain et de dévoiler les liens ténus qui le conduisent à des stratégies d'accumulation, de domination et de légitimation inédites. Un tel éloignement de la situation historique s'explique par la conception strictement littéraire de ces essayistes qui ne prennent pas la peine de soumettre leurs visions à une quelconque mise à l'épreuve de l'empirie.

Se saisissant de certains attributs visibles des protagonistes, l'approche culturaliste dominante s'empresse de voir dans ces affrontements l'expression désuète de communautarismes éculés fondés sur des identités ethniques, religieuses et géographiques pour mieux regretter, cette fois, la carence démocratique source d'harmonie et remède unique au désordre violent. L'itinéraire collectif de la formation sociale ivoirienne est fortement marqué par le mode particulier de distribution des ressources et de fabrication des représentations sociales réalisé sous la forte emprise de la politique de mise en valeur des territoires de l'Afrique coloniale française. Comme le montrent les contributions de Basile Guissou, Jean-Pierre Chauveau et Bobo, et Francis Akindes, l'espace actuel de référence, « le pays », est le produit de dynamiques plutôt régionales, et ce depuis les temps précoloniaux. L'administration coloniale adoptera d'ailleurs une politique qui tendait à renforcer l'imbrication des économies locales et à intensifier les échanges sociaux entre les différents territoires de la sous-région. La Côte d'Ivoire actuelle a, en effet, conformément à cette politique de mise en valeur des colonies françaises, reçu une forte proportion d'immigrés venant des pays voisins. Ce brassage ancien des populations qui en a résulté a donné lieu à des formes d'inscriptions spatiales et sociales et à des stratégies originales d'insertion. Sylvie Bredeloup intervient au cœur de la recomposition identitaire en œuvre dans la société ivoirienne en crise pour analyser les enjeux d'une taxinomie, d'une stigmatisation et d'une instrumentalisation qui scandent la construction polémique actuelle de l'altérité. La crise sociale et politique a ramené à la surface le processus de sémantisation des identités, favorisé des affichages identitaires et donné une allure nouvelle aux stratégies migratoires auparavant. En effet, « l'étranger » s'est révélé à travers ces revendications une catégorie ambiguë et l'histoire de sa trajectoire révèle des stratégies de gouvernance qui l'ont longtemps mis en veilleuse afin de satisfaire à la mise en valeurs du pays. Ainsi, il fut d'abord valorisé à l'occasion de l'exploitation de la zone sud forestière, avec une caution politique et juridique des élites en place, pour dans un deuxième temps, connaître une remise en cause brutale. Cette dévalorisation du statut social de l'étranger est consécutive à la crise foncière et la récession économique des années 80 dans un contexte de remise en cause des modes d'appropriations foncières valables jusqu'alors: aux stigmatisations des émigrés internationaux s'ajoute celles des migrants ruraux d'origine ivoirienne. Dans ce processus d'attribution-revendication identitaire, les ressortissants africains élaborent des stratégies d'identification par assimilation ou par démarcation qui n'est pas sans entraîner leur désinvestissement dans le champ politique ivoirien. Les reflux dans les pays d'origine s'intensifient et se spécifient selon les expériences migratoires des émigrés, même si l'on peut observer que les capacités d'insertion dans les sociétés d'origine restent relativement faibles. Le mouvement de retour au pays amorcé depuis 1990 s'accentue, mais est loin de conduire à une fixation permanente; cette mobilité à rebours est devenue pour beaucoup une stratégie de (re)construction identitaire. Pour Bredeloup, l'enjeu futur tient à une maîtrise de la recomposition démographique dans la sous-région. Avec la crise, il est devenu plus évident que la catégorie sociale « nationale » ou liée à des entités historiques se référant aux États « burkinabè », « ivoirien », etc prend souvent une signification locale particulière loin de celle communément admise.

Le propos, on s'en doute, n'est pas de rechercher à l'extérieur les justifications d'une tragédie locale mais, au contraire, d'analyser la genèse d'une expérience historique d'hybridation locale qui informe les liens sociaux, modifie les critères d'appartenance, définit les enjeux de la concurrence sociale et finalement conduit à la violence. Faisant écho aux analyses de Bonnie Campbell, Francis Akindès engage dans sa contribution une lecture phénoménologique des événements politiques de la Côte d'Ivoire. Il inclut dans son argumentaire, la crise du modèle houphouëtiste de gouvernance et l'expression de frustrations ressenties par de larges fractions de la société ivoirienne. En tant que « complexe politico-économique » l' « houphouëtisme » est une construction sociale qui a structuré les habitus politiques bien avant les crises actuelles. Cette idéologie s'actualisait dans son mode spécifique de gouvernance qui recouvre, selon lui, trois paramètres. D'abord une politique volontariste et centralisée d'ouverture sur l'extérieur caractérisée par la reproduction et la dynamisation de l'héritage colonial d'aménagement du territoire ivoirien, dont le résultat fut l'hégémonie économique régionale du pays et son insertion dans des circuits internationaux en tant que pourvoyeur de matières premières agricoles. Ensuite, la mise en place d'un mécanisme de patronage doublé d'un patrimonialisme caricatural dans l'objectif de créer une bourgeoisie de substitution. Enfin, la pratique d'une gestion clientéliste de la diversité sociale. Ce mécanisme, produit par le président Houphouët, se fonde sur une réécriture des hiérarchies anciennes des groupes ethniques en présence; grâce à un réaménagement intéressé de l'histoire est consacrée et rendue légitime la direction collective du pouvoir par l'ethnie d'appartenance du chef, le président Houphouët-Boigny. Mais la récession économique des années 80, l'épuisement physique du principal acteur de ce modèle de gouvernance et l'exigence de la mise en place des systèmes démocratiques affaiblissent les mécanismes de domination et exacerbent les contradictions à diverses échelles de la formation sociale. Les revendications sur la représentativité politique et les modes de redistributions des ressources s'amplifient avec l'avènement d'une nouvelle classe politique. Les crises qui suivirent résultent de la compétition, autour d'acteurs représentés, installée entre les groupes sociaux qui revendiquent un nouveau rééquilibrage des hiérarchies produites par l' « houphouëtisme ». L'urgence d'écourter la crise, affirme Akindès, oblige la classe politique à relever le défi à la fois politique, par une politique de reconnaissance mutuelle, et économique, par la restauration d'un climat capable de ramener les investisseurs indispensables à ce type d'économie libérale dont aucun des protagonistes ne souhaite se dégager.

La situation coloniale n'est pas une simple exploitation économique, elle implique une domination, une soumission totale des sociétés conquises à un système de valeurs (Touré 1981). Le projet colonial est à proprement parlé une « civilisation », c'est-à-dire l'imposition d'une façon d'être, d'un style de vie, aux individus et aux groupes; au bout de la lutte âpre qui opposa les univers sociaux précoloniaux à la culture occidentale, c'est le triomphe de la relation sociale marchande qui, constamment, doit négocier avec les institutions anciennes encore actives ou en réinterprétation sociale décisive. On comprendra que cet ordre social dominant en s'imposant soit au principe de la production, de la circulation des symboles et des biens matériels et également devienne le référent principal des relations sociales. Or la violence est toujours une tentative de correction d'un déséquilibre réel ou imaginaire (Elias et Scotson 1997; Ouédraogo 1997) devenu insupportable; elle se justifie à elle-même par la revendication radicale d'une « justice » menacée. C'est donc dans l'histoire d'une lecture ivoirienne de la clôture des statuts sociaux, d'une oscillation des frontières des ensembles sociaux et d'une interprétation du devenir des trajectoires individuelles qu'il faut rechercher la fixation des écarts sociaux, ainsi que les voies de leur contestation. De cette répartition des attributs statutaires naissent les tentatives de correction de ces « équilibres illégitimes » et/ou de ces « déséquilibres légitimes » fondements de la « justice » que chacun réclame. Un système de « justice » dont le procureur général est l'argent, pièce maîtresse de la société de marché, qui s'impose et informe désormais les liens sociaux en Côte d'Ivoire. Le projet colonial est capitaliste parce qu'il place au centre de la concurrence sociale l'accumulation de l'argent à l'aune de laquelle s'ordonne l'ensemble des éléments matériels et symboliques indispensables à l'existence sociale. Il est évident que dans cette concurrence généralisée, la mobilisation de puissances sociales (individu, ethnie, région, État, religion, argent) comme moyens d'action promotionnelle et/ou correctrice dépend de la force, de la capacité d'action réelle, et de la mise à disposition « démocratique » qu'autorise l'état général, c'est-à-dire des rapports de force, de la configuration centrale dominante. Entreprendre une analyse des affrontements actuels revient à interroger le destin local du modèle colonial à la française qui organise la structure sociale, agit sur les communautés anciennes et trace pour chaque individu le cours des futurs possibles. C'est de ces fondements coloniaux que viennent le mode de peuplement, le système de production, les fondements idéologiques de la vie collective et de la valeur des élites ainsi que des institutions régissant le procès de fabrication de la « nation ivoirienne ». Partant de ces prémisses, il est parfaitement notable que la crise ivoirienne est une tentative politique de recomposition violente du projet colonial à la française qui a, progressivement, perdu ses capacités de contrôle et de légitimation. Alors que l'ordre colonial s'assurait le monopole du contrôle social, la disparition de son dernier représentant, Félix Houphouët-Boigny, pose avec acuité le problème de la tension entre gouvernance et appartenance, réalité sociale quotidienne et représentation idéologique. L'affaiblissement des relations de proximité ravagé par la marchandisation de la vie sociale auquel il faut associer les limitations de l'action de l'État au sein du nouveau cadre d'une domination planétaire de l'économie de marché, rétrécit considérablement les capacités d'intégration et conduit à accentuer les luttes pour la définition de l'identité nationale en tant qu'expression d'une communauté supérieure. Cette quête d'unité de la « nation » a cristallisé les débats autour de la notion d'ivoirité dont l'un des initiateurs (Loucou 1996) soulignait qu'elle avait pour projet d'assurer « le difficile passage d'une histoire ethnique à une histoire nationale... ». Même si ces idéologues affirment que l'adoption de cette « identité nationale » en construction « interdit sociologiquement et culturellement aux hommes et aux femmes ivoiriens toute forme de comportement à caractère sectaire et anti-communautaire » force est de constater le destin tragique de cette conception devenue « patriotique » et « nationale populiste ». Cette affirmation de l'idéologie de l'« individu supérieur » est manifestement une volonté inaboutie de colmatage, par une méthode d'exclusion, des premières secousses d'une grave fracture sociale. La hiérarchisation concurrentielle des identités précarisées par la généralisation de la rareté qui travaille le corps social rigidifie les altérités et favorise la xénophobie qui devient un principe d'interprétation et d'orientation de l'évolution de la vie sociale. En s'emparant des institutions de l'État moderne, les particularismes domestiques, dont l'ivoirité est l'idéologie, tendent à s'ériger en Nation idéalisée et à utiliser la préférence et la référence nationale comme fondement d'une politique de restauration, de « refondation » d'une forme de « citoyenneté » rétrécie, surgie du passé. On comprend que cette notion de « citoyenneté » ne peut être, à moins de commettre un anachronisme injustifié, celle qu'entendaient les penseurs européens du XVIIe siècle. La cohérence logique de cette conceptualisation est mise à mal par les contradictions dans les énoncés- une structure formelle de nature « ethnique » peut-elle contenir les attributs de la Nation? - mais également par les difficultés manifestes de trouver les références historiques capables de réaliser la « nouvelle logique d'intégration » (Niamkey-Koffi 1999). On comprend que cette notion de « citoyenneté » ne peut être, à moins de commettre un anachronisme injustifié, celle qu'entendaient les européens du contrat social (Quaglioni 1996); trop galvaudée par le sens commun la notion de citoyen n'en conserve pas moins les ambiguïtés qu'elle hérite du développement de la doctrine de l'État moderne. Si l'on retient que la citoyenneté est l'expression historique de la position de l'individu dans le domaine public il faut poser que cet espace public est au cœur des luttes visant à y imposer un ordre des esprits et des choses. La citoyenneté est le statut juridique de ceux qui font partie d'un État et cette instance supérieure est elle-même à définir suivant les tendances de la dynamique sociale. Il nous faudra donc éviter en la matière d'user de qualificatifs normatifs, qui sont certes utiles pour l'usage commun mais impropre à montrer la complexité de sa signification, théorique et pratique, localement construite. La question de la citoyenneté en Afrique reste un chantier ouvert et les textes présentés dans ce volume constituent une bonne introduction à une étude comparative et historique du processus de formation des espaces politiques en accord avec l'histoire sociale locale.

Que l'on ne s'y trompe pas, les références aux identités anciennes n'ont rien de nostalgique et ne vise nullement à restaurer un quelconque ordre ancien dont les acteurs eux-mêmes en connaissent très peu de choses; l'objectif de cette réactivation des frontières sociales est un moyen de mobilisation de troupes pour cette guerre sociale pour le partage des richesses matérielles et symboliques. Il s'agit d'une critique du modèle étatique classique qui n'offre pas suffisamment de garantie à l'équilibre souhaité de la répartition des valeurs et des manières légitimes d'en user. Aux yeux de nombreux protagonistes, la nouvelle organisation sociale est trop large, trop incertaine et trop imprécise pour assurer une redistribution satisfaisante des « richesses communes ». Reste cependant à indiquer clairement et à imposer à tous, la ligne de partage de cette « refondation » communaliste.

On comprend alors clairement que l'abandon de l'étude des monographiques, des enquêtes de terrain, et sa substitution avec une vulgate « mondialiste » entraîne une ignorance, manifestement improductive de la production et de la circulation des richesses vues comme de simples réceptacles attendant que le « pouvoir » l'ordonna à sa guise; rarement autonomie stratégique est reconnue aux sujets africains définitivement insérés dans un moule théorique préfabriqué. « L'épistémologie de la mondialisation » telle qu'avancée par Jackie Assayag (Assayag 2005) indique avec justesse que la compréhension de cette expansion contemporaine ne se conquiert qu'en rupture avec la « pensée surplombée », déployée à partir des grandes multinationales académiques qui montrent une réalité rendue visible exclusivement depuis l'histoire occidentale. Or, cet enchevêtrement des processus sociaux obéit à une dynamique interne dont il ne faut jamais négliger la puissance propre ni d'ailleurs les influences qui la touchent, la transforment et souvent la renverse.

Mais la trame historique ne suffit pas seul à expliquer les origines de la violence actuelle; des éléments de conjoncture participent, comme toujours, activement à la précarisation, à la concurrence sociale et à la mobilisation communautaire violente ou pacifique. En effet, les formes et voies « traditionnelles » de distribution des ressources ont été fortement mises en difficulté par les contraintes des politiques de rigueur imposées par les institutions de Bretton Woods. Loin de nous l'idée d'une action unilatérale de politiques imposée de l'extérieur car en vérité les termes d'application bien que coercitives n'échappent pas à une « redéfinition » locale des modalités de ponction et de distribution des ressources rares. C'est là l'occasion d'insister sur le fait que la société certes s'organise collectivement autour du politique en tant qu'instance de délégation collective, mais le domaine de compétence de cette hégémonie publique a du mal dans ces jeunes États à couvrir efficacement l'ensemble des pratiques sociales. Ne retrouve-t-on pas au creux du déficit de l'encadrement étatique et de son rôle d'animateur collectif une des racines du désarroi actuel? Mais force est de reconnaître que son itinéraire institutionnel est parallèle à celui du politique qui régente la compréhension et l'action personnelle de chacun dans un environnement domestique, par des règles communes du droit et de la morale. L'exaltation populiste de la préférence idéologique nationale vise à imposer une tyrannie de la nation comme moyen d'institution d'une citoyenneté sociale, avec droit de partage du patrimoine commun, et basée sur l'appartenance à une société historique. En concentrant leur intérêt sur la zone forestière, Jean-Pierre Chauveau et Koffi Samuel Bobo soutiennent que la crise ivoirienne prend racine dans la conjonction éminemment contemporaine d'un bouleversement structurel de la ruralité, aggravée par la mise en œuvre aux forceps des politiques de libéralisation économique. Cette crise rurale est postérieure à l'épuisement de trois éléments de régulation interdépendants qui ont produit la "succes story" de l'agriculture de plantation familiale jusqu'aux années 80 et surtout 90. D'une part, le modèle « pionnier » de mise en valeur agricole qui, en autorisant un accueil massif d'ivoiriens et d'étrangers, s'est reposé sur des normes largement « informelles » et clientélistes, plutôt que sur des organisations formelles et des incitations inscrites dans un cadre institutionnel légal. D'autre part, il y a le « modèle paysan » de « gouvernementalité » et la politisation croissante de la question foncière. Elle conférait une présence de l'État et elle mobilisait un « cercle clientéliste » et reposait sur l'usage de consignes de nature politique, parallèles et parfois contradictoires au dispositif légal et juridique. La crise des finances publiques de la fin des années 70, la seconde vagues des PAS des années 90 ont non seulement déstabilisé ce dispositif, mais aussi accéléré la précarisation urbaine qui entraîna par ailleurs une migration rurale massive de jeunes; cette situation va de manière conjonctive alimenter les arènes politiques locales. Il s'en suit une remise en causes des transactions foncières auparavant autorisées, une stigmatisation des exploitants migrants et un conflit générationnel intense. La fragilisation de l'ancrage de l'État consécutive à ces contradictions inaugure un processus politique de légalisation des propriétés foncières, qui n'est pas sans référence à des catégorisations identitaires stratégiquement instrumentalisées. C'est toute cette complexité de la transformation du monde rural ivoirien qui oblige aussi à voir dans les conflits l'expression des dynamiques locales. On comprend que dans cette atmosphère de « bricolage identitaire » les « différences » de nature fondent les appartenances héréditaires qui confèrent des propriétés censées être des résultats de l'histoire et donc être la référence unique du droit naturel. La question foncière est un excellent exemple de naissance progressive d'une revendication fondée sur des qualités issues d'ordres sociaux antérieurs au régime de l'État moderne mais paradoxalement commandées par des exigences de la société moderne marchande.

Dans le cas qui nous occupe, le rôle primordial du PDCI, parti État, dans la structuration de la société ivoirienne ne fait aucun doute. La lecture des contributions du volume proposé ici au lecteur aidera à éviter cette omniprésence du politique et à poser un regard neuf et attentif sur les autres aspects de la vie sociale telle qu'elle se déroule dans la Côte d'Ivoire moderne. Ainsi perçoit-on les transformations du monde agricole, de la migration, et de l'influence de l'environnement politique, militaire et économique régional et international comme des éléments décisifs à la détermination individuelle et collective des options appropriées à la vie de chacun. Dans les trajectoires décrites dans ces textes et les culs-de-sac violents vers lesquels ils conduisent les individus, on imagine aisément l'ajustement des conditions matérielles et symboliques qui président à l'organisation quotidienne des existences. En effet, la réorganisation obligée du politique qu'impose le règne de la « conjoncture » repose sur un échec de la mise en correspondance des identités abstraites avec les règles d'appartenance sur lesquelles s'effectuent les distributions des biens matériels et symboliques raréfiés par l'adoption de nouveaux projets de vie collective. La définition du « nous » est, pour chacun, à l'ordre du jour. Rien dans le nouvel ordre social ne semble établir une correspondance directe et reconnue de tous entre le système d'appartenance communautaire et celui d'adhésion à un modèle social capitaliste et universaliste; trop large et pas assez exclusif pour représenter un cadre rassurant, le dernier système d'adhésion étatique cède vite le pas à l'appartenance communautaire (ethnique, religieuse, régionale) offrant, elle, aux yeux de beaucoup plus de « protection sociale ». Mais derrière chaque évocation communautaire, il faut lire l'impuissance sociale et la reconnaissance effrayée de l'effritement de la puissance de l'État. En se référant aux formes classiques connues (parti politique, église, association de quartier ou de ressortissants) de regroupement, malheureusement si peu étudiées, et aux rôles qu'elles jouent dans les confrontations actuelles, le processus de construction de ces « sociations », la logique des interdépendances qui les instituent apparaissent comme des révélateurs du mode de fabrication de la société ivoirienne contemporaine; on y retrouvera les principes constitutifs des systèmes d'action concrets sur lesquels reposent en définitive la vie collective. La presse en tant que moyen d'expression, dans cette période de distinction et d'affrontement, relaie les opinions de l'espace sociale fractionné; on y trouve les grandes lignes de fracture de l'espace politique et les journaux eux-mêmes sont classifiés en « bleus, G7 et équilibristes selon les tendances qu'ils semblent défendre. La structure de la communication ainsi que le montrent Lori-Anne Théroux-Bénoni et Aghi Auguste Bahi dépasse largement le système médiatique traditionnel pour se saisir de la rue et des *grins* et créer ainsi un vaste réseau de propagande qui sert de moyen d'enrégimentement, de mobilisation, des troupes de chaque camp dressées pour la conquête et/ou la défense du pouvoir. Les réseaux d'information apparaissent comme des « milices symboliques » engagées dans une bataille générale de délégitimation, de destruction symbolique des adversaires. Leurs capacités d'amplification et de dramatisation font des médias un facteur déterminant dans la fabrication de la figure sociale de l'autre et donc en définitive de l'invention, par leurs dépassements, d'un espace public ordonné par la délibération pacifique et l'intérêt général.

En toute logique, une volonté de compréhension de l'évolution actuelle des sociétés africaines contemporaines oblige à se poser cette question sociologique centrale: comment se rencontrent et s'interdéterminent les perspectives individuelles et collectives? Si comme le suggère Wright Mills, le questionnement sociologique commence sur les points de jonction entre trajets individuels et structures collectives, la tension extrême des relations sociales en Côte d'Ivoire commande que soit mis en examen les répercussions des itinéraires individuels sur la formation des configurations centrales que sont l'État, la Nation et les Religions par exemple. Sur cette question de la place et du rôle des individus dans les processus sociaux, Pascal Bianchini envisage de l'étudier en se servant du cas du chef de l'État ivoirien, Laurent Gbagbo, une des figures centrales du pouvoir actuel en Côte d'Ivoire et acteur de la crise sociale et politique que traverse le pays. Le propos ici est de montrer que l'exil politique de l'acteur, Laurent Gbagbo, à Paris de 1982 à 1988 est un moment critique qui peut aider à comprendre sa trajectoire en qu' « entrepreneur politique » et son rôle dans l'histoire politique du pays. La trajectoire politique et intellectuelle de l'homme, de l'acteur social, ainsi que ses choix idéologiques laissaient supposer à son départ en exil un meilleur accueil au sein de la classe intellectuelle française et surtout celle des grands partis politiques traditionnels. Il n'en fut rien. Ce fût plutôt dans les lieux marginaux des Tiers-mondistes et des anti-impérialistes qu'il a été accueilli, non sans difficultés du fait de sa différence théorique et pratique avec les idéologues de ces groupes. Toutefois, dans ses prises de positions politiques et idéologiques, se révélait non seulement une dénégation, voire une occultation des questions d'identités ethniques et de nationalité, mais aussi l'absence de réflexion sur les modalités d'intégration des étrangers dans un contexte de multipartisme, dont il partageait le principe. Ce manque de perspective est de l'avis de l'auteur crucial car c'est par les problèmes d'intégration des étrangers que la question de la citoyenneté se posera inéluctablement. La crise actuelle et le rôle de l'acteur portent à reconsidérer cette « ubiquité intellectuelle » et à chercher à comprendre l'évolution intellectuelle d'un grand nombre de militants africains issus de la « gauche » et qui ont adopté plus tard des discours et des comportements politiques radicalement opposés à ceux défendus dans le passé. L'intérêt d'une telle perspective réside dans le fait de porter au jour la plasticité « idéologique » du leader ivoirien communément perçue comme une tendance à la « roublardise » mais qui bien étudiée reposerait sur une forme idéologique originale bien claire dont les ressorts sociaux méritent d'être connus. On peut aussi déduire de cette trajectoire personnelle, le tracé d'une aventure tropicale de la sociale démocratie; en fait, un programme de recherche devrait prendre en compte l'histoire idéologique et organisationnelle d'un groupe partisan tel que le FPI et montrer pourquoi et comment il se constitue sur l'espace sociale ivoirien. Une telle étude permettrait sans doute de dévoiler les liens existant entre le « Front populaire ivoirien » et les différentes dimensions, sociales et culturelles, de la société; sur quels groupes sociaux fonde-t-il son action et sur quel fond normatif repose-t-il ses références idéologiques? Naturellement, ces interrogations valent pour tous les groupes politiques partisans actifs dans l'espace social ivoirien. Déclarés démagogiques et méchamment folkloriques les partis politiques sont rarement étudiés avec l'attention qu'il faut accorder à des instances sociales qui occupent, malgré tout, une place importante dans la gestion de la collectivité publique.

Organisé dans l'urgence de l'explosion violente en Côte d'Ivoire et la nécessité de la comprendre, les éditeurs de ce volume ont invité des chercheurs longtemps intéressés par l'évolution de la société ivoirienne. Les difficultés d'une telle entreprise sont nombreuses et les solutions aux questions posées peuvent paraître rares aux yeux de certains et partielles ou insatisfaisantes pour d'autres. Le lecteur pourrait trouver les textes disparates, voire même sans unité dans leur ensemble, mais c'est justement dans cette hétérogénéité que réside l'intérêt de ce volume. En effet, chaque texte interroge un aspect particulier de la société ivoirienne et s'efforce de l'examiner sous l'angle de la situation actuelle. Cette façon de circonscrire l'analyse a le mérite de l'approfondissement et d'éviter les généralisations trop hâtives. On est en effet tenté d'affirmer son opinion dans une situation de crises pour laquelle peu d'instruments d'analyse sont disponibles. Il faut malgré tout observer que cette dispersion n'est que superficielle tant au bout de la lecture de l'ensemble s'impose une cohérence assez forte permettant de comprendre les logiques multiples qui travaillent la société ivoirienne et qui inévitablement l'ont conduit à l'implosion. Cependant, les sources d'informations et les directions d'analyse que contiennent ces textes n'occultent pas le fait qu'aucun texte de vient directement proposer une compréhension claire et profonde de l'entrée en rébellion d'un groupe de personnes et comment se construisent les logiques d'adhésion à l'entreprise oppositionnelle radicale. Manque en effet des analyses approfondies et globales sur le phénomène partisans, sur le statut de la violence, sur la transformation des valeurs et enfin sur la fonction de l'État en tant qu'organe de régulation des contradictions sociales et de distribution collective des biens. Toutes ces questions expriment la question de la modernité et en particulier les relations complètes existant entre les anciennes structures sociales et celles charriées par l'ordre social issu de la colonisation. Il faut donc considérer les textes qui composent ce volume comme autant des jalons pour une sociologie historique de la construction de l'État-nation. Ce projet social imposé par le fait colonial dont on peut constater la difficile progression ne bénéficie pas encore d'un cadre interprétatif intégrant les différentes dimensions historiques, politiques et culturelles sans lesquelles il reste peu performant. Le présent volume ne prétend pas à l'exhaustivité mais son ambition sera comblée si le lecteur y trouve des éléments d'information pouvant le conduire au-delà des commentaires superficiels et des opinions passionnées qu'une telle situation de crise ne manque jamais de provoquer. Une telle posture d'objectivation des faits commence par une distanciation critique du rapport historique des sciences sociales à l'évolution des sociétés africaines.

Après avoir exalté la communauté africaine – l'ethnie pour certains et la tribu pour d'autres – comme le fondement immuable de la vie sociale sur le continent, l'africanisme découvre l'Afrique des individus, sans trop se poser des questions sur les modalités historiques de l'identification et de l'action sociale à travers ces instances dont le chercheur ne prend pas la peine de situer les conditions de l'avènement. Les énormes questions théoriques, que le choix de l'une ou l'autre de ces perspectives suppose, sont souvent subtilement ignorées au profit d'une présentation superficielle d'anecdotes censées exprimer la vérité récurrente, naturelle, de l'ordre social africain. Or, la confrontation avec ces questions complexes est l'unique moyen pour les sciences sociales africaines de découvrir les modalités ignorées de la construction de la modernité sociale en Afrique. La crise des paradigmes, évoquée dans cette introduction, n'est pas une crise des mots et de la formulation stylistique, elle résulte, en réalité, de la perte par les savants du tracé vivant des hommes en Afrique qu'une invention fictionnelle, même à vocation réaliste, ne parvient pas à nous faire oublier.

On l'aura compris: la crise des paradigmes est aussi une conséquence négative de l'itinéraire complexe qu'impose l'histoire aux sociétés africaines. La production des savoirs sur l'Afrique et par les Africains est intimement liée à cette histoire générale du continent puisqu'elle est fondamentalement, un processus de domination des pratiques et des valeurs des hommes africains. L'enjeu de cette connaissance, de la science, des hommes est inscrit dans ce rapport historique. Cette science au service du commandement est principalement orientée vers l'identification de points de saillance, de contrôle, qui permettent l'ordonnancement de la société conformément aux intérêts des dominants. Un rapide passage en revue des thématiques de cet « africanisme » (parenté, clans, politique, réseaux, développement, démocratie, ajustement structurel) montre bien que son but est l'exercice d'une police des esprits et un contrôle des corps conforme à l'ordre marchand dominant. La complexification des sociétés africaines n'est, de ce fait, que rarement prise en charge par la recherche qui a tendance à les simplifier et à leur imposer des principes classificatoires désuets. À proprement parler, cette dynamique sociale interne est, jusqu'à un certain point, pour la science des dominants sans intérêt alors que d'importants enjeux s'y développent et que s'y prépare le futur des sociétés africaines. L'irruption violente des contractions sociales actuelles est un appel à porter plus d'attention aux processus sociaux internes dont les logiques et les formes ne sont perceptibles qu'une fois la rupture avec la science du commandement, de la domination ait été consommée et que la pensée africaine ait investi, en tant que science de la connaissance, les divers domaines de la vie sociale. Les sciences sociales pratiquées en Afrique reposent malheureusement sur l'héritage d'une « science coloniale » dont nous savons aujourd'hui qu'elle a « cherché a découvrir dans les populations au départ très mal connues ce qui pourrait les diviser, de manière à faciliter la pénétration, puis à rendre durable la domination » (Ageron 1976). Le projet d'une décolonisation de la science des sociétés africaines est à l'ordre du jour. Cette rupture historique est paradoxalement la première condition pour que les savoirs sur l'Afrique en s'autonomisant participent le plus harmonieusement possible à la construction d'un ensemble de connaissances sur la vie de l'Homme, à l'objectif d'une Anthropologie générale.

C'est au bout d'un effort de « déconstruction »[6] de la pensée scientifique dominante africaniste que nous comprendrons et donnerons sens aux structurations sociales en cours en Afrique. Il sera alors possible de faire coïncider les pratiques internes, dynamiques et complexes, des sociétés africaines avec les paradigmes qui les prennent en charge. L'urgence de cet ajustement épistémologique est sans doute la principale leçon à tirer de la lecture des textes présentés dans ce volume. En nous renvoyant à l'examen des tendances contradictoires de la réalité ivoirienne contemporaine, ils nous invitent à un approfondissement, à l'exercice constant de la critique. Il est bien claire que la réduction de ce faussé entre constructions théoriques et sens des pratiques fonde non seulement une conscience sociale plus élevée dans l'ordre social africain, mais aussi donne une capacité plus grande à poser un savoir autonome, sérieux et original, impliqué dans les grands débats qui mènent le monde d'aujourd'hui.

Notes

1. Le colloque, sur le thème: « Identité, Sécurité et renégociation des appartenances nationales: la crise ivoirienne et ses répercussions en Afrique de l'Ouest », s'est tenu a Dakar, du 15 au 16 mai 2003, sur l'initiative du CODESRIA et du Nordic Africa Institute (Suède). Ce colloque a réuni des universitaires, des représentants du Parlement de la CEDEAO et des acteurs de la société civile ivoiriens, ainsi qu'une vingtaine de chercheurs d'Afrique, d'Europe et du Canada avec tous une longue expérience de recherche sur la Côte d'Ivoire et/ou sur des questions similaires à celles posées par la crise ivoirienne (voir les rapports publiés dans *News from Nordic Africa Institute* (Uppsala), n° 4/2003, et dans *CODESRIA Bulletin*, n° 3 & 4, 2004).
2. La Côte d'Ivoire est devenue colonie française en 1893 et intégrée à l'entité Afrique occidentale française (AOF) créée deux ans plus tard en 1895. Spécialisée dans la production agricole, le développement des plantations a conduit la puissance coloniale à y canaliser un flux important de travailleurs migrants venus des territoires voisins, Haute-Volta (Burkina Faso) et Soudan (Mali) notamment, plus peuplés. Elle accédera à l'indépendance formelle en 1960 avec à sa tête le président Houphouët-Boigny, dirigeant du Rassemblement Démocratique Africain (RDA), qui restera au pouvoir jusqu'à sa mort en 1993.
3. La charte de l'OUA, sans doute dans le but d'éviter les disputes territoriales entre ces jeunes États, stipule clairement une intangibilité des frontières héritées de la colonisation.
4. Foucault inclut en effet les « modes de subjectivation » dans la gouvernementalité qui est selon lui « la rencontre entre les techniques de domination exercées sur les autres et les techniques de soi » (Foucault 1994:785).
5. L'implantation de l'administration et la mise en place du système de traite coloniale accentuent la demande en main d'œuvre; dès les années 1910, on enregistre les premiers recrutements administratifs en Haute-volta à destination de la Côte d'Ivoire. Voir sur ce point historique Bonnecase, 2001.
6. Il faut noter que l'emploi de la notion de « déconstruction » ne vise selon la pensée de Derrida aucune destruction, mais doit être considérée comme une intention de « détraquage » du « Savoir Absolu » et un contre-mouvement qui s'oppose au « travail du négatif »; stratégie politique dans la construction du sens cette « déconstruction » inverse, surévalue, neutralise, déplace les anciennes valeurs pour créer du nouveau. Voir sur cette question Goldschmit, 2003.

Bibliographie

« À quoi bon la Nation », 2004, *La sœur de l'Ange*, n°2.

Ageron, Charles Robert, 1976 « Du mythe kabyle aux politiques berbères », *Le mal de voir*, Paris: Cahiers Jussieu 2, 10/18.

Amin Samir, 1967, *Le développement du capitalisme en Côte d'Ivoire*, Paris: Éd. de Minuit.

Assayag, Jackie, 2005, La mondialisation vue d'ailleurs: l'Inde désorientée, Paris: Éd. du Seuil.

Bandaman, M., 2004, *Côte d'Ivoire: Chronique d'une guerre annoncée*. Abidjan, mars 2004.

Bonnecase, Vincent, 2001, *Les étrangers et la terre en Côte d'Ivoire à l'époque coloniale*, Document de travail de l'UR 095, n°2, août.

Bayart, Jean-François, 1989, *L'État en Afrique. La politique du ventre*, Paris: Fayard.

Dadié, B. Bernard, 2004, *Cailloux Blancs, Chroniques,* Abidjan: NEI/CEDA.

Delfendahl, Bernard, 1973, *Le clair et l'obscur. Critique de l'anthropologie savante, défense de l'anthropologie amateur*, Paris: Éditions Anthropos.

Deshpande, Satish, 2003, *Contemporary India: A Sociological View*, Delhi: Penguin Books India.

Du Parge, Agnès, 2003, *Parmi les rebelles. Carnets de route en Côte d'Ivoire 19 septembre 2002–19 septembre 2003*, Paris: L'Harmattan.

Dulong, R., 1976, « La crise du rapport État/société local vue au travers de la politique régionale » in Poulantzas, N., *La crise de l'État*, Paris: PUF.

Ekanza, Simon-Pierre, 2005, *L'Afrique au temps des Blancs (1880-1935),* Abidjan: Les Éditions du CERAP.

Elias, Norbert, 1975, *La dynamique de l'Occident*, Paris: Calmann-Lévy.

Elias, Norbert et Scotson, John L., 1997, *Logiques de l'exclusion*, Paris: Fayard.

Foucault, Michel, 1971, *L'ordre du discours*, Paris: Gallimard.

Foucault, Michel, 1994, *Dits et écrits*, vol 3, Paris: Gallimard.

Gauthereau, Raymond, 1986, *Journal d'un colonialiste*, Paris: Seuil.

Gérard Rémy, Capron Jean (collab.), Kohler Jean-Marie (collab.), 1977, « Mobilité géographique et immobilisme social: un exemple voltaïque », *Revue Tiers-Monde*, 18 (71) p. 617-653.

Gomé Gnohité, H., 2004, *Le rempart. Attaque terroriste contre la Côte d'Ivoire*, Abidjan: Institut Éco-Projet.

Goldschmit, Marc, 2003, *Jacques Derrida, une introduction*, Pocket.

Habermas, Jurgen, 2001, « What Is a People? » In *The Postnational Constellation*, Cambridge: Polity Press.

Habermas, Jurgen, 1988, « Le contenu normative de la modernité » in *Le discours philosophique de la modernité*, Paris: Gallimard.

Holy Bedy, 2004, *Côte d'Ivoire, yako! (Quand les fous et les sorciers attaquent)*, Abidjan: Institut Éco-Projet.

Kouamoua, Théophile, s.d., *Tout sur un rapport de l'ONU qui dérange*, Le Courrier d'Abidjan, document non daté.

Koulibaly, Mamadou, 2005, *Les servitudes du pacte colonial*, Abidjan: CEDA/NEI.

Koulibaly, Mamadou, 2004, *Sur la route de la liberté*, Abidjan: PUCI.

Le Pape, Marc & Vidal, Claudine, eds, 2002, *Côte d'Ivoire. L'année terrible 1999-2000*, Paris: Karthala.

Legendre, Pierre, 1999, *Sur la question dogmatique en Occident*, Paris: Fayard.

Loucou, Jean-Noël, 1996, « De l'ivoirité » In L'ivoirité ou l'esprit du nouveau contrat social du président Henri Konan Bédié, *Ethics*, n° 001, octobre 1996.

Mamdani, Mahmood, 2004, *Citoyen et sujet. L'Afrique contemporaine et l'héritage du colonialisme tardif*, Paris: Karthala-Sephis.

Mamdani, Mahmood, 2002, *When Victims Become Killers. Colonialism, Nativism, and the Genocide in Rwanda*, Kampala: Fountain Publishers; Dar es Salaam: E & D Limited.

Meillassoux, Claude, 1964, *Anthropologie économique des Gouro de Côte-d'Ivoire*, Paris: Mouton.
Moffa, 1995, *L'Afrique à la périphérie de l'histoire*, Paris: L'Harmattan.
Niamkey-Koffi, Robert, 1999, *Réformes institutionnelles en Côte d'Ivoire. La question de l'éligibilité*, Collection Textes et Débats, Actes du séminaire international de l'ADIR, janvier.
Ouédraogo, Jean-Bernard, 1997, *Violences et communauté en Afrique. La Région Comoé entre règles de concurrence et logique de destruction*, Paris: L'Harmattan.
Quaglioni, Diégo, 1996, « Les citoyens envers l'État': l'individu en tant que citoyen, de la République de Bodin au contrat social », in Coleman, Janet (sous la direction), *L'individu dans la théorie politique et dans la pratique*, Paris: PUF.
Soro, Guillaume, 2005, *Pourquoi je suis devenu un rebelle. La Côte d'Ivoire au bord du gouffre*, Paris: Hachette Littératures.
Touré, Abdou, 1981, *La civilisation quotidienne en Côte d'Ivoire. Procès d'occidentalisation*, Paris: Éd. Karthala.
Voho Sahi, A., 2005, *Focal: les mots pour le dire*, Abidjan: NEI.
Wright Mills, Charles, 1997, *L'imagination sociologique*, Paris: La Découverte/Poche.

1

Racines des crises socio-politiques en Côte d'Ivoire et sens de l'histoire

Francis Akindès

Après trente neuf ans de stabilité politique, la Côte d'Ivoire inscrit, le 24 décembre 1999, un premier coup d'État militaire dans ses annales politiques. Pire. Dix mois plus tard, en octobre 2000, elle subit deux chocs: primo, celui d'un affrontement entre forces gouvernementales et populations civiles déterminées à faire triompher le verdict des urnes manipulé à son profit par le général putschiste Robert Guéï, candidat à sa propre succession, et secundo, fait moins banal, celui d'une barbarie issue de violents heurts entre militants des deux principaux partis politiques de l'opposition, le Front Populaire Ivoirien (FPI) appuyé par une frange de la gendarmerie et le Rassemblement des Républicains (RDR) d'Alassane Ouattara. Il paraît difficile de ne pas voir dans les atrocités ayant résulté de cet affrontement, la conséquence d'un face-à-face inter-ethnique à peine voilé. Ces violences qui ont marqué les consciences, ont produit un charnier de cinquante sept morts, découverts deux jours après. Suite à l'invalidation de la candidature d'Alassane Dramane Ouattara aux élections législatives, il y eut à nouveau du 4 au 5 décembre 2000, un accès de violence, du fait d'un affrontement entre forces de l'ordre et militants du RDR scandant le slogan: « Trop c'est trop ». Bilan de l'opération: une vingtaine de morts. Last but not least. Deux ans après les élections d'octobre 2000 qui ont porté M. Laurent Gbagbo au pouvoir, la Côte d'Ivoire refait l'expérience d'une mutinerie qui s'est transformée en conflit armé. Dans la foulée, trois rébellions, conduites par le MPCI[1], le MPIGO[2] et le MJP[3], se sont déclarées et occupent près de deux-tiers du territoire national.

La crise socio-politique en Côte d'Ivoire peut alors être définie comme étant l'ensemble des manifestations qui compromettent la continuité de l'État, de l'ordre social en introduisant de ce fait une rupture dans un temps relativement long de stabilité politique dans un pays considéré pendant longtemps comme un modèle. L'objectif de cet article est avant tout de comprendre le sens et les enjeux de cette crise socio-politique. D'abord par rapport au sens du désordre social et politique, consécutif à la longue période de stabilité politique. Nous faisons l'hypothèse que ce désordre politique s'inscrit dans la remise en cause du modèle précocement trop mondialiste du compromis houphouétiste, entré en crise depuis le début des années 90, dans la foulée du processus de démocratisation. Ensuite le sens de l'*Ivoirité*. Nous l'analysons comme étant une expression particulière de réinvention de l'être collectif ivoirien, en réaction aux effets de plus de trois décennies d'ouverture qui neutralisèrent à l'excès l'expression des identités particularistes. Finalement, ce compromis, à travers son adhésion au libre-échangisme et à l'économie de marché, a provoqué des contractions et des contradictions internes qui contraignent le système socio-politique aussi bien à la retribalisation du débat politique qu'à la redéfinition de nouvelles règles d'accès aux ressources de plus en plus rares. Et enfin, dans cette crise socio-politique, le sens de l'escalade de la violence et de ses modes de justification. En tant que signe de délégitimation des modèles de régulation bâtis sur le mode tontinier, la récurrence des coups d'État militaires en Côte d'Ivoire appelle au renouvellement de la grammaire politique et des modalités de régulation socio-politique autour de principes intégrateurs qui restent à inventer.

Les trois paramètres du compromis houphouétiste

On ne peut comprendre la crise politique ivoirienne actuelle sans faire référence aux piliers de l'idéologie structurante des trente trois années de régulation politique de Félix Houphouët-Boigny, l'homme charismatique qui aura orienté, de façon déterminante, la praxis et la pensée politique dans ce pays. Au bout d'un long règne, celui-ci a marqué la destinée de la Côte d'Ivoire en l'emmenant à une indépendance négociée en 1960. Après l'indépendance, il est resté à la tête de ce pays jusqu'à sa mort en 1993. Félix Houphouët-Boigny a laissé un héritage politique, mieux, une ingénierie politique appelée « houphouétisme », diversement appréciée (Amondji 1984 et 1988, Bakary 1992, Siriex 1987, Diarra 1997). Dans la classe politique ivoirienne, du vivant et après la mort de celui qui incarnait cette philosophie, beaucoup d'acteurs politiques, anciens collaborateurs ou non, se réclament de l'houphouétisme. Mais, cette philosophie politique se réduit, de l'avis de ceux qui la partagent à ce qu'il est convenu d'appeler laconiquement « la culture du dialogue et de la paix » préconisée par le « Père de la nation ». L'houphouétisme qui est un ensemble de principes structurants et de pratiques diversement interprétées, fonctionne comme un système de référence et une culture politique socialement reconnue mais non conceptualisés. Ce fut un passage obligé même pour le général Robert Guéï, porté à la tête du CNSP (Comité National de Salut Public) après le coup d'État du 24 décembre 1999[4] pur produit de l'houphouétisme, il s'en est lui aussi réclamé. Une intelligibilité du sens de la mutation politique en cours passe nécessairement par une déconstruction à *posteriori* de l'houphouétisme, cette auberge espagnole qui est à la fois un mode de régulation socio-politique mais aussi une idéologie. Mais en tant qu'idéologie, l'houphouétisme a structuré de façon imperceptible les habitus politiques avant d'entrer en crise. Le but de notre propos n'est pas d'en juger la valeur. Nous voudrions en faire une lecture phénoménologique en vue d'éclairer les enjeux de l'ivoirité et de la rhétorique ethnonationaliste qui a émergé dans le creuset de la démocratisation, au point d'imprégner l'esprit de la deuxième république et de devenir de ce fait, une source de tensions sociales voire de conflits meurtriers.

En tant qu'architecture politique, l'houphouétisme est une construction sociale et politique qui trouve les matériaux de son édification aussi bien dans une certaine ethnologie coloniale que dans le procès d'invention du politique en Côte d'Ivoire. En tant que réalité objective, il s'est matérialisé dans un « complexe politico-économique » au sein duquel, au fil des interactions politiques, s'est développée une culture partagée et articulée autour de trois paramètres qui ne tirent leur efficacité politique que de leur synergie.

Une politique volontariste et centralisée d'ouverture sur l'extérieur

Après les indépendances, Félix Houphouët-Boigny hérite de la politique coloniale d'aménagement du territoire ivoirien et des mécanismes mis en place à cet effet.[5] La vigoureuse politique de développement agricole conjuguée à la concentration des capitaux étrangers depuis l'époque coloniale, finissent par faire de la Côte d'Ivoire un pôle économique sous-régional qui attire d'autres facteurs de production, telles que la main-d'œuvre sous-régionale et l'expertise tout-venant. Les colons aménagèrent la côte (Port-Bouêt, Grand-Bassam), construisirent des wharfs et développèrent quelques infrastructures routières et médicales, en particulier dans le sud-est du pays; ils favorisèrent la mise en place d'une agriculture d'exportation basée dans les premiers temps sur l'huile de palme et le caoutchouc, le café et le cacao. Des vagues successives d'immigrations économiques ont alimenté ce besoin croissant de ressources humaines sur les différents chantiers de la Basse Côte d'Ivoire. Entre 1920 et 1940, le système d'approvisionnement en main-d'œuvre reposait sur un mécanisme dans lequel s'entremêlent volontariat, réquisition obligatoire des travailleurs voltaïques acheminés vers la Côte d'Ivoire (Balac 1997; Blion et Bredeloup 1997; Touré et al. 1993; Zongo 2001). Pour cela, des subventions spéciales étaient octroyées à la société des chemins de fer pour convoyer gratuitement la main-d'œuvre vers le sud de la Côte d'Ivoire, avec la complicité des syndicats interprofessionnels des employeurs de Côte d'Ivoire, des chefs coutumiers voltaïques pour assurer l'approvisionnement gratuit de cette main-d'œuvre (Nana 1993). Soulignons que la Haute-Volta faisait partie intégrante de la Côte d'Ivoire jusqu'en 1947.

Après l'indépendance, la politique d'ouverture d'Houphouët-Boigny ne sera en fait qu'une reconduction de la politique d'aménagement de la colonie ivoirienne. Il fit le choix, non dénué d'un nationalisme discret,[6] d'une ouverture de l'économie ivoirienne sur l'extérieur. Ce choix s'est concrétisé dans un code des investissements particulièrement attractif. Pour cela, il fit l'option d'une dépendance politique, contrastant particulièrement avec la vogue socialiste dans la plupart des pays africains nouvellement indépendants. De ce choix de dépendance économique atypique après une indépendance négociée, il espérait tirer des avantages politiques et économiques en termes de prestige personnel et de leadership sous-régional.[7] Sa philosophie politique particulièrement opportuniste, finit par concentrer en Côte d'Ivoire capitaux et hommes provenant surtout de la sous-région ouest-africain.[8] Le pragmatisme d'Houphouët-Boigny dès les premières heures des indépendances, a incontestablement porté ses fruits. Il a constamment produit, jusque dans la première moitié des années 80, un PIB de plus de 7%, rapprochant la Côte d'Ivoire des pays à très forte expansion comme le Japon, la Corée, le Brésil (Fauré 1982:45). En même temps et au fur et à mesure que se déployaient ces recrutements officiels et/ou clandestins des travailleurs voltaïques, on assistait à une demande croissance de main-d'œuvre qualifiée dans le secteur tertiaire, et bien plus tard, le secteur industriel (Touré et al 1993). L'immigration volontaire de nombreux ressortissants maliens, guinéens, béninois et togolais furent une réponse massive à cette demande.

Si, sous la colonisation, les mobiles des migrations furent essentiellement économiques, après les indépendances, cette migration de travail s'est amplifiée en raison de l'euphorie économique des années 70-80. Contribueront à alimenter également ce flux humain vers la Côte d'Ivoire, l'instabilité politique dans les pays voisins (Burkina, Bénin, Mali, Niger, Togo) et surtout les incertitudes agro-climatiques dans les pays de l'hinterland (Mali, Burkina Faso, Niger). Attirés par les possibilités d'emplois agricoles salariés ou non, les Sahéliens se dirigent vers la Côte d'Ivoire et s'installent dans les régions à plus grands potentiels agro-économiques. Les recensements démographiques de 1998 indiquent que les régions ivoiriennes de forte immigration sont le Sud-Comoé (25%), le Bas-Sassandra (24,7%), le Moyen-Cavally (22,4%), le Moyen-Comoé (22,1%) et le Haut-Sassandra (17,6%). Quatre de ces cinq régions ont plus d'un cinquième de leurs populations constituées d'immigrants internationaux. La particularité de ces régions est qu'elles appartiennent toutes à la zone forestière.

Les migrants côtiers se concentrent plutôt dans la région des Lagunes où se trouve Abidjan. Cette région, qui abrite 3 733 413 habitants dont 622 372 migrants internationaux, concentre plus d'opportunités d'emplois et d'auto-emplois qu'ailleurs. Les migrants originaires des pays côtiers qui s'y trouvent, pour la plupart, s'intéressent moins à l'agriculture qu'au commerce et aux services.

Aussi, les mouvements migratoires vers la Côte d'Ivoire se sont-ils accrus à la suite surtout des crises socio-politiques et économiques qu'ont connu le Ghana et le Nigéria, respectivement en 1970 et en 1980. Ainsi, avec un taux d'accroissement démographique annuel de 4%, la Côte d'Ivoire est-t-elle devenue le pays d'accueil le plus important de la région, supplantant ainsi, après les indépendances, le Ghana et le Nigéria qui furent les deux premiers pôles d'immigration, pour avoir été des post-colonies prospères. La dimension économique de ces migrations laisse deviner l'importance et les enjeux des transferts de revenus migratoires depuis la Côte d'Ivoire vers les pays voisins.

Selon les derniers recensements de 1998, la population ivoirienne qui est de 15 366 672 habitants, compte 26,03% d'immigrés (tableau 1).

Alors que se déployaient ces recrutements officiels et/ou clandestins des travailleurs voltaïques, on assistait également à l'immigration de nombreux ressortissants du Mali, du Niger, de Guinée, du Ghana, du Togo et du Bénin. Ces migrations économiques qui débouchent sur des installations de longue durée laissent présager le métissage qui résultera du brassage naturel des populations; brassage dont les conséquences politiques sont plus que jamais d'actualité en Côte d'Ivoire.

Tableau 1: Répartition de la population étrangère par pays d'origine aux différents recensements et à l'enquête migratoire (%)

Pays	1975	1988	1993	1998 Effectif	%
Burkina Faso	52,2	51,5	52,9	2 238 548	56,0
Mali	24,0	23,5	22,2	792 258	19,8
Guinée	6,7	7,4	8,2	230 387	5,7
Ghana	3,2	5,5	-	133 221	3,3
Bénin	2,6	2,8	-	107 499	2,7
Togo	0,9	1,4	-	72 892	1,8
Sénégal	1,4	1,3	2,5	43 213	1,1
Mauritanie	-	0,5	0,5	18 152	0,5
Nigéria	0,9	1,7	1,5	71 355	1,8
Autre Afrique	0,3	6,5	11,9	201 808	5,0
Non-Afrique	0,5	-	0,3	32 699	0,8
Non déclaré	-	-	-	58 015	1,5
Total	100,0	100,0	100, 0	4 000 047	100,0
Effectif	1 474 469	3 039 037	3 310 000	4 000 047	

Finalement, l'option capitaliste et la spécialisation de la Côte d'Ivoire dans les produits d'exportation tels que le café, le cacao et le bois, auxquelles ont fortement participé ces migrants, vont donc projeter ce pays dans les circuits des échanges internationaux. Résultat: comme le faisait remarquer Fauré (1982:34), contrairement à ce que proclamait trop vite l'idéologie tiers-mondiste dominante de l'époque, « la dépendance délibérément entretenue par la Côte d'Ivoire n'apporte pas avec elle que des catastrophes, des monstruosités économiques et sociales ». Elle laisse encore des marges de manœuvre même faibles, malgré les relations inégales dans lesquelles elle s'inscrit. Les preuves en sont la stratégie ivoirienne de prise de participation au capital social des entreprises étrangères amorcée au début des années 70, malgré leurs limites, ainsi que la politique d'ivoirisation des cadres (Chevassu 1997) ou de certains secteurs-clés de l'économie (De Miras 1982). Cette singulière politique économique ivoirienne de l'ouverture sur l'extérieur a créé de la richesse. Par exemple, entre 1975 et 1977, aidée par la conjoncture (guerre en Angola, gelée brésilienne, stagnation des productions de pays concurrents africains) et profitant des envolées des prix de ses principaux produits d'exportation, elle a permis de réaliser des performances sans égales dans la sous-région. Les résultats de cette architecture politique et économique renforçaient l'aura politique de F. Houphouët-Boigny, non seulement à l'extérieur et aux yeux de ses compatriotes, mais aussi, constituaient un puissant instrument de régulation paternaliste de l'espace socio-politique, assurant ainsi une certaine stabilité au système politique. Malgré les revers de cette politique d'ouverture sur l'extérieur remis au goût du jour par les politiques d'ajustement structurels, F. Houphouët-Boigny, est resté attaché au principe, en a fait l'apologie jusqu'à la fin de sa vie, même s'il était conscient de la nécessité de « recentrer les intérêts économiques et financiers dans un sens plus national » (Fauré 1990:77). Dans sa logique, l'une des façons de le réaliser rapidement était de constituer une classe de « grilleurs d'arachides » susceptible de se transformer en une « bourgeoisie privée de son État ».

La philosophie du « grilleur d'arachides »

Au cours des deux premières décennies après les indépendances, Félix Houphouët-Boigny mit en place un savant mécanisme de patronage politique doublé d'un patrimonialisme. L'objectif affiché était de créer une bourgeoisie nationale capable de se transformer en classes d'investisseurs et d'entrepreneurs locaux. À cet effet, la multiplication des organismes para-étatiques (Sode, EPN, SEM) a été un puissant instrument dans le jeu de régulation de la clientèle politique. Le secteur parapublic fut le siège du patrimonialisme ivoirien dont Houphouët-Boigny définit les fondements à travers une parabole devenue célèbre: « on ne regarde pas dans la bouche de celui qui grille des arachides ». Cette parabole africaine ne prend son sens que rapportée à une certaine représentation des attributs du pouvoir politique en Afrique en général et en Côte d'Ivoire en particulier. Griller l'arachide suppose qu'à un moment donné de la cuisson, le grilleur en apprécie la teneur en sel. Symboliquement, la relation entre l'acte de griller et la bouche qui goutte tient dans le privilège du grilleur d'appartenir au cercle restreint de la clientèle politique, bénéficiaire de la répartition inégale mais socialement légitime du fait de son positionnement. L'évocation de la bouche renvoie ici à la logique de manducation fortement présente dans la représentation sociale de l'exercice du pouvoir politique en Afrique. En termes clairs, c'est une légitimation de la prévarication, de l'accumulation primitive avec une spécificité en Côte d'Ivoire: il s'agissait pour le président Houphouët-Boigny de créer, par ce biais, une bourgeoisie d'État. Cette frange sociale a effectivement émergé dans le sillage de l'État-patron au tournant des années 70. Au cours de la décennie 70-80, notera De Miras (1982:212), aux postes de direction, de décision et d'ordonnancement, une classe administrative de haut niveau a prospéré par des formes et des moyens de ponction « plus parallèle que clandestine ». Le magistère suprême justifie cette économie patrimoniale ou cette machine d'enrichissement rapide par l'urgence de constituer une classe d'investisseurs de substitution, dans une économie ivoirienne dominée par le capital étranger et surtout français. Dans un contexte de confusion entre l'État, la nation et le parti unique, entre le bien public et le bien privé, les élus de cette caste politique, tous appartenant au parti unique, le PDCI (Parti Démocratique de Côte d'Ivoire), se distinguent par de grosses fortunes constituées à l'abri du parapluie politique et par un mode de consommation ostentatoire. Malgré la crise du « système patrimonial »,[9] la philosophie du grilleur d'arachide a été un élément structurant du dispositif de régulation politique, lui-même contraint à une cure d'amaigrissement en raison de la crise des finances publiques dans les années 80. Tout cet échafaud socio-politique prend appui sur une gestion particulière de la diversité sociale tout aussi paradigmatique.

Une gestion paternaliste de la diversité sociale

La Côte d'Ivoire regroupe une mosaïque de plus de soixante ethnies regroupées en quatre grandes familles linguistiques: les Mandés (Malinké, Dan, Kwéni), les Voltaïques plus communément appelés aujourd'hui Gur (Sénoufo, Koulango, Lobi), les Krus (Wê, Bété, Dida, Bakwé, Néyo), les Kwas ou l'entité Akan (Agni, Baoulé, Abron, Alladian, Avikam et les ethnies lagunaires).

Issu lui-même du groupe Akan, Houphouët-Boigny a assis son pouvoir sur le mythe du sens supérieur de l'État propre à son groupe d'appartenance ethnique. Selon Memel Fotê, ce mythe repose sur le double socle de « l'idéologie ethnocentrique de l'État et l'idéologie aristocratique de l'ethnie ». Non seulement, ce mythe tend à justifier les sources d'un pouvoir qui se veut charismatique, il fonde également la légitimité du Président Houphouët à diriger les autres. Il est devenu le fondement idéologique de la gestion houphouëtiste de la diversité sociale. Selon Memel Fotê, la spécificité de ce mythe vient de ce qu'il ne tient pas dans des représentations politiques formelles et écrites. Il est plutôt « informel et oral » et n'est intelligible que par une enquête anthropologique. Il a structuré l'imaginaire social et irrigué le système de représentation sociale du pouvoir en Côte d'Ivoire.

Ce mythe légitimiste trouve ses sources dans un héritage colonial pseudo-scientifique hiérarchisant les races sur la base de l'existence de l'État, du développement de l'écriture et du livre. Entre les Mandé et assimilés, placés au sommet de la hiérarchie et les Kru au bas de l'échelle, se trouvent au milieu les Akans. Ce mythe provient surtout du travail de réécriture auquel s'est livrée, durant la période de décolonisation et après les indépendances, « une fraction akan de la classe politique ivoirienne »[10] mais à son avantage. Ce travail de réécriture a repositionné les groupes pour placer dorénavant les Akan en tête: « Au sommet de la nouvelle hiérarchie sont placés les Akans, avec une prééminence explicite des Baulé et des Anyi sur les ethnies lagunaires; vient ensuite le groupe Mandé; au bas de l'échelle, les Kru » (Memel Fotê 1999:24).

De là, naît le concentré de la double idéologie de l'aristocratisme de l'ethnie baoulé et de sa propension naturelle à diriger les autres. Memel Fotê démontre que rien dans cette idéologie ne se justifie historiquement. Il apporte un démenti formel et historique à cette construction sociale et politique de la suprématie akan qui, savamment entretenue, fut un énoncé performatif d'une efficacité sociale et symbolique indéniable: « Le statocentrisme des activistes akan ne paraît [pas] fondé. En premier lieu, en effet, l'expérience akan de l'État est une expérience tardive dans l'histoire de la région ouest-africaine en général et dans l'histoire précoloniale de la Côte d'Ivoire en particulier (...). En deuxième lieu, l'État en Afrique de l'Ouest n'a aucune universalité ni dans le monde mandé ni dans le monde akan. (...) En troisième lieu, du point de vue normatif, les États akan, tant dans leur expansionnisme que dans leur domination sur leurs sujets, ont manifesté les mêmes types de violence et réussi les mêmes types d'œuvres que les Mandé et les Gur; ils ne paraissent présenter aucun modèle plus humain que les modèles mandé et gur; au contraire, parce que polythéistes jusqu'à la colonisation, ils n'ont cessé de pratiquer des sacrifices humains, rites abolis dans le monde mandé musulman depuis des siècles. Cette pratique leur est commune avec les sociétés à classe d'âge » (Memel Fotê 1999:25).

Aussi, Memel Fotê (1999) tente-t-il d'expliquer qu'historiquement, ce n'est que durant la période coloniale qu'a commencé l'apprentissage de nouvelles capacités à diriger la société. Il en est de même pour l'invention des nouveaux modes de coopération tels que le syndicalisme, l'expérience gouvernementale avec le PDCI sous la houlette de F. Houphouët-Boigny qui réussit d'abord « une instrumentalisation certes limitée, mais effective, de l'Administration coloniale » et une « union politique de la plupart des partis ». C'est fort de cette capacité de manipulation des hommes et des institutions que F. Houphouët-Boigny instaure un autoritarisme de fait par un recours systématique à des lois de répression, une interdiction des partis d'opposition et des organes d'expression plurielle, l'exil des militants syndicalistes, l'emprisonnement des Sanwi sécessionnistes: « À l'indépendance trop vite survenue en 1960, ce dispositif juridico-politique autoritaire que le gouvernement autonome du PDCI-RDA vient de mettre en place, change la nature de l'État sous tutelle qui devient un État « souverain », monolithique et despotique. En même temps qu'il assure une relative croissance économique, à la Côte d'Ivoire, il accentue ces caractères jusqu'à la démesure. Les Anyi du Sanwi, en tant que peuple, coupables de vouloir « se détacher » de la Côte d'Ivoire pour se soustraire à l'hégémonie baoulé, subissent un long martyr dont l'histoire reste à faire. Une répression plus sauvage encore frappe les Bété du sous-groupe Guébié de Gagnoa, criminalisés pour avoir suivi le citoyen Jean-Christophe Kragbé Gnagbé, qui a fondé un parti politique légal, mais non reconnu. De 1959 à 1967, trois faux complots qui seront suivis plus tard d'autres « complots » dans l'armée et la police, sont le prétexte à une décapitation du PDCI-RDA, de ses plus valeureux cadres, principalement mandé et kru, parmi les jeunes et les anciens. Ici encore, ce despotisme couplé avec une évidente croissance porte la même marque prononcée, celle de Félix Houphouët-Boigny, qui n'a jamais caché son appartenance à l'ethnie Baoulé, à la culture akan et n'a cessé d'y faire référence dans ses discours politiques ».

Mais, de tous les autres aspects précités, l'« argument anthropologique » spontané fondé sur des préjugés raciaux est forcément simpliste. Il fonctionne sur le mode de la persuasion, comme tente de le démontrer Memel Fotê, en même temps qu'il fonde la croyance subjective en la supériorité baoulé ainsi que la vocation élitiste de cette ethnie, prédestinée à gouverner l'État:

L'argument anthropologique, selon Memel Fotê (1999), définit les qualités psychologiques et les vertus propres aux vrais et dignes gouvernants. Mais dans le temps, il délégitime les prétentions des autres à gouverner à travers les traits de caractère et les vices qui leurs sont attribués. Cette anthropologie négative de l'altérité décrit principalement deux ethnies considérées comme représentatives des trois familles ethniques déjà « disqualifiées »: c'est d'abord le Dioula, désignation professionnelle du commerçant, nom propre du parler manding de Kong, mais ici appellation populaire et péjorative appliquée à tous les ressortissants du nord, mandé et gur, donc à tous les musulmans. C'est ensuite le Bété, ensemble ethnique, certes, mais surtout, malgré la diversité relative des sous-groupes régionaux, figure de la négativité absolue.

Cette caractérisation négative, retraduite dans le langage populaire et parfois sous forme humoristique, se décline en des termes encore plus clairs:

> « Dioula et Bete sont discriminés par une psychologie incertaine: ils sont 'faux' disent les idéologues, c'est-à-dire imprévisibles dans leurs réactions, peu ou pas sûrs et impropres à assurer le succès de la domination des Akan. En deuxième lieu, sous le rapport éthique, d'importants traits d'immoralité sont associés à cette psychologie. Selon l'un, les Dyula sont 'sans foi ni loi' et les Bété 'violents et coureurs de femmes'; selon l'autre, les Dyula ont la malveillance des esclaves; selon un troisième, 'l'éducation de classe' qui caractérise 'le civilisé akan' manque aux deux ethnies et à leurs pareilles. En troisième lieu, sous le rapport politique, Dyula et Bete constituent par leur prétention un danger pour l'État et la nation: les Bete, pour leur incompatibilité culturelle avec la fonction présidentielle, les Dyula, pour une raison stratégique, du fait qu'ils œuvreraient en définitive à propager et 'asseoir' l'islam. Ces éléments d'anthropologie négative définissent en creux les qualités positives considérées comme dignes de la classe politique idéale de la nation ivoirienne et que détiennent, par hypothèse, les seuls Akan, en particulier parmi les plus activistes Baulé et Anyi qui parlent. Il y a d'abord des qualités psychologiques: l'exigence d'être homme de vérité, doué de conviction, de sincérité, de droiture. Il y a ensuite les qualités morales: noblesse et générosité de l'homme libre, esprit de paix, tempérance sexuelle, toutes qualités qui témoignent d'une bonne éducation, selon l'aristocratie akan. Il y a enfin les justifications philosophiques et religieuses de la supériorité ethnique: d'une part, la vocation à protéger et à promouvoir ce qui est considéré ici comme antagonique de l'islam: d'une part, la religion chrétienne, d'autre part, le postulat, dans cette logique anti-laïque, d'une vocation exclusivement akan, et non pas kru ou gur ou même mandé, à protéger la religion chrétienne. Aucune enquête comparée ne valide en quelque point que ce soit cette représentation si faussement contrastée » (Memel Fotê 1999).

Cette construction positive d'une représentation de soi par opposition aux autres a contribué à la sédimentation d'une batterie d'histoires imaginaires et de marqueurs psychosociologiques des groupes sociaux. Elle est véhiculée naïvement à travers des chansons populaires et finit par devenir une contrainte sociale structurant la manière dont les communautés en présence se regardent et se perçoivent. La force de ces préjugés ethniques, conditionne jusqu'à présent l'imaginaire populaire et régit le rapport des imaginaires sociaux collectifs au politique. Dans les cercles akan et particulièrement baoulé, la psychologisation de cette anthropologie spontanée a entretenu et entretient encore l'efficacité politique du mythe de la race prédestinée à l'exercice du pouvoir.

Cette stratification hiérarchique – d'essence politique – des ethnies a structuré le mental de la majorité des Akan, toutes catégories sociales confondues. Cette culture akan a fini par ordonner selon ses propres normes la représentation du pouvoir, les symboles nationaux du pouvoir ainsi que les mécanismes sociologiques de son exercice. Son efficacité symbolique se lit également à travers sa force de structuration interne bien mise en exergue par Memel Foté: le mythe de la supériorité akan a assuré à la fois des fonctions positives:

- d'unification: ré-invention d'une origine commune et d'une identité commune;
- de rassemblement: bloc attaché au PDCI par l'assurance de votes groupés et des voix indispensables à la conservation du pouvoir;
- de réintégration des éléments éparpillés dans les partis d'opposition avec des mesures de séduction, telles les promesses de poste ou/et d'argent autant que des mesures d'intimidation;
- de recrutement dans le corps d'élites;
  et des fonctions négatives;
- séparatrice: exclusion des lagunaires du groupe akan, affichage systématique de leurs différences négatives, jamais ou presque des différences positives, réduction du territoire réel de la Côte d'Ivoire en un épicentre;
- d'exclusion: il alimente une mentalité d'exclusion qui, au-delà des paroles, entraîne l'affrontement entre celui qui exclut et celui qui se sent exclu.

Jusqu'au début des années 80, l'euphorie des temps de croissance économique favorables aux redistributions informelles et les multiples opportunités d'accès individuel à la rente politique ont permis à ce mythe de fonctionner à peine discrètement. La récession économique devenue structurelle dont les premiers signes apparaissent en 1983-84 l'épuisement physique du principal acteur ont sapé les bases de cette architecture socio-politique aux fondements anthropologiques,.

La gestion paternaliste de cette mosaïque socioculturelle (groupes ethniques et populations immigrés) a pendant longtemps reposé sur ce fond mythique et idéologique camouflé derrière des mécanismes géopolitiques de redistribution inégale de la rente politique. Dans cette régulation socio-politique, les étrangers, minorités silencieuses, ne sont pas que des facteurs de production. Si à travers la migration de travail surtout agricole, encouragée par une politique libérale d'accès à la terre (Zongo 2001; Chauveau 1995) les migrants ont fortement contribué à la croissance économique, dans l'architecture socio-politique formatée par Houphouët Boigny, ils sont également des instruments politiques en même temps qu'ils servent aussi de tampon social. Au plan politique, le recours au vote des ressortissants de la CEDEAO (Communauté Économique des États de l'Afrique de l'Ouest) pour se maintenir au pouvoir (Dozon 1997:784) est un indice fort d'instrumentalisation de la présence étrangère à des fins électoralistes.[11] Ce vote des étrangers devait assurer le plébiscite d'Houphouët-Boigny, dont le système politique était affaibli par la crise des finances publiques et la maladie. Toujours sur le registre politique, la présence étrangère massive permet de développer la rhétorique du bouc-émissaire en situation économique difficile et de canaliser le ressentiment sur des personnes encore plus démunies, sans mettre en cause le système. Elle permet également de construire le principe politique de la misère de position. Celle-ci se veut une rhétorique de relativisation du sentiment d'appauvrissement par comparaison avec une masse d'étrangers socialement et économiquement inférieurs rehaussant d'autant le statut social du pauvre ivoirien.

L'agencement de ces trois paramètres a assuré au PDCI-RDA ses trente-neuf années de contrôle de la vie politique nationale. Mais, ce complexe politico-économique qui offrait les apparences de la stabilité politique est entré en crise depuis le début des années 90, où le système, après La Baule, fut contraint comme dans d'autres pays, de se démocratiser.

La démocratisation, révélatrice de l'usure de l'houphouétisme

Avec le retour au multipartisme, l'espace politique s'est ouvert. Des partis politiques tels que le FPI et le PIT (Parti Ivoirien des Travailleurs), pour ne citer que les principaux, ont ainsi légalisé leur participation à la compétition politique. Un parti tel que le FPI a alors émergé et a été reconnu après des années de clandestinité. En même temps qu'il capitalisait politiquement les voix des exclus de la redistribution des fruits de la croissance, les origines bété de son leader, Laurent Gbagbo, suivant la logique ethnique de la participation politique en Afrique, en faisait le principal foyer de rassemblement des Bété qui vivaient mal les effets politiques exclusifs du mythe de l'aristocratisme baoulé. Même en 90, ayant fait une percée chez les akyé et les akans lagunaires, les déclassés de l'aristocratie akan, ce parti fut perçu dans l'imaginaire populaire comme étant un parti bété en raison de l'identité de son leader.

Le processus de démocratisation amorcé sous contrainte en 1990, après trente ans de parti unique, a révélé les fractures sociales d'une société aux composantes (groupes ethniques et populations immigrées) mal intégrées. Ce phénomène est d'autant plus perceptible que la conjoncture économique défavorable a considérablement sapé les bases du compromis houphouétiste qui laissait l'impression d'une intégration par l'économie. L'économie politique qui supportait cette architecture a connu de nombreux chocs extérieurs (chute des prix des matières premières agricoles, renchérissement du cours du dollar et du pétrole, hausse des taux d'intérêt internationaux), une dégradation considérable du taux d'épargne intérieur et du taux d'investissement passant de 25% du PIB en 1980 à 4% du PIB en 1990 et 8% en 1993, des déséquilibres des finances publiques, un endettement public excessif dans un environnement de surliquidité internationale, d'où l'explosion de la dette publique qui a atteint 196% du PNB en 1990 et 243% en 1993. Fondée sur le cacao et le café aux cours très bas à l'époque, l'économie ivoirienne, étranglée aussi par une dette intérieure, supportait mal la multiplication des faillites et des licenciements.

La dévaluation intervenue en janvier 1994, a dopé l'économie ivoirienne mais ses dividendes ont été mal gérés. Il en a résulté que le principal pôle économique sous-régional, avec 40% du PIB, a sombré dans une morosité économique. Le durcissement de la pression des bailleurs de fonds face aux dérapages budgétaires dans un contexte de libéralisation des filières mal assumée et de chute des cours du café et du cacao, principaux produits d'exportation, a accéléré le processus. Les dénonciations de la corruption de la classe politique coïncidaient avec les indices de croissance de la paupérisation tels que le chômage des jeunes en milieu urbain, la multiplicité des conflits fonciers et les difficultés à joindre les deux bouts dans les ménages (Akindès 2000). Progressivement, la société ivoirienne se crispe.

Au plan politique, le malaise social s'accroissait alors que la capacité de régulation du PDCI-RDA s'est amenuisée avec l'ouverture contrainte de l'espace politique. En dix années, on assiste à l'émergence de points névralgiques refoulés ou des débats escamotés lors de la crise politique ayant précédé les élections à la sauvette organisées en 1990. Deux points paraissent essentiels: celui relatif à la question de la représentativité politique et celui de l'immigration dans le contexte nouveau de contraction économique.

La classe politique face à elle-même: la question des critères de représentation et de légitimité politique

La mort de Houphouët-Boigny en 1993 a déclenché les hostilités entre clans politiques rivaux au sein même du PDCI. Henri Konan Bédié, alors président de l'Assemblée Nationale, a été investi à la magistrature suprême suivant les prescriptions de l'article 10 de la Constitution, après des querelles de succession qui l'opposaient déjà depuis quelques années à Alassane Dramane Ouattara, alors Premier ministre. Dans cette confusion politique, a émergé le RDR comme parti politique né dans le creuset de la rencontre des militants s'accommodant de moins en moins des pratiques internes au PDCI et des revendications d'une partie de l'élite du Nord de la Côte d'Ivoire voulant se soustraire du statocentrisme akan. Ces revendications contenues dans la « Charte du Grand Nord » diffusée à partir des années 1992 s'articulent autour d'une participation plus conséquente des populations du Nord à la vie politique; exigence de participation autorisée par la sortie imminente de la scène politique d'Houphouët-Boigny vis-à-vis duquel ils avaient accepté jusque-là d'être loyaux. N'acceptant plus d'être des « suivistes » au sein du PDCI-RDA dominé par les Akans, ils projettent à travers cette charte, d'investir aussi le champ politique. Le RDR qui a capitalisé ces ressentiments à la fois des déçus du PDCI et des ressortissants du Nord qui ne veulent plus être considérés comme des citoyens de seconde zone, a trouvé dans la personne de l'ex-premier ministre lui-même ressortissant du Nord, le leader capable de porter leurs idéaux dans le champ de cette compétition politique.

Désormais, le paysage politique s'est constitué autour de trois personnages représentant chacun une région doublée d'un clan politique dans l'imaginaire populaire: Henri Konan Bédié, l'héritier du mythe de l'aristocratisme akan disposant d'un électorat, localisé de façon substantielle dans le centre, le sud et le sud-est; Laurent Gbagbo, le prophète de la rupture radicale avec l'houphouétisme et continuateur, pour certains, de l'oeuvre de Kragbé Gnagbé, symbole de ralliement des populations bété et d'une frange importante des populations de l'Ouest, s'estimant marginalisée dans la redistribution des fruits de la croissance, et enfin Alassane Dramane Ouattara, le candidat des dissidents du PDCI et surtout des ressortissants du Nord en majorité musulmans. Ce positionnement politique du Nord laisse poindre à l'horizon la mobilisation de l'énergie fédératrice religieuse, la région sud étant considérée comme l'alliée naturelle du christianisme et la région nord, le fief des musulmans. À l'approche des échéances électorales d'octobre 2000, le PDCI qui disposait d'une majorité au parlement, tentait de calibrer les institutions et les règles du jeu politique en sa faveur comme ce fut le cas déjà en 1995 où Alassane Dramane Ouattara fut empêché d'être candidat aux élections présidentielles en raison d'un nombre d'années insuffisant de séjour ininterrompu sur le territoire national. Entre les deux poids lourds de la scène politique, le PDCI et le RDR, le candidat Laurent Gbagbo recherchait les alliances les plus politiquement avantageuses pour lui.

Au plan sociologique, le débat sur l'ivoirité domine la scène politique et rend compte des jeux de positionnement divers par rapport à l'houphouétisme.

Les mois qui ont précédé le coup d'état du 24 décembre 1999 furent caractérisés par une atmosphère politique lourde et tendue: un mandat d'arrêt international était lancé contre Alassane Dramane Ouattara, le leader du RDR, accusé pour faux et usage de faux sur les bases des doutes sur son identité « composée et incertaine »; certains militants de ce parti furent arrêtés et jetés en prison; dans la foulée de la révision des listes électorales, les ressortissants du Nord musulmans dénonçaient les humiliations dues aussi bien aux tracasseries policières dont ils étaient l'objet qu'à la remise en cause insidieuse de leur appartenance à la nation ivoirienne. Par le biais de la nationalité, la question de la citoyenneté était posée au sens plein du terme, mais ne trouvait réponse politique que dans une mobilisation récurrente du monopole de la violence légitime au service de ce que les populations du Nord vivaient comme étant des frustrations, sources de crispations identitaires.

En même temps que le coup d'État militaire du 24 décembre 1999 mit fin au règne d'Henri Konan Bédié et le contraint à l'exil, il a été accueilli dans une liesse populaire parce que vécu de l'intérieur comme une parenthèse nécessaire à la décrispation d'une atmosphère politique délétère. Il engageait aussi de fait un tournant décisif dans l'attente populaire de la renégociation d'un nouveau compromis. Désormais, il est impossible d'ignorer les entournures identitaires des face-à-face politiques en Côte d'Ivoire. La crise de l'houphouétisme a atteint son paroxysme. Tous les indices sociaux appellent la réinvention de nouveaux mécanismes de régulation autres que ceux qui ont prévalu jusque-là. Aussi, un nouvel acteur émerge-t-il sur la scène politique: le général Robert Gueï, ancien chef d'état major, originaire de l'Ouest porté à la tête du CNSP (Comité National de Salut Public) suite au coup d'État militaire.

Mais, à l'exercice du pouvoir, ce nouvel acteur du jeu politique, a offert en dix mois de transition, deux visages politiques distincts et successifs, le Gueï 1 et le Gueï 2 dont la lecture prend tout son sens, rapporté aux paramètres de l'houphouétisme présentés plus haut. Cette double identité politique, en l'espace de dix mois d'exercice du pouvoir, est révélatrice de la force du courant ethno-nationaliste en marche dans la mutation politique en cours.

Par rapport à l'houphouétisme, le positionnement de chacun des trois partis (PDCI, FPI, RDR) et acteurs politiques (Général Robert Gueï) de première ligne est déterminant pour l'intellection de la suite de notre analyse.

Dans le creuset des querelles de succession à la magistrature suprême en l'an 2000 et, surtout depuis l'arrivée de Henri Konan Bédié au pouvoir en 1993, nous assistons à un procès de l'houphouétisme qui appelait inévitablement une réinvention de nouveaux compromis politiques. Ce procès se décline sous des figures variables, sélectives ou radicales selon les acteurs et les groupes d'acteurs en présence.

L'ivoirité sous Bédié ou la fonction sélective d'une idéologie

Pour sa survie politique, Henri Konan Bédié, candidat à sa propre succession a ouvert le dossier de l'ivoirité par lequel il voulait disqualifier son principal adversaire aux yeux de l'opinion publique nationale. Il remit au goût du jour les questions posées dans les années 94 par l'opposant Laurent Gbagbo sur la nationalité du Premier ministre Alassane Dramane Ouattara devenu plus tard le candidat officiel du RDR. Pour le PDCI, Alassane Dramane Ouattara serait d'origine Burkinabè. Son identité non-ivoirienne serait prouvée par le fait qu'il aurait occupé de hautes fonctions dans des institutions internationales sous la nationalité burkinabè. Immédiatement, un amalgame fut fait entre immigration incontrôlée surtout aux frontières du Nord, détention de fausses pièces d'identité par des ressortissants maliens, guinéens et burkinabè culturellement proches des populations du Nord-ivoirien et ce qui était considéré comme étant une prétention illégale d'un immigré à gouverner dans un pays d'accueil.

L'épouvante de l'ivoirité agitée sous le règne de M. Henri Konan Bédié était la première forme de rupture partielle avec l'houphouétisme. En même temps qu'elle sert d'idéologie de ralliement contre un adversaire politique, elle permettait au régime Bédié, confronté aux difficultés des finances publiques dues au rétrécissement de l'assiette fiscale, de théoriser le principe de sélection des ayant-droits aux ressources nationales de plus en plus rares. Pour deux raisons, cette rhétorique défensive introduit une fracture sociale dans le compromis houphouétiste en tant que mode particulier de gestion de la diversité sociale: premièrement, la théorisation explicite de l'ivoirité rompt avec l'informalité de praxis politiques restées jusque-là efficaces parce que non écrites; Deuxièmement, la systématisation de mécanismes d'exclusions politiques justifiées par une ligne imaginaire entre « ivoiriens de souches », « ivoiriens essuie-glace » et « ivoiriens de circonstance » engendre des « polarisations identitaires » qui débouchent sur des modalités d'affirmation conflictuelle de l'identité. Le sursaut national dans la différence qu'a tenté d'entretenir F. Houphouet-Boigny autour d'un projet d'enrichissement collectif n'a pas survécu à la volonté de son successeur d'asseoir sa légitimité sur une réaffirmation théorisée à peine voilée de la matrice akan du pouvoir et du déni de prétention aux autres groupes socio-culturels à vouloir exercer le pouvoir d'État.

L'houphouétisme à géométrie variable du général Gueï

Au cours des deux premiers mois ayant suivi son accession au pouvoir, Le général *Gueï I*, comme pour décrisper l'atmosphère politique, a violemment critiqué l'idéologie de l'ivoirité et la corruption. Si, selon lui, la première menace l'unité nationale, la seconde a gangrené la société ivoirienne. Justifiant le coup d'État des « jeunes gens » par la crise sociale induite par ces deux fléaux sociaux, il tenta de mobiliser la mémoire collective autour de l'œuvre d'Houphouët-Boigny qui garantissait à chacun et à tous la prospérité et sécurité dans la différence. Etrangers comme nationaux étaient rassurés de leur place historique respective dans la construction de la « grandeur de la Côte d'Ivoire et de l'unité nationale ». Le passage répété à la télévision nationale des images de visites et des discours du président F. Houphouët-Boigny relatifs au dialogue national et la paix, le pèlerinage du nouvel homme fort sur la tombe du « Père de la Nation », la restauration des droits de M. Alassane Dramane Ouattara revenu d'exil, l'annulation de la poursuite judiciaire qui pesait sur lui, la promesse faite de « balayer la maison » et de restituer le pouvoir aux civils avant la fin de l'année 2000 ainsi que les revendications quasi-constantes de l'héritage houphouétiste, ont fait renaître la confiance dans le corps social. Tout cela donnait à la junte militaire au pouvoir une allure de justicier qui faisait penser aux scénarii malien avec Amadou Toumani Touré et nigérien avec Mallam Wanké, en fait deux modèles réussis de transmission pacifique du pouvoir aux civils après un coup d'État.

Mais, à partir du mois de mars 2000, le revirement du général Robert Guéï annonçait le *Gueï II* sur la base des indices majeurs suivants: doute croissant et entretenu sur sa volonté de céder le pouvoir au civil, propos à la limite de la xénophobie, durcissement du ton contre Alassane Dramane Ouattara, réappropriation de la rhétorique de l'ivoirité sans jamais la nommer, abandon de « l'opération main propre », caractère sélectif et politiquement calculé des arrestations, recrutement dans son cabinet comme conseillers et nomination d'anciens dignitaires du PDCI-RDA.

Au cours des dix mois passés à la tête de l'État, le général Gueï est passé de l'exaltation du paradigme de l'ouverture sur l'extérieur (reconnaissance de l'apport des étrangers à l'édification de la Côte d'Ivoire et gage de sécurité apporté aux étrangers de plus en plus inquiets) à une stigmatisation de « la main mise des étrangers sur les secteurs vitaux de l'économie nationale ». Projetant de conserver le pouvoir et ayant bien compris la force de mobilisation politique des discours nationalistes en l'absence d'alternative économique, il renoue avec l'ivoirité. Si ce retour à cette bouc-émissairisation de l'étranger, associant l'image projetée d'Alassane Ouattara avec l'étranger fauteur de troubles politiques, inscrit le général Guéï dans la continuité de H. Konan Bédié, par contre, un élément apparaît dans sa stratégie politique : Il s'agit de la remise en question de la prééminence historique du groupe akan sur le pouvoir d'État. Cette nouvelle ligne politique du général prend appui sur la nécessaire rotation régionale du pouvoir. En clair, le pouvoir devait passer du contrôle du groupe akan et échoir au groupe Kru auquel appartient le général Guéï.

Dans un discours livré à Aboisso, ville-symbole pour les Anyi, sous-groupe akan, le général mit à dessein l'accent sur la loyauté dont il avait fait montre jusqu'en 1993 et aussi après la mort du Président Houphouët-Boigny. Avec un groupe de «frères ivoiriens» dont le Grand chancelier Coffi Gadeau et Léon Konan Koffi, tous akan et baoulé, disait-il, il avait fait bloc pour permettre au président Henri Konan Bédié, lui-même baoulé, d'accéder au pouvoir. Se félicitant de ce qu'il considérait comme un acte héroïque, le fait pour un soldat, d'avoir restitué un pouvoir qu'il contrôlait à l'occasion. Il ajoute: «Étant donné qu'il n'y a qu'un seul fauteuil qu'occupe aujourd'hui quelqu'un choisi pour conduire le destin de la Côte d'Ivoire, il serait souhaitable que, oubliant toutes spécificités ethniques ou régionales, les Ivoiriens se fassent violence pour accepter la loi de la réciprocité». Réciprocité bien sûr en faveur de l'homme de l'Ouest qu'il incarnait. Cette interpellation déclencha une opposition clandestine des hauts dignitaires Akan du PDCI-RDA qui supportaient déjà très mal la mauvaise gestion de l'héritage houphouétiste par Henri Konan Bédié, laquelle gestion fit ainsi perdre le contrôle du pouvoir moderne à l'aristocratie clanique.

Dans une première phase, le général Guéï a donné l'impression de restaurer l'héritage houphouétiste de la gestion de la diversité et de l'ouverture sur l'extérieur. Mais les calculs politiques et son ambition de conserver le pouvoir l'ont conduit dans une deuxième phase à renouer d'une part, avec l'ivoirité qui est une négation de la gestion houphouétiste de la diversité sociale, d'autre part, à reculer sur terrain de la moralisation de la vie publique et enfin, à s'attaquer pour les besoins de son propre positionnement au mythe de l'akano-centrisme.

Le RDR ou l'houphouétisme à rebours

Le RDR né dans l'ombre du PDCI, est devenu son principal adversaire politique. Conduit par d'anciens partisans déçus du PDCI, il a capitalisé les ressentiments des ressortissants du Nord nés des polarisations identitaires et s'est aussi constitué un important électorat dans le Sud. Le RDR apparaît alors comme un parti né du croisement de deux phénomènes socio-politiques. D'un côté, un mouvement du Grand Nord en marche qui, pour s'affirmer comme courant politique civique, avait besoin d'un mentor, et de l'autre une figure politique charismatique qui, pour se faire valoir dans la compétition politique, avait besoin de s'appuyer sur un électorat conséquent. La force politique de ce parti tient dans le ciment religieux musulman qui rapproche une frange importante de ses militants et sympathisants. Cet atout est décrié par ses adversaires qui, pour le discréditer entretiennent la psychose islamique autour de ce référent identitaire qui caractérise bon nombre de ses militants. Comme le PDCI, le RDR, se réclame de l'houphouétisme, mais en dénonçant la gestion exclusive qui en fut faite après la mort d'Houphouët-Boigny. Il dénonce surtout la mainmise akan sur le pouvoir et en appelle à une ouverture du jeu politique. Assigné et surtout stigmatisé comme un potentiel parti islamiste, ce dont se défend le RDR lui-même, les militants ressortissants de la zone septentrionale ont progressivement trouvé dans ce mouvement politique un lieu de rassemblement pour se protéger et lutter contre « les traitements discriminatoires et illégaux » de l'Administration du pouvoir PDCI, parti à dominante akan, à leurs yeux, continuité de l'Administration coloniale et de son alliance historique avec le christianisme.

Le FPI ou l'expression en théorie de la figure de rupture radicale

Depuis le renouveau du multipartisme en 1990, les « frontistes » n'ont jamais caché leur aversion pour l'houphouétisme. Ils en critiquent tous les paramètres et justifient en théorie leur engagement politique par une volonté de refondation politique, économique et culturelle; refondation qui n'est possible que par la rupture avec cette culture politique qualifiée par eux de clanique, prédatrice et extravertie.

Le nouveau pouvoir installé depuis le mois d'octobre 2000 a placé son modèle de gouvernement sous le sceau de la refondation. Dans un contexte de fragmentation sociale avancée comme celui dans lequel se trouve la Côte d'Ivoire, il s'agira d'envisager des creusets de participation et des formes de représentation politique susceptibles de sortir les cadres régionalistes et ethniques pour produire des citoyens. Mais, avec les coups de forces du 19 septembre 2003 et les justifications avancées par les rebelles, il semble que cette problématique d'invention d'un creuset de participation citoyenne reste entière.

La question de l'immigration et sa politisation

La politisation de la question de l'immigration a été une autre forme de procès de l'houphouétisme. Cette problématique de l'immigration est devenue un enjeu politique contraignant chaque parti politique à se définir aussi par rapport à la politique d'ouverture sur l'extérieur qui fut l'un des piliers de l'houphouétisme et qui aura permis à l'économie ivoirienne de capter surtout de la main d'œuvre sous-régionale.

Deux raisons majeures, l'une économique et l'autre politique, expliquent le fait que l'immigration soit devenue un objet de passion politique.

• Au plan économique, en même temps que la Côte d'Ivoire mobilisait par une politique libérale d'immigration et d'accès à la terre une main-d'œuvre sous-régionale, elle servit aussi d'amortisseur à la pauvreté de la sous-région. L'accueil d'immigrés s'est poursuivi malgré la crise devenue structurelle du système économique ivoirien. Des indicateurs discrets permettent d'expliquer pourquoi la crise économique en Côte d'Ivoire n'a pas freiné les comportements d'émigration vers ce pays. Selon les enquêtes « Niveau de vie des ménages » réalisées en Côte d'Ivoire, en 1998, 33,6% de la population était pauvre. À la même période, au Burkina Faso et en Guinée la proportion de pauvres est estimée à 45,3% et 40,3%. Au Niger et au Mali, la pauvreté a passé la barre des 50%. Elle affecte 63% des Nigériens et 64,2% de Maliens. En Côte d'Ivoire, tandis que les taux des populations vivant en deçà du seuil de pauvreté monétaire de 1$ / jour et 2$ / jour ne sont que de 12% et 49,4% en 2000, ils atteignent respectivement 61,2% et 85,8% au Burkina Faso, 72,8% et 90,6% au Mali. En comparant les indicateurs de pauvreté en Côte d'Ivoire, pourtant déjà mal en point, avec ceux des pays de la sous-région, la pauvreté paraît plus sévère dans les pays pourvoyeurs d'immigrés vers la Côte d'Ivoire. La Côte d'Ivoire reste malgré sa mauvaise santé économique un pôle d'attraction sous-régional. Or, plus y a d'hommes poussés de ces zones de plus grande pauvreté vers le centre de prospérité relative que reste la Côte d'Ivoire, en dépit du marasme économique auquel elle est confrontée, plus le contraste entre autochtones et immigrés devient grand et la compétition sur des emplois dans des secteurs autrefois dévalorisés s'exacerbe. L'équilibre social devient précaire dans un contexte sociologique où les données du Recensement Général des Populations et de l'Habitat révèlent qu'en 1998, par rapport à la population de nationalité ivoirienne, la communauté étrangère, avec un taux d'activité de 57,9% contre 47,7% pour la population ivoirienne, avait, au niveau quantitatif, une participation plus active à l'économie nationale. Ce qui suppose un taux de chômage de plus en plus élevé dans la population autochtone ivoirienne et une hiérarchie économique relative favorable aux immigrés dans les activités agricoles en milieu rural et surtout dans le secteur informel en milieu urbain. Replacé dans la longue durée, cette situation est la résultante de choix et de stratégies professionnelles différenciés chez les autochtones et chez les immigrés. Mais elle a contribué à transformer progressivement les rapports économiques entre autochtones et immigrés. La crise de l'économie ivoirienne socialement perçue à travers la dégradation des conditions de vie et de l'aggravation du chômage surtout chez les Ivoiriens, dévoile progressivement l'incapacité du système à continuer à absorber les flux migratoires en provenance des pays voisins. Ses capacités à offrir des amortisseurs à la pauvreté dans la sous-région s'amenuisent.

- Au plan politique, dans le processus incertain de recherche d'un nouvel équilibre par l'instauration d'une démocratie pluraliste, la question du partage des ressources (foncier, emploi, divers pouvoirs et leurs attributs…) de plus en plus rares constitue l'enjeu majeur de la compétition politique interne. Elle se retrouve également au cœur de la volonté politique de révision du rapport à l'altérité. Raison pour laquelle, à défaut de ne pouvoir offrir une alternative politique et économique au modèle en crise à travers de nouveaux projets de société et des programmes réalistes et mobilisateurs, la classe politique s'est saisie des statistiques de l'immigration transformées progressivement en instrument politique. L'intégration économique des étrangers, auparavant spontanée, pose désormais problème. La figure de l'étranger « envahisseur » (Conseil Économique et Social 1998) naît et nourrit les populismes dont la rhétorique simpliste mobilise facilement l'électorat jeune en proie au chômage parce que diplômé sans emploi (Marie 2000), ou victime de la sélection du système scolaire (Proteau 1997). Au fur et à mesure que la crise économique et sociale s'exacerbe et mine la relative stabilité politique, la pression sur les immigrés tend à s'accroître. Les « Etrangers » sont désormais au centre des débats politiques.

La présence dominante de communautés allogènes et de commerçants « dioulas » dans certains secteurs économiques est pointée du doigt et devient de ce fait une source de tension sociale. Elle est utilisée comme référence par bon nombre d'acteurs de la scène politique dans la surenchère pour la préférence nationale au fondement de l'ivoirité.

La problématique de l'ivoirité et le sens de l'histoire en Côte d'Ivoire

L'ivoirité est la déclinaison ivoirienne du nationalisme moderne. Mais en tant qu'idéologie, elle a connu une évolution dans sa conceptualisation.

La construction sociale de l'ivoirité

Contrairement aux situations dans lesquelles ce sont plutôt des foyers de nationalisme qui émergent et qui contraignent l'État à prendre des mesures pour en endiguer les effets, en Côte d'Ivoire, c'est l'État lui-même qui est porteur de la retribalisation du débat et du mode de participation à la vie politique. En fait, l'ivoirité fonctionne sur deux registres:
- Vis-à-vis de l'intérieur: celui de la définition des critères de participation interne à la répartition des ressources rares (emplois, foncier, pouvoirs)
- Vis-à-vis de l'extérieur: celui de la préférence nationale.

La rhétorique « ivoiritaire » est née sous le régime Bédié, et l'étatisation de l'ivoirité s'est renforcée pendant la période de transition, après le coup d'État militaire de décembre 1999. L'ivoirité a progressivement conçu sa légitimité sociale sur des justifications idéologiques, politiques et économiques.

Justification idéologique

Repérables sous la plume de ses théoriciens regroupés au sein de la CURDIPHE (Cellule Universitaire de Recherche et de Diffusion des Idées et actions politiques du président Henri Konan Bédié), on pourrait envisager les fondements de ce courant ethnonationaliste à travers le regard critique porté par le professeur Léonard Kodjo (1996:82) sur « la vision houphouétienne ». Selon lui, l'houphouétisme « privilégie l'homme au détriment du citoyen. Une si grande ouverture à l'autre, ajoutée à une prospérité économique réelle, a transformé ce pays [la Côte d'Ivoire] en une sorte de microcosme africain, un melting-pot où, même aujourd'hui, il est difficile de distinguer avec précision les composantes originelles ». Mais le nationalisme naissant se veut surtout civique. Pour l'historien Jean-Noël Loucou, Directeur de cabinet de l'ancien Président de la République, M. Henri Konan Bédié, « Le débat sur l'ivoirité participe du débat général sur toutes les questions qui conditionnent l'existence même et le progrès de notre nation en devenir. Qu'il ait été lancé à l'occasion des élections générales de 1995 ne devrait nullement le réduire à une querelle de circonstance dictée par des considérations politiciennes et électoralistes. Il s'agit d'une question de fond qui touche ce qui fait un peuple, son identité son âme collective » (Loucou 1996). La logique de la « discrimination nous/eux » à laquelle convie le philosophe Niamkey Koffi (1996) trouve sa concrétisation avec l'ethno-sociologue Georges Niangoran Bouah qui, avant d'aborder les critères d'appartenance à un pays - lesquels renvoient aux ancêtres fondateurs des différentes provinces - et les conditions d'autochtonie, définit les fondements socio-culturels de l'ivoirité: « L'ivoirité, précise-t-il, c'est l'ensemble des données socio-historiques, géographiques et linguistiques qui permettent de dire qu'un individu est citoyen de Côte d'Ivoire ou Ivoirien. L'individu qui revendique son ivoirité est supposé avoir pour pays la Côte d'Ivoire, né de parents ivoiriens appartenant à l'une des ethnies autochtones de la Côte d'Ivoire. Le caractère ethnique de ce nationalisme prend tout son sens dans l'approche résolument ethnologique et exclusive de cette définition ». Cette construction intellectuelle de l'ivoirité a trouvé une projection dans le champ politique.

Justification politique

Deux ans après la parution du manifeste du CURDIPHE intitulé « L'ivoirité ou l'esprit du nouveau contrat social du Président Henri Konan Bédié », la Commission des affaires sociales et culturelles du Conseil Économique et Social publie, en octobre 1998, un Rapport dans lequel elle faisait le bilan de l'immigration en Côte d'Ivoire. Ce même Rapport appréciait les conséquences de cette immigration sur l'équilibre démographique naturel et la vie politique, sur la vie économique en termes de conséquences sur l'accroissement du chômage pour les « Ivoiriens de souche », sur la sécurité et la paix sociale. Les constats faits débouchent sur des propositions radicales au plan politique, économique et social.

Justification économique

La littérature abonde de références aux secteurs contrôlés par les étrangers. L'historien Jean-Noël Loucou (1996) s'en inquiète « Les étrangers occupent une place prépondérante parfois hégémonique dans l'économie ivoirienne. Cette présence étrangère massive menace donc de rompre l'équilibre socio-économique du pays ». Le Conseil Économique et Social, dans le Rapport précité, analyse cette situation comme étant la conséquence de la politique d'ouverture trop libérale: « En effet, malgré leur [les immigrés] faible niveau d'instruction en général, ils (Libano-Syriens, Mauritaniens, Maliens) ont la mainmise sur le commerce dans ce pays, occupant ainsi la majorité des emplois du secteur informel. Il en résulte que les Ivoiriens de souche sont plus frappés par le chômage (6,4%) que ces immigrés (3,6%). [...] La mainmise de ces immigrés sur les emplois dans certains secteurs d'activité nationale (commerce, transport routier, entreprises agro-industrielles, boucherie, etc.) est telle qu'ils empêchent les Ivoiriens de leur faire concurrence. [...] L'immigration devient de plus en plus une des causes structurelles de l'accroissement de la pauvreté des Ivoiriens [...] ». Les dispositifs d'ivoirisation de certains secteurs économiques en milieu urbain depuis les années 70 et les soubassements nativistes du récent code foncier en milieu rural trouvent leur fondement dans cette logique.

En fait, le nationalisme n'est pas un phénomène nouveau en Côte d'Ivoire. Comme nous le soulignions plus haut, l'houphouétisme, loin de se confondre au panafricanisme, était déjà une forme de nationalisme. Mais un nationalisme plutôt développementaliste, instrumentalisant les ressources extérieures dans le processus de construction de la nation par un jeu d'ouverture fonctionnelle. Mais avec l'ivoirité et sous les effets socio-politiques des contractions économiques, le nationalisme cesse d'être développementaliste pour devenir plutôt tribal, virant du coup vers un ethnonationalisme. L'ivoirité tribale sous Bédié tend, sans jamais le signifier explicitement, à sauvegarder le positionnement akan soumis, avec la démocratisation, à une perte d'influence dans la course devenue plus concurrentielle au contrôle de l'appareil d'État. L'ivoirité tribale se veut désormais une construction politique essentialiste et nativiste. Dans sa version tribale, le projet « ivoiritaire » tente de préserver le positionnement politique akan dans l'arène politique. Cette première version hérite de l'houphouëtisme la prédisposition naturelle des akans à diriger les autres; prédisposition qui tend socialement à être légitimée par près de quatre décennies d'expérience de pouvoir sous la houlette d'un akan, Félix Houphouët-Boigny. Pour ce faire, l'ivoirité tribale se donne un fondement anthropologique, au prix parfois de la manipulation de l'histoire du peuplement,[10] en guise de mode de justification de la continuité de cette primauté akan.

Sous sa première version, l'ivoirité tribale valorise également la chrétienté comme une culture historique d'adoption, constitutive d'une identité positive ivoirienne[11] pour mieux dé-essentialiser l'identité musulmane comme une composante socio-culturelle de la diversité sociale ivoirienne. Le coup d'État de décembre 1999 qui porta le Général Robert Guéï, d'ethnie Yacouba, au pouvoir fit échouer le projet de préservation de l'hégémonie akan contenu dans ce premier concept d'ivoirité. La perte du contrôle de l'appareil d'État qui fit perdre aux idéologues de l'ivoirité le contrôle de la construction politique de la machine, n'a cependant pas arrêté l'énergie ivoiritaire. Pendant la transition sous le général Robert Guéï, l'ivoirité a connu une mutation dans sa conceptualisation.

La deuxième version de l'ivoirité s'est voulue plus sélectivement « civique ». Elle est désormais moins akan et plus favorable à une inclusion plus large des originaires du Sud, du Centre et de l'Ouest. Mais elle n'est pas moins exclusive vis-à-vis des nordistes plus communément appelés les « dioulas » sur lesquels, dans l'imaginaire collectif, le doute reste entretenu sur l'essentialité de l'appartenance à la « nation ivoirienne ». L'appellation « dioula » est un mode d'identification polaire d'une diversité ethnique (Maouka, Sénoufo, Malinké ...) géographiquement localisés dans la zone septentrionale et dont les membres, pour des raisons historiques, ont en partage, la religion musulmane. Le doute émis sur l'appartenance des « dioulas » à la « nation ivoirienne » se justifie du point de vue des « ivoiritaires » par la communauté de patronyme et de religion avec les ressortissants des pays voisins immédiats (Burkina Faso, Mali, Guinée). Fortement islamisés, ces derniers constituent 86% des immigrés[12] présents en Côte d'Ivoire. De là, naît la crainte de ce que le Conseil Economique et Social ivoirien appelait, déjà en 1998, « L'afflux d'immigrés de confession islamique » qui aurait « considérablement modifié l'équilibre religieux préexistant ». Toujours selon le Conseil Economique et Social, « Une telle rupture d'équilibre, dans un domaine aussi sensible, pourrait amener certains esprits à tenter d'exploiter l'appartenance religieuse à des fins politiques, toute chose qui dessert l'unité et l'harmonie nationales, et menace la paix sociale si chère à notre pays » (Voir extrait du Rapport du Conseil Economique et Social, Octobre 1998). En se rajoutant à la dénonciation politique du déséquilibre économique engendré par l'immigration, cette confusion identitaire renforce dans la construction de l'ivoirité, l'opposition au principe d'ouverture, en même temps qu'elle accroît chez les ressortissants du Nord de la Côte d'Ivoire, un sentiment d'exclusion et de marginalité. Il en a résulté des amalgames entre musulmans ivoiriens et musulmans étrangers, entre Nordistes de la Côte d'Ivoire et étrangers, puisqu'en dix ans, l'ivoirité n'est pas seulement restée au stade de construction. Elle s'est concrètement matérialisée dans les relations inter-communautaires et dans les relations des forces de l'ordre aux « Nordistes » qui se plaignent de tracasseries diverses lors des opérations de contrôle ou de délivrance de pièces d'identité nationales.[13] Et comme le note si bien Mamadou Koulibaly, Président de l'Assemblée Nationale ivoirienne, « Les tracasseries administratives et policières ne distinguaient pas entre un dioula de Côte d'Ivoire et un dioula du Mali, du Burkina ou d'ailleurs. Un dioula était un dioula et il ne s'agissait que d'un terme de ralliement de plusieurs groupes ethniques du nord de la Côte d'Ivoire et de groupes ethniques venus de l'étranger ».[14] Finalement, elle a semé les graines de la paranoïa mutuelle, appauvri le terreau d'une vie en commun et produit une société ivoirienne de plus en plus marquée par la peur parce que réunissant des communautés gagnées par la phobie de l'autre sur fond d'identités autrefois perméables, mais qui commencent à se fermer.

La constitutionnalisation de l'ethnonationalisme

Les justifications idéologiques, politiques et économiques de l'ethnonationalisme en Côte d'Ivoire ont trouvé un lieu de concrétisation dans les clauses restrictives d'éligibilité à la présidence de la République; clauses introduites lors de la révision constitutionnelle approuvée par le référendum du 23 juillet 2000. Selon l'article 35 de la nouvelle Constitution qui fonde la deuxième République « Le président de la République doit être ivoirien d'origine, né de père et de mère eux-mêmes ivoiriens d'origine. Il doit n'avoir jamais renoncé à la nationalité ivoirienne. Il ne doit s'être jamais prévalu d'une autre nationalité. Il doit avoir résidé en Côte d'Ivoire de façon continue pendant cinq années précédant la date des élections et avoir totalisé dix ans de présence effective ». Malgré le fait que cette constitution comportait visiblement les argumentations légales qui l'éliminaient de la compétition, Alassane Dramane Ouattara lui-même a appelé à son adoption. Cette attitude pour le moins curieuse d'Alassane Dramane Ouattara s'éclaire par la réponse qu'il donne au cours d'un entretien accordé à un organe de presse à propos du maintien de cet article de la Constitution qui l'exclut du jeu politique: « La présente constitution ne me pose pas problème au plan du droit. C'est parce que la Cour Suprême était aux ordres (de la junte, ndlr.) qu'une telle interprétation en a été faite pour m'exclure. Je suis persuadé que si nous avions un système judiciaire indépendant, ma candidature ne ferait l'objet d'aucun doute, d'aucune ombre. Cela étant, je considère que c'est une constitution qui divise plus les Ivoiriens et fait naître des frustrations. Ce texte crée différentes catégories d'Ivoiriens, et cela est contraire à la notion de nationalité. Tous les Ivoiriens doivent avoir les mêmes droits et les mêmes devoirs ».

Si l'élimination d'Alassane Dramane Ouattara de la course aux élections présidentielles et législatives apparaît à beaucoup d'observateurs de la vie politique ivoirienne comme étant la conséquence d'un processus politique de hiérarchisation des Ivoiriens devant le droit, l'efficacité du discours ethnonationaliste qui légitime socialement cette hiérarchisation a été relayée directement ou indirectement par d'autres acteurs ou groupes d'acteurs, parfois sous forme d'effets d'affrontement de logiques contradictoires.

Les coups d'État militaires comme thérapie de l'ivoirité?

La politique est, par essence, un espace de conflictualité et de coordination des intérêts et logiques plurielles en présence. Mais, cette conflictualité opère comme moment et comme moteur du progrès social que lorsque qu'existe une éthique du dialogue politique au sens où l'entend Habermas (1992) et des mécanismes de régulation les plus appropriés, permettant de produire les compromis les plus acceptables pour les parties en présence. Dans la situation de la Côte d'Ivoire, la crise de légitimité du compromis houphouétiste, dans un contexte socio-économique autre que celui qui l'a porté, et la demande sociale de renouvellement du contrat social inversant le primat de l'économique sur le politique, s'avèrent être un nouvel enjeu politique.

Face à ce nouvel enjeu, il semble que les réponses politiques apportées depuis la fin des années 90 soient en décalage avec les attentes sociales. Les conséquences en sont la multiplication d'incivilités et la défiance envers l'État, en réaction surtout à l'ivoirité qui survit à chaque régime. La capacité de la classe politique, non seulement à se renouveler, mais aussi à offrir des alternatives politiques et économiques dans une société confrontée au délitement d'un modèle de gouvernance est à rude épreuve.

Nous avons défendu ailleurs (Akindès 2000b), l'idée selon laquelle les coups d'État militaires, depuis l'avènement des démocraties pluralistes en Afrique et ailleurs, tendent à se justifier par la corruption des démocraties nouvelles ou rétablies qui, très souvent, se satisfont de la légalité constitutionnelle conférée par des élections pluralistes mais sans renouveler la grammaire politique des systèmes auxquels elles sont censées se substituer, à savoir: la perversion et le détournement des règles du jeu politique toujours connectées à la « politique du ventre », la perpétuation des pratiques de prédation, l'usage politique de l'identitaire allant parfois jusqu'à la légitimation de l'exclusion comme c'est le cas en Côte d'Ivoire avec l'ivoirité. En 1999, tous ces faits étaient reprochés par la junte militaire au Gouvernement Bédié avant que le général Robert Guéï ne prit à son tour la décision de manipuler les règles du jeu à son profit. Il mobilise à cet effet la même grammaire politique. En 2002, bon nombre d'acteurs de la branche militaire du MPCI se révèlent être les mêmes que ceux qui avaient orchestré le coup d'État de décembre 1999. Se sentant trahis dans leur projet d'en finir avec l'ivoirité, et pourchassés par le général Guéï qui les a accusés de nouvelles tentatives de complots contre lui, ils ont pris le chemin de l'exil pour revenir deux ans plus tard avec le même projet. L'argumentaire du MPCI et des sympathisants des rebellions tend à crédibiliser cette thèse des coups d'État qui tentent de se justifier comme mode de résistance aux démocraties perçues de l'intérieur comme corrompues. Le Président de l'Assemblée Nationale de Côte d'Ivoire, M. Mamadou Koulibaly résume cet argumentaire: « Les reproches sont de plusieurs ordres. Certains sont juridiques, d'autres politiques mais une coalition multiforme regroupant tous ces mécontentements a trouvé des financements pour commettre des crimes contre l'État de Côte d'Ivoire. Cette coalition regroupe ceux qui reprochent au régime ivoirien d'être promoteur et adepte de l'idéologie de l'ivoirité. Il y a aussi dans ce groupe ceux qui ne veulent pas de la constitution, du code de la nationalité, du code foncier rural, de la loi sur l'identification ».[15] C'est sur la base de cet argumentaire que les trois rebellions coalisent pour dénier également à M. Laurent Gbagbo la légalité constitutionnelle de son pouvoir, au motif qu'il a été mal élu et que les élections doivent être reprises. Pour cela, le MPCI, principal mouvement rebelle s'appuie sur les critiques de l'ONU, des États Unis, de la France, de l'Afrique du Sud, de l'Union Européenne relatives à la limitation apportée au choix des électeurs au cours des élections présidentielles du 22 octobre 2000 qu'il considère comme étant un « hold up électoral » et également sur les appels à de nouvelles élections.[16]

Manifestement, la récurrence de la référence à l'ivoirité comme source de malaise social et politique rend compte d'une crise de la pensée dans le renouvellement de la grammaire politique depuis que le compromis houphouétiste dysfonctionne structurellement. La rhétorique politique a du mal à sortir des schémas ethnocentrés fonctionnant d'un côté sur un registre offensif et de l'autre, sur un registre défensif. Autrement dit, dans la Côte d'Ivoire politique post-houphouëtiste, si le repositionnement politique semble se déployer, chez les uns (RDR, FPI), comme réaction à la posture de parti de groupes ethniques de « seconde zone » dans laquelle l'idéologie akan, contenue dans le compromis houphouétiste et l'ivoirité tribale, a tenté de les confiner, pour les autres, le PDCI, il se pose en termes de détribalisation de la vie du parti dans un environnement politique en pleine mutation. La classe politique est confrontée à une absence de référents politiques qui mobilisent les énergies sociales sur des projets politiques plus citoyens et plus mobilisateurs, porteurs d'une « culture publique commune ». Ces signaux d'une absence évidente d'éthique civique et de mécanismes fiables de dialogue politique semblent justifier la permanence de la crise de confiance entre les groupes ethniques en présence, la récurrence des coups d'État depuis la fin des années 90 et l'incursion de mouvements rebelles dans le jeu de régulation socio-politique. Le pouvoir FPI, à la suite de Géï, est accusé d'exploiter le fond doctrinal de l'ivoirité.[17] Le spectre de l'ivoirité est récurrent dans l'argumentaire des militaires putschistes qui, en 1999 comme en 2002, reprochent aux régimes successifs depuis Bédié jusqu'à Gbagbo, en passant par Guéï, leur partialité politique devenue structurelle, la mise au service du droit exclusif de monopole de la violence légitime au service d'intérêts partisans et le déploiement systématique de mécanismes d'exclusion sociale vis-à-vis des « nordistes ». Les deux putschs militaires se veulent une remise en question de la légitimité de la violence telle que conférée à l'État dans les démocraties. Cette désoligopolisation de la violence s'opère à travers des tentatives de soustraction à l'État d'une partie des instruments (les armes) de cette violence en vue de le contraindre à la renégociation de nouvelles règles du jeu politique national. En tentant de justifier leurs actions par un impératif de justice pour tous, c'est ainsi que les auteurs du coup d'État du 24 décembre 1999 se sont donnés à voir. Le coup d'État s'est alors décliné comme étant une entreprise de mise à mort de l'ivoirité et de ses manifestations sous le Gouvernement de Henri Konan Bédié. Mais, au plan socio-politique, ce coup d'État, pour n'avoir pas enrayé « le mal », n'a semble-t-il pas tenu ses promesses. La question de l'ivoirité est de nouveau au cœur du conflit armé qui oppose des mouvements rebelles armés[18] au Gouvernement de M. Laurent Gbagbo, arrivé au pouvoir en octobre 2000. Le bannissement de l'ivoirité encore à l'ordre du jour et la fin de l'impunité des forces de l'ordre impliquées dans la production du charnier de Yopougon et dans diverses exactions (attaques et incendies de mosquées, assassinats d'imams, ...) restent les principales revendications des mouvements de rebellions armés.

Replacée dans le contexte socio-économique ivoirien, l'idéologie de l'ivoirité repose en filigrane la question de la citoyenneté et donc de la définition de la ligne sociologique de partage entre ceux qui appartiennent ou non à la nation ivoirienne aux contours sociologiques encore mal définis. En tant qu'expression locale du besoin politique de sélection des ayant-droits aux ressources locales de plus en plus limitées, elle est une conséquence de la crise de régulation politique, liée au rétrécissement de l'assiette fiscale (Akindès, 2000a). Le coup de force du 19 septembre 2002 relance à nouveau cette problématique de la citoyenneté dans une société aux configurations socio-anthropologiques complexes où l'ivoirité en acte nie la possibilité des pluralités de formes possibles d'appartenance. Et, pour cela, il manque le projet politique fédérateur qui devra se substituer à l'intégration par l'économique inaugurée dans un autre contexte socio-politique et historique par Félix Houphouët-Boigny. Ce modèle d'intégration par l'économique entrée dans une crise structurelle montre aujourd'hui ses limites et contraint la classe politique à remettre en perspective historique la nécessaire ré-invention d'un soi collectif.

Le sens de l'histoire ou le besoin d'invention d'un autre contrat social

L'historicité politique en Côte d'Ivoire s'enracine dans une histoire économique assez particulière qui produit ses propres revers quatre décennies après. Il y a comme une sorte de besoin d'inversion du primat du politique sur l'économique qui, chez Houphouët-Boigny faisait fonction de creuset d'intégration sociale. Mais ce compromis est arrivé à saturation dans une société profondément transformée par les dynamiques économiques, démographiques et politiques. Aujourd'hui, se pose la question de la construction politique de nouveaux piliers de la citoyenneté. Et en l'absence de ce travail politique, il existe dans la formation de l'identité citoyenne des zones d'incertitudes qui laissent libre court à l'imagination populaire de ce qu'être ivoirien aujourd'hui. La sociologie des passions autour de la figure d'Alassane Dramane Ouattara donne la mesure des enjeux politiques de l'identitaire et des risques qu'ils comportent en l'absence d'une structure d'horizon de sens et d'un travail politique d'inclusion des identités particulières.

Le symbole Alassane Dramane Ouattara (ADO) dans l'essentialisation de la question de l'être national

Les ambitions politiques d'ADO ont libéré l'imaginaire populaire sur les représentations sociales plurielles de ce qu'est être ivoirien aujourd'hui. La multiplicité de conceptions de l'être national laisse transparaître la manière dont les zones d'incertitudes laissées par le déficit d'élaboration politique du concept de citoyenneté sont réappropriées.

Dans sa quintessence, le sens du débat politique en Côte d'Ivoire se situe à mi-chemin entre la recherche et l'affirmation de la maîtrise de sa vie politique, économique et culturelle. Ce débat s'est polarisé autour de la légitimité ou non de la participation d'ADO à la compétition pour l'accès à la magistrature suprême. L'invalidation successive de sa candidature aux élections présidentielles et ensuite aux élections législatives a accru la frustration des pro-ouattaristes au motif que « Trop c'est trop » et laissé aux anti-ouattaristes le sentiment d'un progrès sur le chemin de la recherche de cette maîtrise. Elle est vécue comme un signe politique fort d'affirmation de cette maîtrise, conçue sur la base de représentations multiples mais autour d'un noyau de sens commun exclusif (ADO, l'étranger) dans l'imaginaire des anti-ouattaristes. Cette opposition entre anti et pro-ouattaristes se structure autour de constructions différenciées de l'identité d'ADO dans l'imaginaire populaire. Les arguments mobilisés rendent suffisamment compte d'absence d'une définition politique du citoyen, de ses droits et de ses obligations.

Entre 1992 et 1995, dans le Nord comme dans le Sud, ADO était perçu comme une personnalité technocratique, distant des gens ordinaires par son mode de vie. Il était également perçu comme un symbole de la modernité, ayant évolué loin des sphères de socialisation (génération, appartenance à des associations de ressortissants ou à des cercles de militantisme politique, etc.) qui ont du sens dans la société ivoirienne. Son parcours professionnel à l'étranger faisait de lui un *world man*. Aussi, dans la façon populaire de se représenter ADO, il apparaît que, dans l'imaginaire des ivoiriens, ses alliances matrimoniales lui enlèvent-elles également la possibilité de revendiquer des attachements ethniques par alliance et en ajoutent à son éloignement culturel. Mais, à partir de 1995, une mobilisation politique s'est progressivement organisée autour de la personne d'Alassane Dramane Ouattara. Cette mobilisation doit être mise en relation avec les effets politiques de l'ivoirité qui incitaient les populations du Nord à plus et mieux d'organisation politique pour résister à ce qu'elles considèrent comme étant la spirale d'un procès d'exclusion. En matière d'identification des représentations du personnage « énigmatique » d'ADO dans l'imaginaire collectif, on peut donc se risquer à une géographie mentale qui associe les pôles identitaires et politiques aux configurations sociales et subjectives de ces représentations.

La fraternisation avec la « victime politique » est bâtie autour de deux particularismes identitaires: l'ethnie et la religion. « ADO est un frère dioula et musulman », disent les ressortissants du Nord. Il est un digne fils du « Grand Nord ». Le besoin d'un *mentor* politique fédérateur a évacué la pluralité des dimensions de son identité pour ne retenir que ces deux particularismes qu'il ne revendique pas personnellement, mais qui, dans le contexte ethnonationaliste en marche, le lient à sa communauté d'origine. En réponse à la configuration résolument ethnonationaliste de la démocratisation en cours, les principaux partis politiques en jeu donnent aussi dans la surenchère ethnonationaliste qui structure plus que jamais la participation ainsi que de la représentation politique en Côte d'Ivoire.

Mais, cette représentation affective et géographiquement située d'ADO change au fur et à mesure que l'on descend vers le Centre et le Sud de la Côte d'Ivoire. Les marqueurs psychiques de l'altérité par opposition à soi, reprennent force et vigueur parce que le premier creuset de ralliement identitaire, l'islam, cesse de fonctionner. Derrière la figure d'ADO, se retrouvent des constructions diverses de son identité auxquelles correspondent des déclinaisons variables de sa nationalité.[19]

Une première version: arguant des origines de son père qui aurait même occupé les fonctions de chef dans un village voltaïque, de sa brève scolarité primaire dans une école dans l'ex-Haute Volta, ADO serait burkinabé. ADO s'en défend:[20]

> Mon père s'appelait Dramane Ouattara et ma mère s'appelle Nabintou Ouattara née Cissé. Mon père Dramane Ouattara est ivoirien. Il est de Kong en Côte d'Ivoire, descendant de l'Empereur Sékou Ouattara, bien connu des historiens de notre pays. Après avoir été enseignant, il est devenu représentant de la CFAO et commerçant. De Kotobi, il s'est installé à Dimbokro où je suis né et où se trouve encore notre cour familiale, occupée aujourd'hui par mon frère Sinali Dramane Ouattara qui est très connu dans la boucle du cacao à Bongouanou, à Kotobi où est né Gaoussou, mon grand frère, présent dans cette salle. Mon père a eu à exercer à Sindou, non loin de la frontière ivoirienne, les fonctions de chef traditionnel de village. Sindou faisait partie de l'ancien empire de Kong qui couvrait alors une partie de la Côte d'Ivoire, du Mali et du Ghana. Je suis de la lignée de l'Empereur Sékou Ouattara, fondateur de l'Empire de Kong au début du 17ème siècle. Le 1er de mes ancêtres qui a foulé notre sol vers les années 1700 s'appelait Tiéba. Il était accompagné de ses enfants Sékou (dont je suis de la sixième génération), Famagan, Dabla et Karakara. C'est son fils Sékou qui est le fondateur de Kong. Sékou Ouattara, souverain des États de Kong a donné naissance à Djoridjan Ouattara, qui lui-même a donné naissance à Soumaoulé Ouattara, qui à son tour a mis au monde Aboubacar Ouattara, mon grand-père. Et c'est vers 1888 que naquit mon père Dramane Ouattara. Vous savez que je parle d'une époque où les frontières n'existaient pas. Nos traditions et les règles de succession dans ces chefferies ignoraient les frontières héritées de la colonisation. C'est ainsi que conformément aux règles et procédures de succession propres à chaque communauté, mon père un Ivoirien authentique, descendant de Sékou Ouattara s'est retrouvé chef à Sindou. Bien qu'étant chef à Sindou, il n'a jamais cessé d'être Ivoirien. À preuve, à chacun de ses passages entre la Haute-volta et la Côte d'Ivoire, les autorités frontaliè-

res constataient ses allées et venues dans son passeport ivoirien. Nos parents Akan savent bien de quoi je parle. Ainsi, des Ivoiriens règnent sur des villages situés au Ghana et en Côte d'Ivoire des Ghanéens sont chefs. C'est le cas du Roi de Krinjabo dans le Samwi qui a été Capitaine de l'armée ghanéenne... Faut-il encore le rappeler? Mon père, Dramane Ouattara, n'a jamais été voltaïque ou burkinabé. J'en veux aussi pour preuve sa carte nationale d'identité établie le 20 mars 1963 à Dimbokro par le commissaire de police de l'époque et non en 1952. La voici ! Le Directoire du Forum en a pris connaissance.

Une seconde version: ADO serait burkinabé de père[21] et ivoirien par sa mère. Mais la filiation à sa mère a été contestée pour que ne soit retenue que sa nationalité burkinabé. Sur cette question ADO s'explique:

Quant à ma mère, elle est originaire de Gbéléban dans le département d'Odienné. Elle est née à Dabou où mon grand-père Ibrahim Cissé a passé une bonne partie de sa vie au quartier Dioulabougou, entre la gare routière et la Mosquée. Mes compatriotes Adjoukrou le connaissaient très bien. Il avait des plantations à Akakro où je suis allé bien souvent le voir. Tenez, l'un de mes oncles s'appelait Mamadou Akakro. J'ai eu la chance d'avoir une mère dont les parents étaient amenés à se déplacer beaucoup hors de Côte d'Ivoire à cause de leurs activités. Ils étaient pour cela obligés d'avoir des papiers. A titre d'exemple, ma mère m'a remis le passeport de mon grand-père Ibrahim Cissé, né en 1868 à Gbéléban, passeport que voici. Il est disponible donc et il peut être consulté à tout moment. Ainsi, mon grand-père maternel est bien Ivoirien. Donc, Nabintou Cissé, sa fille, l'est aussi. Elle est encore vivante et Dieu merci, elle se porte bien. Elle est ici dans cette salle. Figurez-vous, que dans la campagne de dénigrement qui avait été orchestrée contre moi, on avait prétendu qu'elle n'était pas ma vraie mère ! Alors, nous nous sommes volontairement soumis à un test ADN, ma mère, mon frère Ibrahim qu'on appelle « photocopie » tellement il me ressemble, mes deux sœurs de « même mère et de même père », comme on le dit couramment chez nous, Rockya et Sita. Le test ADN est formel. Il confirme sans ambiguïté aucune que Nabintou Ouattara, née Cissé, est bien ma mère et que je suis bien son fils. Le test ADN est à la disposition du Directoire. De même, Ibrahim, Rockya et Sita sont reconnus comme étant ses enfants, et donc bien mon frère et mes sœurs. Or, ils sont tous reconnus comme étant ivoiriens. J'ai d'autres frères et sœurs. Je ne voudrais pas les nommer tous. L'un de mes aînés s'appelle Yssouf. Il réside à Treichville. Il est même dans cette salle. Il est Ivoirien. Sa mère est Adjoukro. Elle vient de Kosrou. En conclusion, mon père est Ivoirien de naissance, ma mère est Ivoirienne de naissance, Voici l'original de la CNI de ma mère. Mes grands-parents sont Ivoiriens de naissance, mes frères et sœurs sont tous Ivoiriens de naissance. Tous ont leur certificat de nationalité ivoirienne, sauf moi. Que suis je alors ? Qu'ai-je donc fait pour être différent ? Qu'est-ce qui peut justifier cette conspiration contre ma personne ? ». Sur sa scolarité: « J'ai commencé l'école primaire à Dimbokro et ensuite, j'ai suivi mon père à Sindou. Là-bas, à l'école primaire comme au lycée plus tard à Bobo Dioulasso, on m'appelait « le petit Ivoirien ». Après mes études secondaires sanctionnées par le Baccalauréat en 1962 à Ouagadougou, j'ai bénéficié d'une bourse américaine. La question que se posent souvent les personnes sceptiques est la suivante: s'il n'est pas voltaïque, comment a-t-il pu bénéficier d'une bourse au titre de la Haute Volta ? La réponse est simple: les bourses offertes pour effectuer des études à l'extérieur d'un pays étaient attachées à cette époque au territoire et non à la nationalité du bénéficiaire. Ainsi, ils sont légion les ressortissants des pays voisins qui ont fait leurs études avec des bourses étrangères offertes à la Côte d'Ivoire. On ne choisit pas forcément dans une classe ou dans un établissement scolaire les personnes de la nationalité du pays mais les meilleurs élèves même s'ils ne sont pas des nationaux. A leur lieu de destination, ils sont classés automatiquement dans le contingent du pays de départ. Beaucoup de ces personnes sont aujourd'hui établies dans leurs pays d'origine. Tel est mon cas.

Une troisième version: ADO est ivoirien, mais s'est déjà prévalu d'une autre nationalité pour occuper de hautes fonctions au FMI et à la BCEAO. ADO répond:

> Comme économiste, j'ai commencé ma carrière professionnelle au FMI. Cela a été une expérience enrichissante puisque j'ai eu l'occasion ainsi de visiter de nombreux pays et de m'enrichir de multiples expériences à travers le monde. J'ai été heureux d'avoir été recruté quelques années après à la BCEAO, dont le siège était alors à Paris car cela me donnait l'occasion de travailler enfin pour mon pays. J'ai gravi les échelons à la Banque Centrale où j'ai assumé les fonctions de Directeur des Études et de Conseiller Spécial du Gouverneur Abdoulaye Fadiga. De ce passage à la BCEAO, on peut retenir l'assistance que j'ai modestement apportée au Gouverneur Fadiga pour le transfert de la BCEAO de Paris à Dakar et la mise en place de la politique du personnel, du cadre administratif et de la politique monétaire de la Banque Centrale. C'est à Dakar, dans le cadre d'un accord entre les autorités voltaïques d'alors et le Président Félix Houphouët-Boigny, que j'ai été nommé en 1982 vice-gouverneur de la BCEAO, poste normalement dévolu au Burkina Faso. Le Président Houphouët Boigny avait certainement ses raisons. Mais dès que le Président Sankara eut accédé au pouvoir en Haute-Volta, il exigea que je sois remplacé par un Burkinabé. Ce qui a été fait. Dans l'exercice de mes fonctions à la BCEAO, un passeport diplomatique m'a été délivré par la Haute-Volta. Tout le monde sait que le passeport diplomatique n'est pas un acte d'identité. Il peut être délivré par un État souverain à des étrangers dans l'exercice d'une fonction. Ainsi, en Côte d'Ivoire, de très nombreux étrangers, Français, Angolais, Sud Africains, Maliens, ... en bénéficient légalement. Par ailleurs, d'autres Ivoiriens, et non des moindres, ont utilisé comme documents de voyage des passeports diplomatiques Burkinabés ou Togolais. Tout le monde le sait, et pour ceux là, personne, apparemment, ne se pose de questions. On me reproche d'avoir utilisé le passeport diplomatique voltaïque pour établir les actes notariés d'achat de biens immobiliers et une fiche d'ouverture de compte bancaire. Demandez à n'importe quel juriste, il vous expliquera que ces actes sont de nature purement commerciale et n'ont donc pas pour effet d'établir une nationalité. C'est cela la vérité. C'est le lieu de préciser que tout en étant détenteur d'un passeport diplomatique de la Haute-Volta, jamais, je n'ai été fonctionnaire dans l'administration publique burkinabé. Jamais, je n'ai travaillé dans le secteur privé au Burkina Faso. On peut le vérifier. Pour compléter cette présentation, j'ai occupé les fonctions de Directeur Afrique du Fonds Monétaire International de 1984 à 1988. Mon retour dans cette institution s'est fait après consultation non pas des autorités burkinabè mais du Président Félix Houphouët-Boigny qui m'a encouragé à accepter cette proposition parce que, pour lui, c'était une fierté qu'un Ivoirien soit promu à ce niveau dans une institution financière aussi prestigieuse. Il a même comparé cette perspective à sa propre expérience politique dans le gouvernement français. Au décès du Gouverneur Abdoulaye Fadiga, à qui je dois beaucoup dans ma carrière, le Président Félix

Houphouët-Boigny m'a fait le grand honneur de me rappeler pour assumer, cette fois, les fonctions de Gouverneur de la BCEAO, poste réservé à la Côte d'Ivoire.

Ces constructions diverses de l'identité de Ouattara qui font de lui un « étranger » ou un « ivoirien de seconde zone » nourrissent fortement l'anti-ouattarisme et renforcent le phénomène d'essentialisation identitaire. Les ambitions politiques d'ADO, perçues sur l'échiquier politique comme un étranger ou presque fonctionnent comme un exutoire à l'ethnonationalisme. Cette candidature apparaît plutôt comme l'un des revers de l'ouverture des frontières ivoiriennes. ADO est assigné comme étant le symbole du fils d'immigré qui, suivant la logique du Rapport du Conseil Économique et Social sur l'immigration en Côte d'Ivoire, serait en train d' « utiliser le libéralisme politique qui caractérise [la Côte d'Ivoire] pour revendiquer des droits politiques ». Il serait la personnification de l'identité impure que la logique identitaire purisme en marche voudrait expurger. Tandis que pour ses adversaires, Ouattara serait le prototype du « faux ivoirien » qui prétend à ce à quoi il n'aurait pas droit, pour les ressortissants du nord, il représente le symbole de leur déclassement citoyen pour avoir été constamment privé de son droit civique par des pouvoirs aux mains des « gens du sud », des « bushmen ».

Le phénomène d'assignation identitaire d'ADO permet aux « ivoiritaires », non seulement de fonder la peur sur une figure concrète du danger de l' « envahissement de la Côte d'Ivoire », mais aussi de donner corps à une conception de la citoyenneté en fromage. La citoyenneté en fromage est une construction nativiste de l'inclusion sociale. Selon cette conception nativiste, être Ivoirien cesse d'être un statut juridique. Il est avant tout anthropologique: « descendre des mêmes ancêtres fondateurs des différentes provinces du pays ». La distance à ce principe qui détermine « la souche », critère par excellence de plénitude de droits, peut conférer des droits au quart, à moitié ou au trois-quarts, tel un graphique en fromage. La fonction des conjonctions de coordination et/ou dans l'article 35 de la Loi fondamentale institutionnalise la géométrie variable de ces droits et institue la hiérarchie des citoyens liée à cette philosophie de la citoyenneté en fromage. Le « ou », c'est Alassane, le « et » représente les vrais Ivoiriens, confie un abidjanais militant du FPI au cours d'une enquête sociologique (Vidal 2002:222).

Le déficit de travail politique de réification de la citoyenneté fait que, dans la conscience collective, il y a comme une négation du fait que sous la nationalité ivoirienne, se retrouvent des natifs, mais aussi des métis, c'est-à-dire des nationaux par le fait d'un parent ivoirien et des nationaux par naturalisation. Ce qui explique les soupçons et la plupart du temps, la perception sociale négative des noms étrangers sur une carte d'identité ivoirienne. C'est cette essentialisation de l'identité citoyenne dans la société la plus génétiquement et culturellement métissée de la sous-région par le fait de son brassage dû à une longue tradition d'accueil d'immigrants qui pose aujourd'hui problème.

Le défi d'une alternative à la citoyenneté en fromage

La naissance de la deuxième république et l'escalade la violence liée au malaise induit par l'ivoirité placent la Côte d'Ivoire devant un double défi politique et économique.

Au plan politique, il y a d'abord le défi de la citoyenneté. Celui-ci tient dans l'invention de mécanismes d'intégration nationale. Les vieilles démocraties l'ont compris. Cette exigence politique justifie l'ampleur des débats actuels en Europe et en Amérique du Nord, avec d'un côté les adeptes de l'intégration républicaine ou assimilationniste (Dominique Schnapper, Jürgen Habermas), le libéral droit-de-l'hommiste John Rawls, et de l'autre, les communautariens comme Charles Taylor, Michael Walzer et le théoricien libéral des droits des minorités, Will Kymlicka, dont les thèses inspirent sur bien des points l'approche canadienne de la gestion politique des minorités. . Pour ce faire, la mise en place d'une politique d'immigration telle qu'évoquée est importante mais non suffisante. Le débat sur la gestion de la diversité doit se convaincre d'abord du fait que l'intégration passe avant tout par la mise en place d'une politique de reconnaissance dont le philosophe Charles Taylor a discuté de différents aspects dans ses travaux.

L'invention de ce creuset philosophique et politique et sa traduction dans la réalité est tributaire aussi bien de la capacité à renforcer la production d'une richesse qu'à en assurer une redistribution judicieuse ou, à défaut, à assurer l'égalité des citoyens devant les effets de la pauvreté. Le contraire est source de tensions sociales. C'est là le défi économique.

Au plan économique, la Côte d'Ivoire, depuis son accession à l'indépendance, en raison de ses options de politique économique, se caractérise par une particulière intégration à l'économie internationale. Cette crise socio-politique et économique vient aussi du fait que les modes de régulation en vigueur ne se sont pas ajustés à temps aux changements parfois radicaux intervenus dans l'environnement économique international. Il en a résulté une désarticulation entre les compromis internationaux en recomposition permanente et les compromis locaux victimes de leurs rigidités structurelles. À tel point que « la voie étroite » s'est progressivement transformée en une « impasse ». Le défi des prochaines années serait donc de recréer un label de qualité de l'économie ivoirienne par la création des conditions de confiance, ce tiers-facteur immatériel, facteur de cohésion sociale sans lequel il est presque impossible de créer de la richesse.

Le retour de la confiance des investisseurs dans l'économie ivoirienne est fortement corrélé à la capacité politique interne de régulation des incertitudes politiques. Dans le procès d'invention du politique, la classe politique ivoirienne est plus que jamais conviée au débat sur ce que Michael Walzer appelle « les formes de la coexistence » qui rendent possible l'existence des différences. Les réponses données à cette question sont toujours fonction de spécificités nationales. Mais en même temps, elles rendent compte des capacités des sociétés nationales à s'auto-institutionnaliser dans la durée tout en s'inscrivant comme modalité particulière de modernité politique. La fonction de l'État est capitale dans l'imagination d'un « régime de tolérance » en situation d'équilibre toujours instable et dans l'entretien des mécanismes de justice envers les parties en présence.

En conclusion, disons avec quelques nuances, que la crise de l'houphouétisme peut être rapprochée en bien de points de ce qui a pu être observé avec le communisme de Tito en Yougoslavie. Les modèles autoritaires mis en place par des figures politiques charismatiques ne survivent pas à leurs architectes. Ignatieff (2000:39) le dit autrement: « Les États dont la légitimité repose sur le charisme d'un individu ne peuvent que se disloquer à sa disparition ». L'ingénierie politique de Tito et d'Houphouët-Boigny, malgré leurs différences idéologiques, présentent beaucoup de points communs. Dans leurs pays respectifs, ils ont pu faire vivre ensemble des groupes ethniques, grâce à des méthodes de gouvernement assez proches. Avant 1990, Houphouët-Boigny en Côte d'Ivoire, tout comme Tito en Yougoslavie, tolérait juste une opposition culturelle qui ne mettait nullement leurs régimes en danger. Tout comme en Yougoslavie, les possibilités de voyage laissées aux Ivoiriens permettaient d'entretenir l'idée que finalement, sous Houphouët-Boigny, malgré son autoritarisme, les choses allaient mieux qu'ailleurs. La présence d'une forte colonie de ressortissants ouest-africains confortait ce relativisme politique. Tant que les ressources économiques sont disponibles, le système pouvait perdurer. Mais, après la mort d'Houphouët-Boigny en Côte d'Ivoire et avec la croissance des effets de la crise économique, l'élite politique qui assurait le relais comprit, comme en Yougoslavie – après la mort du dictateur Tito en 1980 – confrontée à la dégradation avancée du communisme, qu'il fallait réinventer une rhétorique capable de mobiliser les foules. Cette logique politique a produit des populistes ethnonationalistes comme Slobodan Milosevic en Serbie et l'ivoirité en Côte d'Ivoire. Mais, d'un pays à un autre, des différences apparaissent dans les effets et la fonction des discours nationalistes. Si en Yougoslavie, ils ne furent qu'un jeu de langage et une stratégie oratoire pour organiser une survie électorale, en Côte d'Ivoire, l'ivoirité a servi de rampe à une tendance lourde de redimensionnement de la participation à la vie de la république, mais à partir du terroir. Cette ethnicisation radicale de la République a créé un malaise social dans une société fortement métissée d'autant plus qu'elle met à mal l'idée de République intégrative.

Face à la crise du compromis houphouétiste, la Côte d'Ivoire est au carrefour de sa propre réinvention. La crise politique actuelle semble provenir des difficultés d'une auto-institutionnalisation au sens le plus castoriadisien du terme. Cette auto-institutionnalisation ne tirera sa pertinence de la prise en compte de la configuration sociale, politique, économique et culturelle d'une société ivoirienne profondément métisse génétiquement et culturellement. La crise socio-politique semble prendre racine dans le fait paradoxal que la classe politique s'enferme dans une logique identitaire qui engendre des exclusions et éloigne les perspectives de définition d'un creuset citoyen et d'une culture politique commune. L'avenir de la Côte d'Ivoire tient dans la mise en perspective de ce paradoxe. Dans un contexte sociologique aussi complexe, le projet de citoyenneté plutôt que la recherche d'une identité radicale devrait fonctionner comme une fiction intégrative, conçue à partir de valeurs et de vertus, fiction à laquelle donnent vie des institutions, des symboles, des mythes plus rassembleurs autour de projet et de rêves collectifs. Au risque d'un long cycle d'instabilité socio-politique, la classe politique ivoirienne ne peut éluder plus durablement les questions philosophiques auxquelles sont confrontées les sociétés complexes comme celle ivoirienne. Ces questions émergent dès qu'on se pose le problème central de projets de société pertinents, parce que fédérateurs et susceptibles de canaliser positivement et durablement les énergies individuelles et collectives.

Notes

1. Mouvement Patriotique de Côte d'Ivoire.
2. Mouvement Populaire Ivoirien du Grand Ouest.
3. Mouvement pour la Justice et la Paix.
4. Suite au coup d'État du 24 décembre, le général Robert Guéï fut porté à la tête du Comité National de Salut Public (CNSP) lequel a constitué successivement deux gouvernements de transition en dix mois de transition.
5. À ce sujet, lire l'analyse d'ordre spatial, écologique et territorial historiquement située qu'offre O. Dembélé (2002).
6. Avant l'indépendance, en même temps qu'Houphouët-Boigny jugeait cette ouverture indispensable, il n'était pas moins conscient de la nécessité de protéger les intérêts nationaux. L'historien ivoirien Tiémoko Coulibaly (2000) rapporte un fait qui confirme nos propos. Il lie les violentes attaques de 1958 contre les Dahoméens, accusés d'occuper des postes prestigieux dans l'enseignement à l'exaltation, de la part d'Houphouët-Boigny, du sentiment que les richesses de la colonie ivoirienne ne pouvaient être exploitées par des étrangers au détriment des Ivoiriens et il développa une campagne ultranationaliste pour s'opposer au projet d'ensembles fédéraux.
7. Vus sous certains aspects, les effets de l'houphouétisme se rapprochaient du panafricanisme sans se confondre à lui. Dans l'esprit d'Houphouët-Boigny, la logique de maximisation de la force de travail sous-régionale pour asseoir une économie ivoirienne solide dominait plutôt l'esprit d'une Afrique plus forte par l'unité de ses composantes qui fut l'option d'un de ses concurrents politiques: Kwamé Nkrumah.
8. Sur les transformations de la forme ivoirienne de patrimonialisme, lire Contamin et Fauré 1990:219–239).
9. H. Memel Foté qualifie d'activiste « un groupe qui entend, par volontarisme, agir sur l'opinion et les comportements pour obtenir des résultats politiques et qui de ce fait se situe à l'avant-garde sociale de sa communauté ».
10. Cette initiative a soulevé une controverse politique dans la classe politique. L'opposition accusait le PDCI d'utiliser les otages que sont devenus les étrangers, transformés en période électorale en « bétail électoral » pour se maintenir au pouvoir. Cette hostilité de l'opposition au vote des étrangers a contribué à faire monter la fièvre de la xénophobie.
11. Dans la construction de l'ivoirité, les idéologues de cette forme de nationalisme évacuent ou accordent stratégiquement peu d'importance à l'histoire du peuplement avant le XVIIIe siècle. Ce qui permet de justifier la centralité de la position akan. Or, la Côte d'Ivoire a été peuplée par vagues successives, depuis le paléolithique. Les premiers textes, dus aux explorateurs européens de la côte, au XVe siècle, ont décrit les mouvements de populations de cette époque. À cette époque, le nord de l'actuel territoire était traversé par les circuits commerciaux transsahariens: Bondoukou et Kong furent les premiers mar-

chés localisés au bord de la forêt, sur la route reliant le pays Ashanti au Niger. On sait que ces mouvements se sont accélérés au moment de la constitution des grands empires du Ghana, du Mali et du Songhaï, et se sont poursuivis jusqu'au XVIIIe siècle, donnant au pays sa configuration ethnique actuelle: les peuples lagunaires le long de la côte; les Mandés au nord et à l'ouest; les Sénoufos au nord; les Krus à l'ouest; les Akans à l'est; les Gurs au nord-est. En 1710, les Mandés-Dioulas, musulmans, édifièrent un immense État à Kong, dans le nord de la Côte-d'Ivoire. Celui-ci ne dura que le temps de son créateur, Sékou Ouattara, et entra en déclin dès sa mort, vers 1745. D'autres royaumes, très nombreux, ont marqué l'histoire de la Côte-d'Ivoire, qui bénéficiait d'une économie dynamique, fondée sur le commerce de l'or, du sel et de la cola, connecté au commerce transsaharien. Entre le XVe et le XVIIe siècle, les Européens explorèrent les côtes : la côte du Grain, la côte des Dents et la côte des Quaquas. Mais à la fin du XVIIe siècle, des tribus akans du Ghana, les Agnis, émigrèrent vers la Côte-d'Ivoire pour fuir les chasseurs d'esclaves. Les derniers Akans à émigrer furent les Baoulés, qui prirent une place importante dans le centre du pays, et dont le royaume, sous le gouvernement de la reine Abla Pokou, puis de sa nièce Akoua Boni, étendit loin son influence.

12. C'est pour cette raison qu'en 1998, le Conseil Économique et Social parlait de « rupture d'équilibre » avec « l'afflux d'immigrés de confession islamique ».
13. Le Recensement Général de la Population effectué en 1998 indique qu'en Côte d'Ivoire, 70% des Burkinabè, 91% des Guinéens et 96,8% des Maliens sont des musulmans.
14. Des témoignages recueillis à Abidjan par Claudine Vidal (2002:215-252) rendent bien compte de ce phénomène.
15. Cf. Mamadou Koulibaly, Rébellion ou colonisation du territoire ivoirien. http://19septembre2002.free.fr/koulibaly.htm.
16. Mamadou Koulibaly, Rébellion ou colonisation du territoire ivoirien. http://19 septembre 2002.free.fr/koulibaly.htm.
17. Élections présidentielles 2000. Ce qui s'est passé et ce qu'ils ont dit. http://www.supportmpci.org/elections_presidentielles2000.htm
18. Cf. Mamadou Koulibaly, Rébellion ou colonisation du territoire ivoirien. http://19septembre2002.free.fr/koulibaly.htm.
19. Précisons que plusieurs des chefs d'opération militaires du MPCI connus tels que Tuo Fozié, Ibrahima Coulibaly (IB) et Chérif Ousmane avaient participé au premier coup d'État de 1999 qui porta le Général Robert Guéi au pouvoir. Mais les ambitions politiques de ce dernier qui lui firent enfourcher le cheval de l'ivoirité comme instrument d'exclusion d'un candidat politique de poids, M. Allassane Dramane Ouattara, engendrent un désaccord entre ces jeunes soldats et lui. Le général Guéi les accuse de comploter contre lui en 2000. Certains, parmi ces soldats, ont été torturés voire éliminés physiquement et les autres, revenus pour opérer le coup d'État du 19 septembre, se sont organisés à partir du Burkina Faso.
20. En Côte d'Ivoire, les burkinabè se sont historiquement adonnés à des activités (manœuvre dans les plantations, petits boulots et personnel domestique dans les centres urbains) qui passionnaient peu les Ivoiriens. De par ce statut professionnel « inférieur «, dans l'imaginaire populaire ivoirien, les immigrés burkinabè sont socialement déclassés. La passion politique contre la candidature d'ADO est à mettre en relation avec cette construction sociale burkinabè de son identité. En clair, il paraît inimaginable pour l'ivoirien ordinaire de se laisser gouverner par la progéniture d'un de leurs anciens manœuvres. La

force des préjugés nie même le fait que le père d'ADO n'était pas manœuvre mais plutôt commerçant jusqu'à sa mort, après avoir exercé comme instituteur.
21. Mesmer, P., 1998. *Les blancs s'en vont*. Paris: Albin Michel.

Bibliographie

Akindès, F., 1996, *Les mirages de la démocratie en Afrique sub-saharienne francophone*, Paris: Codesria-Karthala.

Akindès, F., 2000a, « Inégalités sociales et régulation politique en Côte d'Ivoire. La paupérisation est-elle réversible? », *Politique Africaine*, No. 78, juillet, Paris: Karthala, pp. 126-141.

Akindès, F., 2000b, « Les transitions démocratiques à l'épreuve des faits. Réflexions à partir des expériences des pays d'Afrique noire francophone », in *Bilan des Conférences nationales et autres processus de transition démocratique*. Paris: OIF et Pedone, pp. 241-263.

Amondji, M., 1984, *Félix Houphouët-Boigny et la Côte d'Ivoire*. Paris: Karthala.

Amondji, M., 1988, *Côte d'Ivoire. La dépendance et l'épreuve des faits*. Paris: Karthala.

Bach, D., 1982, « L'insertion ivoirienne dans les rapports internationaux », in *États et bourgeoisie en Côte d'Ivoire* (Études réunies et présentées par Y.-A. Fauré et J.-F. Médard), Paris: Karthala, pp. 89-121.

Balac, R., 1997, « L'acheminement de l'économie de plantation ivoirien vers un blocage structurel: analyse d'une crise », in Contamin, B. et Memel-Fotê, H. (eds) *Le modèle ivoirien en questions. Crises, ajustements, recomposition*, Paris: Karthala-Orstom, pp. 311-324.

Bakary, Tessy D., 1992, *La démocratie par le haut en Côte d'Ivoire*, Paris: L'Harmattan.

Blion, R. et Bredeloup, S., 1997, « La Côte d'Ivoire dans les stratégies migratoires des Burkinabés et des Sénégalais », in Contamin, B. et Memel, Fotê, H. (eds) *Le modèle ivoirien en questions. Crises, ajustements, recomposition*, Paris: Karthala-Orstom, pp. 707-737.

Bohoun, B. et Kouassy, O., 1997, « Ouverture sur l'extérieur et performances macro-économiques en Côte d'Ivoire », in *Le modèle ivoirien en question. Crises, ajustements, recompositions* (Sous la dir de Contamin, B. et Memel Fotê, H.), Paris: Karthala, pp. 11-37.

Chauveau, J. P., 2000, « Questions foncières et construction nationale en Côte d'Ivoire », *Politique Africaine*, n° 78, juillet, Paris: Karthala, pp. 94-125.

Chevassu, J.-M., 1997, « Le modèle ivoirien et les obstacles à l'émergence de la petite et moyenne industrie (PMI) », in *Le modèle ivoirien en question. Crises, ajustements, recompositions* (Sous la dir. de Contamin, B. et Memel Foté, H.), Paris: Karthala, pp. 61-87.

Contamin, B. et Fauré, Y.-A., 1990, *La bataille des entreprises publiques en Côte d'Ivoire. L'histoire d'un ajustement interne*. Paris: Karthala.

Coulibaly, T., 2000, « Entre coups d'État, élections reportées et mouvements sociaux. La classe politique ivoirienne se cherche », *Le Monde Diplomatique*, No. 559, octobre, pp. 22-23.

Curdiphe, 2000, « L'ivoirité, ou l'esprit du nouveau contrat social du président H. K. Bédié » (extrait), *Politique Africaine*, No. 78, juillet, Paris: Karthala, pp. 65-69.

Delauney, K., 1997, « 'Être Ivoirien ou artisan pêcheur maritime'. De quelques vicissitudes d'une 'spécialisation ghanéenne' en Côte d'Ivoire », in *Le modèle ivoirien en question. Crises, ajustements, recompositions* (Sous la dir. de Contamin, B. et Memel Fotê, H.), Paris: Karthala, pp. 739-759.

Dembélé, O., 2002, « La construcion économique et politique de la catégorie 'étranger' en Côte d'Ivoire », in Marc Le Pape et Claudine Vidal (eds), *Côte d'Ivoire. L'année terrible 1999-2000*, Paris: Karthala, pp. 123-171.

De Miras, C., 1982, « L'entrepreneur ivoirien ou une bourgeoisie privée de son état », in *États et bourgeoisie en Côte d'Ivoire* (Études réunies et présentées par Y.-A. Fauré et J.-F. Médard), Paris: Karthala, pp. 181-229.

Diarra, S., 1997, *Les faux complots d'Houphouët-Boigny: fracture dans le destin d'une nation (1959-1970)*, Paris: Karthala.

Dozon, J.P., 1997, « L'étranger et l'allochtone en Côte d'Ivoire », in *Le modèle ivoirien en question. Crises, ajustements, recompositions* (Sous la dir de B. Contamin et H. Memel Foté), Paris: Karthala, pp. 779-798.

Dozon, J.P., 2000, « La Côte d'Ivoire entre démocratie, nationalisme et ethnonationalisme », *Politique Africaine*, No. 78, juillet, Paris: Karthala, pp. 45-62.

Fauré, Yves-André, 1982, « Le complexe politico-économique », in *États et bourgeoisie en Côte d'Ivoire*, (Études réunies et présentées par Y.-A. Fauré et J.-F. Médard), Paris: Karthala, pp. 21-60.

Gnako, C., 2000, « La Côte d'Ivoire n'est pas un pays xénophobe », *Notre Voie*, n° 720 du vendredi 6 octobre, p. 4.

Habermas, J., 1992, *De l'éthique de la discussion*. Paris: Cerf.

Ignatieff, M., 2000, *L'honneur du guerrier. Guerre ethnique et conscience moderne*. Paris: La Découverte.

Kodjo, L., 1996, « Entre cosmopolitisme et nationalisme: l'ivoirité », in *L'Ivoirité ou l'esprit du nouveau contrat social du président Henri Konan Bédié*, Abidjan: PUCI, pp. 79-92.

Koffi, N., 1996, « Le concept de l'ivoirité », in *L'Ivoirité ou l'esprit du nouveau contrat social du président Henri Konan Bédié*, Abidjan: PUCI, pp. 25-32.

Kiefler, G.-A., 2000, « Armée ivoirienne: le refus du déclassement », *Politique Africaine*, No. 78, juillet, Paris: Karthala.

Losch, Bruno, 2000a, « La Côte d'Ivoire en quête d'un nouveau projet national », *Politique Africaine*, No. 78, juillet, Paris: Karthala, pp. 5-25.

Losch, Bruno, 2000b, « Coup de cacao en Côte d'Ivoire », *Critique Internationale*, No. 9, octobre, pp. 6-14.

Loucou, J.-N., 1996, « De l'ivoirité », in *L'Ivoirité ou l'esprit du nouveau contrat social du président Henri Konan Bédié*, Abidjan: PUCI, pp. 19-24.

Marie, A., 2000, « La ruse de l'histoire: comment, au nom du libéralisme, l'ajustement accouche l'Afrique de ses classes sociales (Le paradigme ivoirien) », in *Les sociétés civiles face au marché*. (Sous la dir. de M. Haubert et P.-P. Rey). Paris: Karthala, pp. 263-298.

Médard, J.-F., 1982, « La régulation socio-politique », in *États et bourgeoisie en Côte d'Ivoire* (Études réunies et présentées par Y.-A. Fauré et J.-F. Médard), Paris: Karthala, pp. 61-88.

Memel-Fotê, H., 1997a, « De la stabilité au changement. Les représentations de la crise politique et la réalité des changements », in *Le modèle ivoirien en question. Crises, ajustements, recompositions* (Sous la dir de B. Contamin et H. Memel Fotê), Paris: Karthala, pp. 611-633.

Memel-Fotê, H., 1999b, « Un mythe politique des Akans en Côte d'Ivoire: le sens de l'État », in P. Valsecchi et F. Viti (dir.), *Mondes akan. Identité et pouvoir en Afrique occidentale*, Paris: L'Harmattan, pp. 21-42.

Nana, 1993, « Les politiques des régimes face au mouvement migratoire: l'exemple des migrations externes burkinabè vers la Côte d'Ivoire (1960–1987) », in *Droit et culture*, n° 25, pp. 161-182.

Niangoran-Bouah, G., 1996, « Les fondements socio-culturels de l'ivoirité », in *L'Ivoirité ou l'esprit du nouveau contrat social du président Henri Konan Bédié*, Abidjan: PUCI, pp. 45-52.

Proteau, L., 1997, « Dévoilement de l'illusion d'une promotion sociale pour tous par l'école. Un moment critique » in *Le modèle ivoirien en question. Crises, ajustements, recompositions* (Sous la dir de B. Contamin et H. Memel Foté), Paris: Karthala, pp. 635-655.

Rapport du Conseil Économique et social, 1998, « Immigration en Côte d'Ivoire: le seuil de tolérable est largement dépassé » (extrait), *Politique Africaine*, No. 78, juillet 2000, Paris: Karthala, pp. 71-74.

Siriex, P.-H., 1987, *An African Statesman*, Abidjan: Les Nouvelles Éditions Africaines.

Touré, M., 2000, « Immigration en Côte d'Ivoire: la notion de 'seuil tolérable' relève de la xénophobie » (extraits), *Politique Africaine*, No. 78, juillet, Paris: Karthala, pp. 75-93.

Touré, M., Ouattara S., et Annan-Yao E., 1993, « Dynamique de population et stratégies de développement en Côte dIvoire », in *Migrations et urbanisation au sud du Sahara* (Sous la dir de Moriba Touré et T.O. Fadayomi), Dakar: Codesria, pp. 1-47.

Vidal, C., 2002, « Du conflit politique aux menaces entre voisins. Deux témoignages abidjanais », in Marc Le Pape et Claudine Vidal (eds), *Côte d'Ivoire. L'année terrible 1999-2000*, Paris: Karthala, pp. 215-252.

Walzer, M., 1997, *Traité de tolérance*, Paris: Gallimard, Nouveaux Horizons.

Zanou, B., 2001, *Recensement Général de la Population et de l'Habitation de 1998 (RGPH – 98)*. Vol IV: Analyse des résultats. Tome 2: Migrations. Institut National de la Statistique, République de Côte d'Ivoire, 122 p.

Zongo, M., 2001, *Étude des groupements immigrés burkinabè dans la région de Oumé (Côte d'Ivoire): organisation en migration, rapports fonciers avec les groupes autochtones et les pouvoirs publics locaux*, Rapport d'études, Université de Ouagadougou – IRD, 81 p. + annexes.

2

Réflexions d'un Burkinabè sur la crise en Côte d'Ivoire

Basile Laetare Guissou

Introduction: Le Haut-Sénégal/Niger/la Côte d'Ivoire et la Haute-Volta

La colonisation française en Afrique de l'Ouest commence par le Sénégal (fleuve) pour pénétrer dans l'hinterland, le Mali, le Niger et le Burkina (fleuve Niger). Ce fut une véritable course de vitesse après la conférence de Berlin (1885). L'Europe et les USA (observateurs) décident de se partager l'Afrique pour l'intégrer dans la communauté internationale en qualité de propriétés et de possessions. Le principe était que celui qui occupe le premier avance jusqu'à ce qu'il rencontre une autre puissance coloniale européenne. Il fallait faire vite pour occuper le maximum d'espace. Ensuite, chacun pouvait découper ses colonies comme bon lui semble, selon ses besoins et ses intérêts. C'est ainsi que la France va créer d'abord un grand espace dès 1900. (Le Haut-Sénégal-Niger) pour stopper l'avancée des anglais et des allemands.

Le 1er mars 1919, un décret français crée la colonie de la Haute-Volta, avec six frontières (Soudan français, Niger, Dahomey, Togo land, Gold Coast et Côte d'Ivoire). À cette époque la colonie de Haute-Volta est la plus peuplée des colonies françaises avec environ 1,5 à 2 millions d'habitants, contre à peine 600 000 en Côte d'Ivoire. La colonisation n'étant pas une œuvre de bienfaisance comme celle de la Croix Rouge ou l'Armée du Salut, il fallait procéder à « la mise en valeur » rentable des colonies selon la logique du profit. Pour exploiter les terres fertiles de la Côte d'Ivoire avec le maximum de profit, il fallait un maximum de main-d'œuvre, d'ouvriers agricoles pour produire gratuitement le maximum de café, de cacao, de bananes, de palmier à huile et de caoutchouc.

Les paysans voltaïques, habitués aux durs travaux des champs sur des terres ingrates et pauvres, se présentaient comme un cadeau de Dieu aux colons exploitants agricoles français. C'est ainsi que commence la déportation des hommes valides (jeunes célibataires vigoureux) vers les plantations en Côte d'Ivoire, dans le cadre d'un système très peu différent de l'esclavage, mais que l'on appelait, « le système des travaux forcés ». Les administrateurs coloniaux avaient le droit de recruter gratuitement des travailleurs pour les chantiers (routes, bâtiments, chemin de fer, ponts, etc.) et les exploitations agricoles des colons français exerçant à titre privé.

Jusqu'en 1932, la colonie de Haute-Volta ne servait qu'à fournir de la main d'œuvre aux autres colonies, en particulier à la Côte d'Ivoire. C'est pourquoi, pour empêcher la fuite des jeunes vers la Gold Coast (Ghana actuel) où le travail dans les mines d'or était payé, le territoire restait un territoire sous administration strictement militaire.

La dissolution de la Haute-Volta (1932)

Les colons français se plaignent des tracasseries de l'administration militaire de la colonie de Haute-Volta pour envoyer la main-d'œuvre en Côte d'Ivoire dans leurs plantations. Ils font pression à Paris pour obtenir la dissolution de cette colonie et le rattachement de la partie la plus peuplée (le Centre, l'Ouest et le Sud) à la colonie de Côte d'Ivoire et constituer un seul territoire. Paris accepte et décide de supprimer la Haute-Volta. Dorénavant, il n'y aura qu'une seule colonie, la Côte d'Ivoire, divisée en deux parties: la Haute Côte d'Ivoire et la Basse Côte d'Ivoire. Cette suppression arrangeait tout le monde, militaires, planteurs, administrateurs français sauf la population et leurs chefs traditionnels qui n'avaient même plus le droit d'appartenance à un pays distinct de celui des propriétaires de plantations de café, cacao. Le démantèlement du maigre tissu administratif militaire français, des rares unités de transformation (huileries d'arachide et de coton) et la ré-affectation des fonctionnaires locaux indigènes dans les colonies voisines, vont aggraver les souffrances des populations. Cette situation provoque un rassemblement des Empereurs, Rois, Chefs traditionnels et notables autour de l'Empereur des mossis (le Moogo Naaba) pour entreprendre toutes sortes de démarches auprès de la France, exigeant le rétablissement de la colonie dans ses limites de 1932. Des lettres furent envoyées au seul député africain noir de l'Assemblée Nationale à Paris (Monsieur Blaise Diagne), au ministre français des colonies (Marius Moutet) et au Président de la République française, Vincent Auriol, en vain (Cf. Balima 1996). Il n'est pas inutile de rappeler que nous sommes en plein régime colonial et que les colonisés n'avaient aucun droit légal pour s'organiser en syndicats, en associations ou en partis politiques. Seuls les chefs traditionnels, les notables et les fonctionnaires étaient des interlocuteurs agréés par l'administration militaire du pays.

La reconstitution (1947)

Le statut quo durera jusqu'en 1946, où la nouvelle constitution française va reconnaître aux colonisés le droit de créer des syndicats, des associations et des partis. Le premier parti politique en Haute-Volta, l'Union pour la Défence des Intérêts de la Haute-Volta (UDIHV) fut crée sous l'instigation de l'Empereur des mossis dès 1946. Son programme se limitait à la revendication de la reconstitution du territoire de Haute-Volta. Aux toutes premières élections législatives du 21 octobre 1945, le Moog-Naaba Saaga II choisira son propre candidat (le Baloum Naaba Touga) pour l'opposer au candidat de la « Basse Côte d'Ivoire », Félix Houphouët-Boigny. Il y avait trois candidats au départ. Houphouët-Boigny, le Baloum Naaba et Ouezzin Coulibaly.

À l'analyse et de toute évidence, il risquait d'y avoir un deuxième tour pour départager les deux premiers. Houphouët-Boigny réussit à obtenir le désistement de son « camarade Ouezzin » en sa faveur. Ce fut avec 13 750 voix contre 12 900 voix (soit 850 votes de différence) que l'ivoirien Félix Houphouët-Boigny obtient l'unique siège de député de la Côte d'Ivoire. Ce résultat étriqué (obtenu surtout grâce au désistement du troisième candidat, Daniel Ouezzin Coulibaly, au profit d'Houphouët) prouve très bien l'influence réelle de l'Empereur des moose (mossi) qui finira par obtenir le rétablissement de la colonie de Haute-Volta, séparée de la Côte d'Ivoire. Aux élections législatives suivantes (1947), Houphouët-Boigny négocie une liste unique avec le Moogo Naaba et un candidat voltaïque est élu comme député à l'Assemblée Nationale française à Paris. Philippe Zinda Kaboré est un jeune pharmacien formé à l'École William Ponty de Dakar. Il doit se rendre à Paris avec pour mission de demander le vote d'une loi rétablissant la Haute-Volta. Le 25 mai 1947, en route pour Paris, Philippe Zinda Kaboré meurt à Abidjan. Il avait 27 ans. Dès cette époque, l'opinion publique parle d'empoisonnement. Les médecins annoncent qu'il est mort d'une crise cardiaque en allant à la douche le matin à son réveil. Il est remplacé à l'Assemblée Nationale française par un autre voltaïque (un mossi) Lallerêma Henri Marcel Guissou, agent des services financiers. Lui aussi, a été formé à l'École William Ponty de Dakar.

C'est le Député sénateur Lallerêma Henri Marcel Guissou, qui obtient le 4 septembre 1947, le vote à Paris, par l'Assemblée Nationale française, de la loi rétablissant la colonie de Haute-Volta dans ses limites de 1932. La séparation des deux colonies ne pouvait pas se réaliser sans conséquences politiques pratiques. La crise actuelle en Côte d'Ivoire ne peut pas se comprendre sans y inclure cette dimension historique, sociologique et politique.

Des relations tumultueuses: 1947–2003

Deux pays avec un seul chef?

Ce n'est pas un secret. Le planteur et député de la Côte d'Ivoire, Félix Houphouët-Boigny s'est toujours opposé à la reconstitution de la Haute-Volta. Son parti politique (RDA) qui comptait de nombreux cadres originaires de Haute-Volta, n'a pas varié sur cette question. L'Assemblée Nationale française a voté. Il fallait se soumettre. Et c'est ce qui fut fait. Sur la scène politique du territoire reconstitué, l'influence du RDA ne sera pas la même qu'en Côte d'Ivoire. Entre 1947 et 1957, le RDA se rapproche des autres partis locaux comme l'ex-UDIHV devenu le PSEMA du Moog-Naaba et fait des alliances électorales pour pouvoir reconquérir du terrain. Houphouët-Boigny a des moyens financiers considérables. Il les utilise pour accroître son influence sur la scène politique. Et ça marche jusqu'en 1957-58, au moment où se préparent les formations des premiers gouvernements locaux dans les territoires coloniaux. Houphouët-Boigny est ministre d'État dans le gouvernement français à Paris. Il est très écouté par le Général De Gaulle. Toute la stratégie (Mesmer 1998) du passage de la colonisation vers les indépendances juridiques de 1960, sera élaborée avec le concours du ministre français. C'est Houphouët-Boigny qui va signer un accord secret le 29 avril 1957 à Abidjan avec le capitaine-député français vivant en Haute-Volta, Michel Dorange, pour constituer le premier gouvernement du territoire de la Haute-Volta (Cf. Balima 1996). C'est Houphouët-Boigny (ministre d'État français, député et Président du RDA, son parti trans-national) qui fournit à la Haute-Volta le chef du premier gouvernement. Daniel Ouezzin Coulibaly est un député originaire de l'Ouest de la Haute-Volta, mais élu comme député de la Côte d'Ivoire en 1957. Ouezzin Coulibaly était un des meilleurs militants anti-colonialistes du RDA. C'était le n° 2 du parti dirigé par Houphouët-Boigny. Mais Daniel Ouezzin Coulibaly, à peine nommé chef du gouvernement, meurt le 7 septembre 1958 à l'hôpital Saint Antoine de Paris par suite de cancer. Houphouët-Boigny va encore mettre son influence en jeu pour obtenir le choix de Monsieur Maurice Yaméogo (Guirma 1991), illustre inconnu de la scène politique, afin de remplacer Ouezzin Coulibaly. C'est Maurice Yaméogo qui va devenir le Président de la République en 1960 à l'indépendance du pays. Bien sûr, sachant bien de qui il tient son pouvoir, le Président Maurice Yaméogo, devient « le commis voyageur »[1] de Houphouët-Boigny.

Cette interférence ouverte du Président Félix Houphouët-Boigny dans les querelles et les luttes politiques internes du Burkina Faso, n'est pas acceptée par toute la classe politique du pays. Mais les choses resteront ainsi jusqu'en 1966, où des grèves, manifestations de rue et émeutes renversent le régime de la première République le 3 janvier 1966. L'armée prend le pouvoir. L'ancien Président Maurice Yaméogo est arrêté, jugé et emprisonné. Dès sa libération dans les années 1970, il part en Côte d'Ivoire où il est reçu à bras ouverts par Houphouët-Boigny. Il est logé dans le plus grand hôtel d'Abidjan et est nommé Directeur du Port d'Abidjan. À Ouagadougou, cette sollicitude est mal vue, et va s'ajouter aux multiples problèmes liés au sort des Burkinabè vivant en Côte d'Ivoire: expropriations, meurtres, rackets dans les bus et dans les trains, etc.

Il faut noter qu'en 1962, le gouvernement ivoirien avait refusé de signer un accord cadre sur les conditions de vie et de travail des Burkinabè en Côte d'Ivoire. Le gouvernement du Burkina Faso voulait des accords garantissant les salaires, le reversement d'une partie des salaires dans des comptes ouverts aux noms des travailleurs au Burkina Faso, les assurances retraites, santé, etc. Bien sûr c'était trop pour les planteurs ivoiriens et les patrons français et libanais qui ont carrément refusé.

Les statistiques officielles des services de la main d'œuvre de Ouagadougou, révèlent l'importance des ouvriers agricoles Burkinabè en Côte d'Ivoire :

- 1956: 60 000 travailleurs sont enregistrés au départ pour les plantations ivoiriennes
- 1957–1962: 16 000 en moyenne par an.

Au total, entre 1957 et 1962, 156 000 travailleurs ont été enregistrés. Aujourd'hui, la Côte d'Ivoire annonce qu'il y a trois millions de Burkinabè dans ce pays. D'autres sources avancent le nombre de six millions sur les seize millions d'habitants de la Côte d'Ivoire.

C'est le résultat d'une histoire coloniale commune et d'une politique de relations post-coloniales tumultueuses entre le Burkina Faso et la Côte d'Ivoire. En 1980, la crise économique s'installe en République de Côte d'Ivoire, après une décennie de « miracle économique », chanté et vanté dans le monde entier. Cette illusion de « croissance sans développement » comme le dit Samir Amin (1967) a beaucoup pesé dans la perception que la classe politique ivoirienne avait sur le Burkina Faso et les Burkinabè vivant en Côte d'Ivoire. Beaucoup de suffisance (sinon du mépris) a été entretenu vis-à-vis des « mange-mil » venus du Nord.

Les relations s'enveniment de plus en plus. Les récits de brimades surtout sur les passagers des trains gagnent en intensité et dès 1980, le colonel Saye Zerbo, Président du Burkina Faso, décide d'interdire les départs de travailleurs volontaires vers la Côte d'Ivoire. La décision n'est pas effective. Le mythe de l'Eldorado est plus fort dans l'esprit des jeunes paysans qui fuient la misère des villages, au sortir de la terrible sécheresse des années 1973-1974. Autant le Général Lamizana Sangoulé (1999) pendant ses quatorze ans à la présidence de la République a cherché en permanence à préserver des relations « normales » malgré des réalités criardes, autant ses successeurs (officiers supérieurs plus jeunes et peut-être, moins « sages ») ne souffraient plus la sous-traitance politique par le régime du Président Houphouët-Boigny. En effet, au sein du Conseil de l'Entente (cadre informel crée par Houphouët-Boigny, où il distribuait des aides financières fraternelles à ses pairs du Niger, Burkina, Togo et Bénin) il devenait de plus en plus difficile d'obtenir le statut quo. Au Bénin, au Niger, au Togo comme au Burkina, les « pères de l'Indépendance » avaient quitté la scène. Les nouveaux venus (Kérékou Mathieu, Seni Kountché et Eyadema Gnasingbé et Lamizana Sangoulé) étaient des officiers putschistes ayant renversé les amis de Houphouët-Boigny. Ceux qui avaient pu sauver leur vie, comme Maurice Yaméogo, Hubert Maga et autres, s'étaient réfugié en Côte d'Ivoire. Pour ceux qui avaient perdu la vie, le « vieux sage » s'occupait à grands frais des familles. Les anciens dignitaires étaient bien reçus et bien traités en Côte d'Ivoire ce qui ne pouvait pas être totalement du goût des nouveaux dirigeants des pays membre du Conseil de l'Entente.

La fin d'une époque

Les années 1980 seront difficiles pour tous. Les velléités d'indépendance vis-à-vis d'Houphouët-Boigny, au sein du Conseil de l'Entente, comme de la Communauté Économique de l'Afrique de l'Ouest (CEAO) se manifestent de plus en plus bruyamment. Le 4 août 1983, les jeunes officiers supérieurs du Burkina Faso (Thomas Sankara, Blaise Compaoré, Henri Zongo et Boukary Jean-Baptiste Lingani) réalisent avec succès un coup d'État. Ils proclament l'ère de la Révolution Démocratique et Populaire (RDP). Ils sont fortement soutenus par les deux partis politiques civils (Union des Luttes Communistes et le Parti Africain de l'Indépendance), connus de l'opinion comme « maoïste » pour l'un et « pro-soviétique » pour l'autre. C'est clair qu'entre le Burkina et la Côte d'Ivoire, les relations allaient qualitativement changer. Le ton du discours d'orientation politique (DOP) du capitaine Thomas Sankara

(1983), le 2 octobre 1983, ne laissait aucune place au doute. Entre Abidjan et Ouagadougou, il n'y aura plus des rapports de tutelle politique sous aucune forme. Le Burkina se défendra et défendra seul ses intérêts en Côte d'Ivoire, dans la sous-région et face à l'ex-« mère patrie coloniale », la France. Les relations bilatérales (Ouagadougou-Abidjan et Ouagadougou-Paris) prennent le pas sur les concertations informelles au sein du Conseil de l'Entente ou ailleurs. Il n'y a plus de « messes basses » et de « sujets tabous ». Tout se dit haut et fort, souvent sans aucune précaution diplomatique.

« À bas l'impérialisme et ses valets locaux », « À bas les vieux crocodiles aux yeux rouges », sont des slogans quotidiennement martelés par les dirigeants politiques du Burkina. L'irritation est à son comble à Abidjan et à Paris, même si les ministres des Affaires Étrangères essaient, ou font semblant, de vouloir « calmer le jeu ». François Mitterrand et Houphouët-Boigny sont littéralement surpris, irrités, déboussolés par l'irruption de cette « jeunesse impertinente dérangeante, fougueuse » (selon les termes de Mitterrand à Ouagadougou en 1986) qu'aucun des deux n'a voulu voir arriver au pouvoir à Ouagadougou. Pendant les quatre années au pouvoir du Président Thomas Sankara, les incidents diplomatiques, les polémiques politiques sur les ondes (Radio-télévision, presse écrite) et les négociations parallèles sont difficiles à dénombrer. Il y en a eu beaucoup, avec Abidjan comme avec Paris. Mais, toutes ces « affaires » ont servi à imposer le Burkina Faso (Guissou 1995), comme un partenaire à part entière face à tous les autres pays, en particulier la France et la Côte d'Ivoire. Les Burkinabè vivant en Côte d'Ivoire ont eu comme un répis relatif pendant ces quatre années, puisque la moindre atteinte à leurs droits, était dénoncée haut et fort à Ouagadougou, avec des missions officielles[2] de protestation à l'appui. Le Président Houphouët-Boigny, au soir de sa vie, n'avait plus aucun intérêt à se montrer belliqueux ou agressif. Aux multiples missions officielles du Burkina qu'il recevait personnellement, il s'efforçait de rappeler l'histoire commune aux deux peuples, son rôle de « conciliateur » dans les intestines querelles politiciennes entre les anciens dirigeants du Burkina depuis 1946. Mais tout ceci relevait d'une histoire déjà trop ancienne. La vieille Haute-Volta et ses vieux hommes politiques, aux yeux de ses jeunes interlocuteurs, engagés dans la Révolution Démocratique et Populaire, ce n'était que: « 23 années de néocolonialisme, de démission nationale, de gabegie et de politique politicienne ». Il n'y avait plus de « commun dénominateur » entre « le vieux sage de Yamoussokro » et la nouvelle génération au pouvoir à Ouagadougou. Les solutions qu'il proposait pour résoudre les problèmes (dédommagements, excuses, promesses d'enquêtes, soutiens financiers) n'étaient au plus que de « maigres lots de consolation » pour des populations que son régime et ses maîtres impérialistes avaient exploitées depuis des décennies sans aucune contre-partie honorable. Au Burkina Faso, ce sentiment était et reste largement partagé par toutes les couches sociales et dans toutes les communautés humaines. Il n'existe pas de village où il n'y a pas des citoyens qui ont séjourné en Côte d'Ivoire. C'est la sous-estimation de toute la charge subjective des frustrations vécues depuis des décennies par les Burkinabè, qui va totalement fourvoyer la classe politique de la Côte d'Ivoire après la disparition du Président Houphouët-Boigny, le 7 décembre 1993. Plus rien ne peut plus être comme dans le passé entre les deux pays.

La gestion idéologique et politique de la succession d'Houphouët (1993–2003)

Le successeur constitutionnel du « Bélier » (cf. art. 11 de la Constitution), le Président Henri Konan Bédié, dans son discours d'investiture comme candidat de son parti (PDCI/RDA) aux élections présidentielles, à Yamoussokro (25 août 1995), lance, en présence des délégués venus du Burkina Faso, le concept de « l'ivoirité » et de la « préférence nationale ». Il ne se doute absolument de rien. Il continue à défendre jusqu'à nos jours que, « l'ivoirité est un concept purement culturel ». Il ne comprendra sûrement jamais que ce fut cette étincelle qui allait mettre son pays à feu et à sang. Le droit de dépouiller « l'étranger enrichi », venait d'être proclamé. Les « vrais Ivoiriens » vont mettre en pratique ce droit, en tout et partout contre les « non-Ivoiriens » d'abord, et les « faux Ivoiriens » ensuite.

À l'époque, le sort des étrangers en Côte d'Ivoire (en particulier les Burkinabè) ne préoccupait pas outre mesure le Président Bédié. Seul le « problème national » qu'était la volonté affichée de l'ancien Premier Ministre Alassane Dramane Ouattara d'être candidat à la Présidence de la République de Côte d'Ivoire, préoccupait au plus haut point le « dauphin constitutionnel ». En quelques semaines « le problème ADO» (Alassane Dramane Ouattara) était devenu effectivement le problème national n° 1 en Côte d'Ivoire. Tous les observateurs de la scène politique ivoirienne manifestaient ouvertement leur étonnement face à cette levée de boucliers contre celui qui venait à peine de quitter ses fonctions de premier et dernier Premier ministre du Président Houphouët-Boigny. Mais, il faut se plonger dans la lecture du livre. Les chemins de ma vie du Président Henri Konan Bédié (1999) pour essayer de comprendre, pourquoi, il n'était pas question d'accepter la candidature de « l'étranger mossi » à la Présidence de la République dans « le pays de l'ivoirité ». Déjà, dans la rue, le nom de famille « Ouattara », était devenu « Ouédraogo » pour rebaptiser l'intéressé « Alassane Dramane Ouédraogo » (ADO). Il faut savoir que le nom de famille Ouédraogo (qui veut dire « cheval mâle » ou étalon, en langue nationale moore du Burkina Faso) est le plus répandu dans l'Empire du Moog-Naaba de Ouagadougou. Pour en revenir au livre du Président Henri Konan Bédié, il y révèle, outre son passé (naissance, enfance, études, vie professionnelle et politique) ses relations difficiles avec le Président Houphouët-Boigny. C'est ainsi qu'il nous apprend comment il a quitté le ministère des finances en 1977.

> Effectivement, des rumeurs insistantes de remaniement couraient mais franchement, ça ne me préoccupait pas... La veille du remaniement, M. de Guiringand, le ministre français des affaires étrangères, était arrivé à Abidjan. Il avait beaucoup d'amitié pour moi et lorsqu'il a rencontré le président, il l'a interrogé sur mon avenir. Houphouët lui a répondu: « Non, il n'est pas concerné »... Ce même jour je suis allé travailler longuement avec le président Houphouët... J'ai quitté le président à 19 heures... À 23 heures, il m'a convoqué. Il m'a dit: « Voilà, j'ai beaucoup réfléchi. J'ai

> des problèmes avec l'opinion. Elle s'est dressée contre mes ministres. J'ai décidé de faire partir huit cadres des autres ethnies mais tous ceux que j'ai consultés m'ont dit: « si tu agis ainsi, il faut aussi que tu fasses un sacrifice majeur. Si tu coupes huit branches chez les autres, alors coupe-toi une main. Donc, je vais te demander de partir »...
>
> ... Le président, qui était un remarquable « animal politique », cherchait à m'apitoyer... Le lendemain, au cours du Conseil des Ministres retransmis à la radio, il a demandé au secrétaire général du gouvernement d'énumérer la liste des ministres limogés. On pouvait entendre Houphouët, assis à ses côtés, qui lui soufflait: « Bédié, répète, Bédié ! » au micro de la radio nationale ». (Cf. Konan Bédié: 1999).

Chacun comprendra que les problèmes ethniques et leur instrumentalisation dans la vie politique ivoirienne ne datent pas d'aujourd'hui. Le remaniement du gouvernement dont parle Henri Konan Bédié a vu le départ de deux ministres dont les noms de famille sont originaires du Burkina Faso et du Mali. Il s'agit du ministre de l'agriculture (Sawadogo) et du ministre du plan (Diawara).

Officiellement, à l'époque (1977) Houphouët-Boigny parlait « d'ivoirisation des cadres » pour justifier sa cuisine politique interne. Konan Bédié lui préfère parler « d'ivoirité » pour élargir au maximum les secteurs d'application de sa théorie. Après la convention du parti à Yamoussokro (26 août 1995) pour consacrer sa candidature aux élections présidentielles, Henri Konan Bédié va organiser un forum des universitaires autour du concept « d'ivoirité ». Du 20 au 23 mars 1996, à Abidjan, se tient le forum sur « l'ivoirité, ou l'esprit du nouveau contrat social du Président Henri Konan Bédié ». Les presses universitaires de Côte d'Ivoire vont publier les actes de ce forum dans la revue « ETHICS »: Études et théories de l'Humanisme ivoirien pour la synthèse culturelle. C'est la cellule universitaire de recherche et de diffusion des Idées et Actions politiques du Président Henri Konan Bédié (CURDIPHE) sous la direction du Professeur Saliou Touré, qui anime la revue.

Dans la préface du numéro sur « l'ivoirité » (ETHICS 1996), le Professeur Saliou Touré, ministre ivoirien de l'Enseignement Supérieur, de la Recherche et de l'Innovation Technologique, écrit:

> Ce concept politique a suscité et continue à susciter des réactions passionnées et diverses. Pour mieux le cerner, la cellule universitaire de Recherche, d'Enseignement et de Diffusion des Idées et Actions du Président Henri Konan Bédié a pris l'heureuse initiative d'organiser des séminaires, des colloques, et des débats contradictoires sur ce sujet d'intérêt national. Ainsi, en faisant intervenir avec méthode et conviction d'une part, les plus hautes sommités scientifiques de notre pays et en donnant d'autre part, la parole à la société civile, le CURDIPHE est en passe de gagner son pari: mettre en mouvement tout le corps social ivoirien autour du thème de l'ivoirité pour que chacun s'en imprègne, s'en convainque et en soit l'ardent défenseur. (...) Ce livre, nous en sommes convaincus, contribuera à l'éclosion de « la société nouvelle ivoirienne aux frontières nouvelles du développement...

Toujours, dans le même ouvrage, c'est le Professeur Jean-Noël Loucou de l'Université de Cocody (Abidjan) qui va nous développer le concept dans une communication intitulée: « De l'ivoirité ».

> Que dire alors du bon usage de notre ivoirité ? Qu'elle procède par la force des choses de la Nation Ivoirienne, qu'elle en est la substance unificatrice, la sève de son développement, qu'elle est aussi un rempart... car la vraie question à laquelle se doit de répondre avec dignité et exigence l'ivoirité, c'est bien: comment doit-on être ivoirien ?... Plusieurs faits peuvent justifier l'inquiétude des ivoiriens. C'est d'abord l'importance numérique des étrangers en Côte d'Ivoire... Dans le même temps, les étrangers, qu'ils soient Africains, Levantins ou Européens, occupent une place prépondérante parfois hégémonique dans l'économie ivoirienne. Cette présence étrangère massive menace donc de rompre l'équilibre socio-économique du pays. ... Le peuple ivoirien doit d'abord affirmer sa souveraineté, son autorité face aux menaces de dépossession et d'assujettissement: qu'il s'agisse de l'immigration ou du pouvoir économique et politique (Cf. *Ethics*, op. cit.:20-22).

Cette idéologie ouvertement xénophobe, relayée par la classe politique, à partir du sommet de l'État et de l'Université, ne pouvait, au contact des masses populaires, que produire « la poudrière identitaire »[3] dont le film documentaire du même titre rend bien compte.

Le multipartisme, autorisé par le Président Houphouët-Boigny, trois ans avant son décès, ne pouvait que prendre la « couleur locale de l'ivoirité » sur la scène politique. Les événements se précipitent: coups d'État, élections boycottées, contestées, arrestations, complots, guerre civile, etc. La situation économique déjà difficile, en s'aggravant, aggravera la crise politique que nous vivons présentement avec tous ses rébondissements depuis les réunions des chefs d'État de la CEDEAO (ECOWAS) d'Accra, Dakar et Paris.

Ivoiriens ou citoyens ouest-africains?

Le problème identitaire en Côte d'Ivoire doit être analysé dans une perspective exclusivement constructive en vue de solutions positives. Ni ceux qui veulent à coups d'artifices juridiques (tripatouillage des textes de lois ou de la constitution) redéfinir des critères de « pureté du sang », ou de « droit de propriété » ni ceux qui en sont les victimes (divers métissages, étrangers et autres mossis) ne sont en vérité les vrais artisans et les vrais acteurs de l'histoire de cette ex-colonie de l'Afrique Occidentale Française.

La première partie de cet article a voulu montrer comment l'ordre (économique social, culturel et politique) de la période coloniale a instrumentalisé les communautés politiques pré-coloniales. Au mépris de toute autre considération que celle de la « mise en valeur » des colonies selon la froide logique du profit capitaliste, des peuples multiples et divers ont été géographiquement et culturellement brassés, mélangés et exploités. Le nivellement « par le bas » de la période coloniale mettait toutes les populations colonisées sur le même pied d'inégalité. On ne signale nulle part des affrontements inter-ethniques à des niveaux comparables à ceux d'aujourd'hui dans les plantations des colons français en Côte d'Ivoire pendant la période coloniale.

Pourquoi? Ivoiriens « d'origine » ou « d'adoption », Burkinabè, Nigériens, Maliens ou Guinéens vivant en Côte d'Ivoire, tous étaient des sujets français, au service des intérêts économiques de la France en Côte d'Ivoire. Ils n'avaient aucun droit sous le régime raciste dit des « travaux forcés ».

Il n'existait aucun espace de liberté démocratique pour poser et résoudre des problèmes liés au « droit du sol » ou au « droit du sang » dans un contexte où le sol et le sang des hommes Ouest-africains étaient tous des propriétés de la nation colonisatrice, la France.

Il n'y avait ni identité culturelle, ni appartenance nationale, ni droit de propriété à discuter. Toutes ces questions vont naître et se développer au fur et à mesure que la perspective de l'accès aux ressources et au partage des ressources va se dessiner dans l'esprit des colonisés au sortir de la nuit noire coloniale après la deuxième guerre inter-impérialiste de 1939–1945.

L'apartheid colonial

Après l'époque des « porteurs de colons » et des « boys cuisiniers », l'école coloniale sera la pépinière de formation des « auxiliaires indigènes » de l'administration coloniale. La circulaire du gouverneur Chaudié (Turcotte 1983) est claire:

> L'école est, en effet, le moyen d'action le plus sûr qu'une nation civilisatrice ait d'acquérir à ses idées les populations encore primitives et de les élever graduellement jusqu'à elle. L'école est en un mot, l'élément de progrès par excellence. C'est aussi l'élément de propagande de la cause et de la langue française le plus certain dont le gouvernement puisse disposer. Ce ne sont pas, en effet, les vieillards imbus des préjugés anciens, ce ne sont pas même les hommes faits pliés déjà à d'autres coutumes, que nous pouvons espérer convertir à nos principes de morale, à nos règles de droit, à nos usages nationaux. Pour accomplir avec succès cette œuvre de transformation, c'est aux jeunes qu'il faut s'adresser, c'est l'esprit de la jeunesse qu'il faut pénétrer et c'est par l'école, et l'école seule, que nous y arriverons. (Circulaire du 22 juin 1897 du Gouverneur général E. Chaudié, relative au fonctionnement des écoles des pays de protectorat, Turcotte 1983:1).

La logique était de faire, en sorte que, selon la célèbre formule du romancier camerounais Ferdinand Oyono[3]: « Les chiens du Roi deviennent les Rois des chiens ». Ceux qui passeront par l'école seront des auxiliaires des colons, avec un statut social et un niveau de vie nettement au dessus des autres sujets. S'ils adoptent les bonnes manières européennes, ils auront droit à vivre dans des quartiers aménagés en « cités de fonctionnaires », loin des quartiers populaires. Et c'est ainsi que l'apartheid colonial va subtilement diviser l'espace territorial et sociologique entre les indigènes. Le sage philosophe malien, Amadou Ampathé Bâ (Obenga 1996) décrit, la société des colonisés en ces termes:

> Sous l'effet de la colonisation, la population de l'Afrique occidentale française s'était divisée automatiquement en deux grands groupes, eux mêmes subdivisés en six classes qui vinrent se substituer aux classes ethniques. Le premier était celui des citoyens de la République française, le second celui des simples sujets (…) Le premier

> groupe, était divisé en trois classes: les citoyens français purs sangs, nés en France, ou européens naturalisés français, les citoyens français des « quatre communes de plein exercice » du Sénégal (Gorée, Saint-Louis, Dakar, Rufisque), enfin les africains naturalisés citoyens français. Tous jouissaient des mêmes droits (en principe) et relevaient des tribunaux français. Le second groupe, celui des sujets, comprenaient à son tour trois classe: au sommet (...) les sujets français du Sénégal qui jouissaient d'une situation privilégiée par rapport à ceux des autres pays... puis venaient... les sujets français « lettrés » (c'est à dire scolarisés ou connaissant le français) et les sujets français « illettrés » (uniquement du point de vue du français, cela va de soi)... Du point de vue de la division « officielle » des classes, j'étais un sujet français lettré né au Soudan et non au Sénégal, donc juste au dessus de la dernière catégorie. Mais selon la hiérarchie indigène, j'étais incontestablement un blanc-noir, ce qui, on l'a vu, nous valait quelques privilèges, à cette réserve près qu'à l'époque le dernier des blancs venait toujours avant le premier des noirs.

Au vu de ce qui se déroule aujourd'hui en Côte d'Ivoire, concernant le code de la nationalité, le code foncier et le droit de propriété, il nous faut reconnaître que la colonisation française a réussi. Ce sont les plus hauts cadres, issus des plus grandes universités, écoles françaises et autres qui théorisent et légifèrent « l'apartheid colonial » avec une expertise incontestable. Ici, comme ailleurs (Liberia, Sierra Leone, Gambie et Nigeria) on légifère contre tous les accords de la CEDEAO, contre l'intégration ouest-africaine, contre la libre circulation des personnes, des biens et des capitaux. Et il est utile de souligner que c'est le Premier Ministre de la Côte d'Ivoire, Alassane Dramane Ouattara qui, le premier, a osé instaurer une carte de séjour payante (100 dollars) pour les « étrangers ouest-africains vivant en Côte d'Ivoire ». Aujourd'hui la constitution ivoirienne, toujours en vigueur, et la justice de ce pays, lui rendent la monnaie, en lui refusant le droit d'être candidat au poste de Président de la République, pour cause de « nationalité douteuse » ! N'est-il pas dans la situation de « l'arroseur arrosé » ?

Le Président de la République de Gambie vient lui aussi, en 2002, d'instaurer une carte de séjour contre les résidents ouest-africains dans son pays. À quoi servent les accords de coopération pour l'intégration ouest-africaine?

Les faits sont têtus et objectifs (Lénine)

C'est Vladimir Illich Lénine qui disait que « les faits sont têtus et objectifs ». Il faut savoir les accepter comme tels pour élaborer une stratégie et des tactiques dans le cadre de la lutte politique. La Côte d'Ivoire a le mérite historique d'être une terre d'intégration ouest-africaine. Malheureusement une partie non négligeable de l'élite intellectuelle et politique de ce pays a été et reste incapable de comprendre cette évidence. Ce sont les « very well educated people », les personnes très bien éduquées à l'école européenne, qui instrumentalisent les concepts identitaires tribalistes à des fins purement politiques, au mépris des faits et de l'histoire. L'avenir de la Côte d'Ivoire appartient dorénavant à tous ceux que l'Histoire et les faits ont conduit à s'y installer, à y vivre et à y avoir des biens et des intérêts. Il en est ainsi et nul n'y peut plus rien. Les replis identitaires, ethniques ou régionalistes, ne peuvent plus conduire qu'à la situation de guerre civile et à des menaces de partitions suicidaires pour l'unité nationale.

Après les étrangers ouest-africains (1950–2000) nous en sommes, de nos jours, à une partition de fait de la Côte d'Ivoire, entre « Dioulas et musulmans du Nord » et « Bétés, Agnis et Dida du Sud ». Les « Forces nouvelles » dirigent une rebellion armée dans le Nord, et l'Ouest du pays. Les partis politiques électoralistes classiques, avec le parti au pouvoir en tête, dirigent le Sud, à partir de la capitale économique (Abidjan). Les troupes de l'armée française (3000 soldats et gendarmes) sont installées en « forces tampon » dans la capitale politique au Centre du pays (Yamoussokro) pour empêcher les rebelles armés de descendre plus au Sud, en direction d'Abidjan.

Ce sont là les faits, têtus et objectifs qui s'imposent à tous, au delà des subjectivités de tous les acteurs politiques engagés dans l'ambroglio ethnico-politique de la Côte d'Ivoire. Quotidiennement, des femmes et des enfants sont sacrifiés, des hommes se battent les armes à la main. D'autres sont lâchement abattus comme le malheureux ancien Président, le Général Robert Gueï, le comédien Camara Yéréféré dit Camara H., et le médecin Benoît Dacoury Tabley.

Les dirigeants politiques, sous la pression des organisations sous-régionales (CEDEAO) continentales (Union-africaine) et internationales (ONU), se rencontrent, discutent, signent des accords de cessez-le-feu, et publient des communiqués. Après neuf jours de discussions à Linas-Marcoussis (France), un accord est signé le 24 janvier 2003 par dix partis politiques ivoiriens. À la lecture de l'accord, il est évident que tous les problèmes de fond de la crise ivoirienne sont abordés: nationalité, code électoral, foncier rural, désarmement, sécurité des personnes et des biens.

Depuis, cet accord attend toujours de passer de la théorie à la pratique, des discours aux actes concrets.

La solution ouest-africaine

La solution de la crise ne se trouve pas dans l'enfermement ethniciste et suicidaire. La Côte d'Ivoire est ouest-africaine parce que c'est l'Histoire qui lui a imposé cette nature. Aucun « retour en arrière » n'est possible, à la recherche d'une « ivoirité » qui n'existe plus nulle part ailleurs que dans les « têtes pensantes » qui ont inventé cette idéologie à l'hitlérienne.

À l'heure de la mondialisation et du marché unique, l'appartenance nationale doit se renégocier sur la base de l'esprit d'ouverture et non plus sur la base de l'exclusion. Il sera plus facile, en Côte d'Ivoire comme partout ailleurs en Afrique de l'Ouest, de concevoir et proposer les conditionnalités de la « citoyenneté Ouest-africaine » plutôt que d'encourager les replis identitaires tribalistes, qui n'ont aucun avenir politique.

Le vrai problème à résoudre sur le plan théorique et politique pratique c'est de savoir comment se libérer de l'idéologie « houphouétiste » de 1958. Car c'est le « père de l'Indépendance » de la Côte d'Ivoire qui a refusé l'intégration Ouest-africaine (1957–1958) en proclamant haut et fort que: « la Côte d'Ivoire ne sera pas la vache laitière qui va nourrir les autres colonies françaises de l'Afrique de l'Ouest ». Depuis, ce syndrome de la phobie identitaire mine le terrain politique en Côte d'Ivoire.

Savoir s'identifier soi même, en dehors de la peur de l'autre, conduira utilement à la renégociation de la citoyenneté pour tous les habitants du territoire de la Côte d'Ivoire, sans exclusion.

Positiver la citoyenneté, c'est laisser le libre choix à tous (sur la base du droit du sol et du droit du sang) d'être ou de ne pas être citoyen de la Côte d'Ivoire. La capacité intellectuelle de s'ouvrir à l'espace ouest-africain en s'appuyant sur le passé colonial qui fut imposé à tous, est le plus solide rempart contre « l'ivoirité ».

Conclusion: sortir de la logique de l'économie de la traite coloniale

« Pays riches » contre « pays pauvres », « locomotive économique » contre « wagons économiques », « l'Afrique utile » (à l'économie occidentale exclusivement !) contre « l'Afrique inutile », etc., constituent des slogans et clichés idéologiques et politiques qui ont trop longtemps servi à nourrir les nationalismes étriqués et les complexes de supériorité ou d'infériorité au sein des classes politiques de l'Afrique post-coloniale. Il est temps de s'en débarrasser définitivement. La crise politique en Côte d'Ivoire est une véritable école pour tous et pour chacun. La Côte d'Ivoire est une création de la colonisation française en Afrique de l'Ouest. Il n'y a eu aucun processus endogène de construction économique, culturelle, institutionnelle et politique conduisant à la création d'un État-Nation. C'est à partir du sentiment librement partagé de vouloir vivre ensemble que les conditions de la construction institutionnelle se réunissent et se réalisent à travers la négociation. Les États-Unis d'Amérique sont un exemple, tout comme d'autres pays où les habitants actuels sont tous venus d'ailleurs, et pas toujours sur la base d'un choix volontaire. Les citoyens noirs américains d'aujourd'hui sont des esclaves déportés et vendus sur les marchés du honteux commerce triangulaire. Les populations vivant aujourd'hui en République de Côte d'Ivoire (particulièrement les Burkinabè, maliens, sénégalais et guinéens) ont des droits et il est très important de ne guère sous-estimer le poids de l'Histoire et sa charge subjective. Tous ceux qui ont travaillé dur et qui ont pu honnêtement devenir des propriétaires de biens ont droit à la protection là où ils vivent.

Le cadre de l'Afrique Occidentale Française (AOF) dans lequel les sujets « aoefiens »[4] ont été gérés et exploités constitue un patrimoine historique commun. Avant 1960, et pendant soixante ans, entre 1900 et 1960, c'est dans un espace juridique, administratif et politique unifié que, commerçants, ouvriers, et fonctionnaires, se déplaçaient, ou étaient déplacés au sein du même Empire colonial français. Les manipulations politiciennes actuelles qui instrumentalisent les complexes et les préjugés tribalistes et ethniques sont proprement suicidaires en Côte d'Ivoire plus que partout ailleurs en Afrique de l'Ouest. Ce sont les capitaux français, la force de travail Ouest-africaine (toutes tribus et ethnies confondues) et les terres fertiles qui ont construit cet espace de prospérité relative, baptisé Côte d'Ivoire. Ce qui apparaît aujourd'hui comme la racine du mal (la lecture et l'interprétation des statistiques sur le nombre et le pourcentage des étrangers) aux yeux des théoriciens de « l'ivoirité », peut et doit, dialectiquement, servir de rampe de lancement pour reconstruire une nouvelle identité, et renégocier un nouveau « contrat social ». Il est heureux de constater ici, comme en République Démocratique du Congo (ex-Zaïre), qu'aucune des formations politiques, aucune des rebellions armées, ne prône la partition et la division du territoire de la Côte d'Ivoire. C'est dire qu'il existe une volonté de vivre ensemble. Malgré les exactions, les crimes et les expropriations, il est évident que la grande majorité des « étrangers » a choisi de rester, de vivre ou mourir en Côte d'Ivoire.

Il reste donc à rechercher et à trouver « le plus petit commun dénominateur » qui permet à chacun et à tous de trouver son compte dans un même cadre institutionnel, juridique et politique.

Au-delà des surenchères actuelles concernant les compositions des équipes gouvernementales, l'esprit et la lettre des accords de Linas Marcoussis sont inattaquables sur le fond. Il n'existe pas d'autres issues pour éviter la partition, les affrontements militaires, les crimes, les assassinats, les humiliations, les haines et les désirs de vengeance.

Encore une fois, les leçons de l'Histoire sont là, pour nous convaincre, que les guerres les plus longues et les plus meurtrières se terminent toujours sur une table de négociation. Les conflits armés qui se déroulent actuellement sur le continent africain consacrent peut-être, la fin des « mauvaises décolonisations » et le début de la renaissance africaine. Reprendre l'initiative historique et se reconstruire une identité propre comme le dirait Théophile Obenga (1990) sont des exigences incontournables pour imposer l'Afrique comme un acteur et non plus sujet, comme un partenaire respecté et respectable sur la scène politique du XXIe siècle.

Notes

1. Ce terme a été utilisé par le Président Sékou Touré de la Guinée lors d'une polémique publique (radiodiffusée) entre lui et Houphouët, par Maurice Yaméogo interposé.
2. L'auteur de ces lignes était Ministre des Relations Extérieures et de la Coopération pendant deux ans (1984-1986) et a conduit ces missions à Abidjan.
3. Cf. Film documentaire du sociologue belge Benoît Schewer, consacré à la mise en œuvre pratique de la théorie de l'Ivoirité au quotidien dans les quartiers populaires des villes et les villages de Côte d'Ivoire.
4. C'est le terme que continue à employer le « petit peuple » au Congo (Brazzaville et Kinshasa) et au Gabon pour désigner leurs frères de l'Ouest africain.

Références

Amin, S., 1967, « Côte d'Ivoire: Valeur et limites d'une expérience », *Jeune Afrique,* n°351 du 1 octobre.

Bâ, A. A., 1996, *Oui mon commandant,* Paris: Actes Sud Babel.

Balima, S.-A., 1996, *Légendes et histoire des peuples du Burkina Faso,* Paris: L'Harmattan.

Bédié, K., H., 1999, *Les chemins de ma vie,* Paris: Plon.

ETHICS, n° 001. octobre 1996. L'ivoirité. Abidjan: Éditions Presses Universitaires de Côte d'Ivoire. BP. V 34.

Guirma, F., 1991, *Comment perdre le pouvoir? Le cas de Maurice Yaméogo*, Paris: Éditions Chaka.
Guissou, B., 1995, *Burkina Faso: un espoir en Afrique*. Paris: L'Harmattan.
Lamizana, S., 1999, *Mémoires* (2 tomes), Paris: Jaguar Conseil.
Mesmer, P., 1998, *Les blancs s'en vont*, Paris: Albin Michel.
Obenga, T., 1990, *La philosophie africaine de la période pharaonique (2780–330 avant notre ère)*, Paris: L'Harmattan.
Obenga, T., 1996, *Cheickh Anta Diop, Volney et le Sphinx*, Paris: Présence Africaine/Khepera.
Oyono, F., 1956, *Une vie de boy*, Paris: Julliard.
Sankara, T., 1983, Discours d'orientation politique. Imprimé en République Démocratique et Populaire de Corée (Corée du Nord), speech delivered 2 October (published in *Journal of Communist Studies*, 1 (3-4), 1986, pp. 145-166).
Turcotte, D., 1983, *Lois, règlements et textes administratifs sur l'usage des langues en Afrique occidentale française (1826-1959)*, Les presses de l'Université Laval, p. 117.

3

« Je suis un Sidibé de Tiémélékro[1] ». L'acquisition de la nationalité ivoirienne à titre originaire: critère juridique ou critère anthropologique ?

Epiphane Zoro

La gestion de la question de la nationalité en Côte d'ivoire a des enjeux politiques importants, au-delà des considérations économiques, sociales ou culturelles qu'une telle problématique peut susciter. Une meilleure appréhension de cette passion politique autour de la nationalité passe néanmoins par une prise en compte des difficultés économiques et sociales liées à la cohabitation de l'Ivoirien et de l'étranger. En ce domaine les chiffres nous semblent plus éloquents que tout discours.

La Côte d'Ivoire est un pôle d'immigration en Afrique occidentale et tient une place identique tant au plan démographique qu'au plan économique à celle occupée par l'Afrique du Sud en Afrique septentrionale. Il s'infère du recensement générale de la population de 1998 que la Côte d'Ivoire compte 4 millions d'étrangers sur les 15,4 millions d'habitants que constitue sa population, soit un taux de 26% d'étrangers, le plus élevé au monde. Cette population étrangère représentait en 1988, 32% de la population active, un pourcentage fort élevé, inimaginable ailleurs en Afrique. Notons toutefois que 41% de ces étrangers sont nés en Côte d'Ivoire et que 47% de ceux qui sont nés en dehors du pays y ont plus de 10 années de résidence. La politique de naturalisation pour sa part reste extrêmement restrictive: 88 000 naturalisés depuis l'indépendance en 1960 (Cf. *La Côte d'Ivoire à l'aube du XXIe siècle, défi démographique et développement durable* 2001).

L'importante présence étrangère en Côte d'Ivoire trouve son origine dans la colonisation et dans la volonté du colonisateur de développer sur ce territoire des cultures d'exportation notamment la café et le cacao, mais aussi de réaliser des infrastructures en matière de travaux publics afin de faire de cette colonie sa vitrine en Afrique de l'Ouest du point de vue de la modernité. Une importation massive de main-d'œuvre en provenance de la sous-région, surtout de la colonie voisine de la Haute-Volta sera organisée à cet effet. Une telle circonstance explique le fait que 51% des étrangers recensés soient originaires du Burkina-Faso. Il convient toutefois de noter qu'à cette époque coloniale, en tout cas de 1932 à 1947, une large partie de l'ex-Haute-Volta (actuel Burkina-Faso) formait avec la Côte d'Ivoire une seule et même colonie.

Le choix du libéralisme économique opéré par le président Houphouët-Boigny[2] après la décolonisation a aidé à perpétuer l'initiative coloniale d'importation de la main-d'œuvre étrangère, la Côte d'Ivoire constituant de toutes les façons pour de nombreux ressortissants des pays voisins moins favorisés économiquement une espèce d'eldorado.

À l'accession de la colonie ivoirienne à l'indépendance, va se poser le problème du critère de définition d'une nationalité ivoirienne. Entre les deux régimes du droit du sang et du droit du sol, le choix n'est pas simple. Du point de vue de l'idéologie de l'immigration, « le droit du sang prédomine dans les pays d'émigration qui souhaitent maintenir des liens d'allégeance avec leurs expatriés […] Le droit du sol (par contre) prédomine dans les pays d'établissement » (*La Côte d'Ivoire à l'aube du XXIe siècle, défi démographique et développement durable*, op. cit.). La Côte d'Ivoire ne semble répondre à aucun de ces schémas. L'important flux d'immigration qu'elle a connu longtemps avant et bien après l'indépendance ainsi que nous l'avons vu plus haut, aurait pourtant dû faire d'elle un pays d'établissement. Il appert plutôt du code de la nationalité que le législateur a opté pour un droit du sang légèrement aimanté par un droit du sol. En effet les étrangers qui résidaient sur le territoire ivoirien avant 1960 avaient la faculté de bénéficier de la nationalité ivoirienne par voie de déclaration judiciaire jusqu'à la réforme législative de 1972.

Le choix du droit du sang dès l'indépendance supposait la détermination préalable des composantes de la nation ivoirienne. Car de ces composantes, découle la distinction entre nationaux et étrangers. Peut être est-il important de dire ce qu'est une nation avant tout ?

De la Nation, nous retiendrons cette définition due à la plume savante d'André Hauriou: « On entend généralement par Nation un groupement humain dans lequel les individus se sentent unis les uns aux autres par des liens à la fois matériels et spirituels et se conçoivent comme différents des individus qui composent les autres groupements nationaux ». Et l'auteur de poursuivre: « Normalement la Nation est antérieure à l'État... Mais il peut arriver, il est arrivé, il arrivera que la naissance de l'État précède la formation de la nation, que l'État soit antérieur à la Nation et même qu'au fond il l'engendre, plus ou moins artificiellement, plus ou moins par la force brutale ».

A-t-il existé un Nation ivoirienne post-coloniale ? Si la Nation est caractérisée par ce lien matériel et immatériel entre groupement humain tel qu'il résulte de la définition d'André Hauriou, si elle se traduit par « le plébiscite quotidien du vouloir-vivre collectif » cher à Renan, il est aisé d'admettre qu'il est vain de rechercher, même l'embryon d'une conscience nationale ivoirienne dans la période post-coloniale. La colonisation, de façon brutale et artificielle, a sans conteste posé les jalons de la collectivité humaine que l'on pourrait appeler Nation ivoirienne. Mais de quelle population cette Nation est-elle faite ? Certains auteurs tels Niangoran Boua[3] soutiennent que la Nation ivoirienne est à rechercher dans les différentes tribus ancestrales qui occupaient avant la pénétration coloniale les limites du territoire telles que fixées par le colonisateur. C'est la théorie des tribus fondatrices. Mais fondatrice de quoi ? De la Côte d'Ivoire ? Certainement pas, dans la mesure où avant la colonisation ces tribus n'entretenaient guère commerce entre elles et s'ignoraient même mutuellement. Ce serait donc discourir en pure perte que de vouloir démontrer l'impertinence de cette approche anthropologique. Mais nous y reviendrons.

La colonisation a créé la colonie de Côte d'Ivoire au sein d'un espace plus vaste, l'Afrique Occidentale Française. La viabilité de la colonie ivoirienne et sa croissance ne fût possible que grâce aux apports humains et en force de travail de certains ressortissants des autres territoires de l'AOF qui ont, avec les autochtones de la colonie ivoirienne, partagé les mêmes souffrances, les mêmes attentes et les même espoirs pendant tout le siècle qu'a duré la colonisation. La communauté de vie et la communauté de destin étaient alors réelles. Sans aucune distinction liée au statut, l'ensemble de la population vivant sur ce territoire faisaient partie du même corps politique et avaient en commun, tantôt la qualité de sujet, tantôt celle de citoyen français. Une anecdote que nous devons à un diplomate burkinabé étaye la justesse de ces propos: Dans les années 80, Thomas Sankara président de la Haute-Volta désormais Burkina Faso, émet le projet de matérialiser la frontière ivoiro-burkinabè. Houphouët-Boigny, approché dans le cadre de ce projet par des émissaires de son homologue burkinabè s'offusque d'une telle entreprise qui à ses yeux allait à contre-courant de l'histoire commune à ces deux peuples. Et de leur rappeler que lui même a siégé au Parlement français en qualité de député de Bobo Dioulasso aujourd'hui capitale économique du Burkina Faso. Pour le sage de Yamoussoukro, il n'était donc pas question d'effacer pour des motifs relevant de la politique politicienne ce riche passé commun, aussi bien historique que culturel.

L'histoire voudrait en voie de conséquence que la Nation ivoirienne soit constituée non seulement de ceux que nous pouvons qualifier d'autochtones, c'est-à-dire appartenant aux membres des différentes tribus éparses peuplant le territoire avant la pénétration coloniale – période marquée par une inexistence du « vouloir vivre collectif » – mais aussi de ceux qui aux côtés de ceux-là, ont vécu l'entreprise coloniale, de tous ceux qui à travers champs et chantiers, à travers luttes héroïques de résistance et construction d'un corps politique ont répandu sueur et sang pour que la Côte d'Ivoire soit. De ce point de vue, l'histoire de la Côte d'Ivoire se rapproche davantage de celle des États-Unis ou du Canada. Mais les politiques ivoiriens veulent-ils seulement suivre le sens de l'histoire ?

Le caractère assez restrictif des critères d'accession à la nationalité ivoirienne de façon originaire, réservée sinon en droit du moins en fait aux seuls autochtones, a conduit le gouvernement ivoirien une décennie après l'indépendance à soumettre au parlement un projet de loi instituant une double nationalité en faveur « des frères » de la CEDEAO résidant en Côte d'Ivoire. Le projet malheureusement n'emportera pas l'adhésion des députés.

Le président Houphouët-Boigny, comme succédané au rejet de ce projet avait maintenu le principe de la participation des étrangers aux scrutins politiques ivoiriens. Le problème de la distinction des étrangers des ivoiriens ne se posait donc pas en pratique, dans la mesure où les uns et les autres avaient les mêmes droits... politiques.

Puis vint le multipartisme en 1990 et le discours nationaliste du FPI[4] dénonçant aussi bien la mainmise des non-nationaux sur l'économie ivoirienne à travers la politique de privatisation entreprise à l'époque par le gouvernement, que cette ingérence de l'étranger dans un domaine qui devrait par excellence relever des prérogatives exclusives des citoyens ivoiriens: le droit de vote. Cet « impair » sera très vite réparé et Houphouët retirera aux étrangers ce privilège électoral.

Dès lors, la nécessité de distinguer les nationaux des non-nationaux va s'imposer, car l'enjeu politique est désormais réel. L'instauration d'une carte de séjour pour les étrangers répondait à cet impératif, au-delà des motivations sécuritaires avancées pour justifier cette nouvelle mesure d'identification.

Depuis, le débat sur la nationalité ivoirienne se pose de façon récurrente notamment du point de vue du droit de vote, et ce, à l'approche ou dans la perspective des élections générales. Vu sous cet angle, Houphouët-Boigny avait trouvé une solution caractéristique de son système politique: si les étrangers ne peuvent plus voter, il faut faire d'eux des ivoiriens qu'on qualifierait d'ad hoc, c'est-à-dire ayant acquis cette nationalité en marge et au mépris des règles de procédure, et uniquement pour les besoins électoraux. Il aurait ainsi posé le premier jalon de la fameuse théorie des « ivoiriens de circonstances ». Nos préfets et sous-préfets se souviennent sans doute encore de cette époque où leurs tâches principales pendant les campagnes électorales consistaient en la confection massive de cartes d'identité ivoirienne au profit de ceux des étrangers dont le pouvoir était assuré à l'avance des voix.

Voilà née une pratique qui viendra en rajouter à la complexité de la donne. À la distinction entre ivoirien et non ivoirien, qui n'est somme toute pas juridiquement évidente ainsi que nous le verrons, vient s'ajouter celle à établir entre les vraies cartes nationales d'identité et les fausses ou vraie- fausses cartes. À la dernière difficulté, une solution technique est mise en place: l'instauration des cartes d'identité dites sécurisées ou infalsifiables.

Reste donc à déterminer qui est ivoirien et qui ne l'est pas. La réponse à cette question apparemment simpliste ne va pas de soi comme on l'imagine assez souvent.

Tiémélékro, 1999. Nous faisons partie de l'équipe chargée de l'établissement des cartes nationales d'identité dans le cadre des audiences foraines initiées par le gouvernement sous la pression de l'opposition, en particulier du FPI. En tant que magistrat, nous avions pour rôle de vérifier l'origine ivoirienne des pétitionnaires afin de leur délivrer dans l'affirmative, un certificat de nationalité. Installé donc derrière un bureau de fortune, nous commençons à recevoir les requérants:

- « *Quels sont vos noms, prénoms, date et lieux de naissance ?* »

- « *Je m'appelle Yao Kouassi Clément, né en 1973 à Tiémélékro* ». Me répond le premier à qui je m'adresse.
- « *Quels sont les dates et lieux de naissance de vos père et mère ?* »
- « *Mon père est né en 1930 et ma mère en 1940, tous deux à Tiémélékro.* »

Après cet entretien nous lui délivrons sans hésiter le certificat sollicité, sa nationalité ivoirienne nous ayant paru sans conteste établie. Nous nous adressons donc au pétitionnaire suivant. Sur notre interpellation il nous décline son identité:

- « *Je me nomme Abou Sidibé, né en 1973 à Tiémélékro. Mes père et mère sont respectivement nés en 1930 et 1940 tous deux à Tiémélékro.* »

Pour ce pétitionnaire nous sommes gagnés par le doute et il nous faut aller plus loin.
- « *D'où sont venus tes grands-parents avant de s'installer à Tiémélékro ?* »
- « *Je n'en ai aucune idée, nous répond-il quelque peu embarrassé. Je sais que mes grands-parents, commerçants, sont nés dans les années 1910 et 1915 dans la région de Bongouanou. Et je me suis toujours considéré comme originaire de cette région.* »

Nous lui notifions à son grand désarroi notre refus de lui délivrer le certificat de nationalité parce que selon notre entendement, des Sidibé ne sauraient être considérés comme originaires de Bongouanou ou Tiémélékro. « *Tiémélékro, c'est chez les Kouadio, N'guessan, Koffi, Aboh… Vas chercher ton village !* » Pourrait-on lui demander. Il ne s'agit guère ici de village natal, mais bien de village…ancestral.

Ce récit, bien entendu totalement imaginaire, traduit une réalité quotidienne pour de nombreux ivoiriennes et ivoiriens, et nous sommes persuadés que beaucoup y retrouveront leurs histoires individuelles, marquées d'indescriptibles frustrations.

Quels critères le législateur a-t-il mis en avant pour déterminer l'attribution de la nationalité ivoirienne à titre de nationalité d'origine ? m'avait demandé une amie mienne, qui ne s'expliquait pas les tracasseries et humiliations qu'elle a dû subir pour se faire délivrer à la Direction Nationale de la Police un passeport.

- « *Mais les choses sont très simples, lui ai-je répondu avec cet air du juriste convaincu de son fait. La réponse à ta question se trouve aux articles 6 et 7 du code de la nationalité. Est ivoirien (d'origine) dit l'article 6:*

   1- L'enfant légitime ou légitimé, né en Côte d'Ivoire, sauf si ces deux parents sont étrangers;
   2- L'enfant né hors mariage, en Côte d'Ivoire, sauf si sa filiation est légalement établie à l'égard de ses deux parents étrangers ou d'un seul parent également étranger.

L'article 7 pour sa part dispose qu'est ivoirien (d'origine):
   1- L'enfant légitime ou légitimé, né à l'étranger d'un parent ivoirien;
   2- *L'enfant né hors mariage, à l'étranger, dont la filiation est légalement établie à l'égard d'un parent ivoirien* ».

Je n'ai jamais compris les raisons de l'énoncé inutilement rébarbatif de ces dispositions. Toute cette phraséologie pour simplement dire *qu'est ivoirien l'enfant né en Côte d'Ivoire ou à l'étranger d'au moins un parent ivoirien*. Il n'y a donc qu'à prouver que l'un des parents est ivoirien pour établir la nationalité ivoirienne de l'enfant à titre de nationalité d'origine.

Pour me convaincre de m'être bien fait comprendre par cette « apprentie juriste » qui semble attacher un très grand intérêt à la question, je prends le risque d'illustrer mes propos.

- « *Je suis ivoirien, né en 1968, de parents ivoiriens. Mon fils Israël, né en 1997 est donc ivoirien d'origine.* »

Sceptique, elle enchaîne par une autre question:

- « *De quelle entité juridique dépend la nationalité ?* »
- « *De l'État, naturellement* » lui répondis-je sans trop savoir où elle voulait en venir.

Cette fois, elle prend l'air d'avoir le dessus et poursuit:

- « *La naissance de l'État de Côte de D'Ivoire a été officiellement scellée le 7 août 1960, date de son indépendance de la France. Il s'ensuit donc que la nationalité subséquente ne saurait évidemment préexister à cette date. Est ce bien exact ?* »
- « *Je le crois.* »
- « *S'il en est ainsi*, achève-t-elle, *quelle est la disposition du code de nationalité qui règle alors la question de la nationalité ivoirienne de tes parents qui sont nés avant 1960, donc bien avant l'existence d'une nationalité dont ils se réclament aujourd'hui ?* »

Le raisonnement on ne peut plus rigoureux de mon « apprentie juriste » me conduit à réaliser que le code de la nationalité garde le silence sur cette question fondamentale: « comment a été réglée au plan du droit la question de la nationalité des personnes habitants ce territoire colonial appelé Côte d'Ivoire au moment de son accession à l'indépendance ? »

Le code de la nationalité de 1961 toujours en vigueur parle d'ivoiriens et d'étrangers sans dire le critère juridique permettant d'identifier les uns et les autres... au départ.

Face au silence de la loi, chacun y va de sa méthode. Tandis que certains se proposent d'établir la nationalité ivoirienne de leurs parents nés avant 1960 par des déclarations sur l'honneur, d'autres produisent des *arbres généalogiques* pour apporter la preuve de leur souche ivoirienne. Le Général Guéi n'avait peut-être pas si tort![5]

Le professeur Niangoran Boua avait eu l'ingénieuse idée de tenter de combler ce vide juridique par des arguments anthropologiques. Il soutenait que la Côte d'Ivoire n'étant pas un no man's land avant la colonisation, la détermination de l'Ivoirien d'origine devait se faire par un recours à l'appartenance à l'une ou l'autre des tribus originairement installées sur ce territoire qui sera plus tard baptisé Côte d'Ivoire. Il s'agit là d'un argument spécieux qui méconnaît gravement les exigences de l'État moderne tel qu'hérité de la colonisation. D'une part, les tribus en question ne constituaient pas une entité homogène et aucun sentiment national ne les unissait entre elles. Chacune vivait repliée sur elle-même dans une attitude de méfiance et de rejet de l'autre. En outre les populations de ces tribus occupaient des aires géographiques qui transcendent pour la plupart les frontières nationales actuelles. On le voit, la théorie des tribus « fondatrices » ne saurait servir de base à la détermination de la nationalité ivoirienne.

La référence à la tribu recèle également un risque majeur, celui de renforcer la tribalisation de la vie politique et d'accentuer le repli communautaire au détriment des valeurs de la République, proclamée comme une et indivisible par la loi fondamentale. Si je dois ma nationalité d'origine avant tout à mon appartenance à la sous-tribu Gouro, je ferai naturellement passer les intérêts de ma tribu avant ceux de la nation, Koblata, le village de mes ancêtres d'abord, la Côte d'Ivoire ensuite. L'on ne devrait donc pas en vouloir ni à Houphouët-Boigny qui s'est fait maître d'un développement déséquilibré au profit de son village, Yamoussoukro, ni à Konan Bédié[6] pour qui Daoukro et ses environs a été une priorité. Que devient la Côte d'Ivoire dans tout cela ? Rien qu'un rassemblement hétéroclite de plusieurs tribus, évoluant chacune de son côté !

Pendant la transition militaire en 2000, Madeleine Tchikaya[7] avait proposé que chaque ivoirien aille se faire identifier dans son village. L'on avait cru à une grosse farce, que non ! Il faut bien préciser qu'elle ne faisait pas ici allusion au village natal. On peut se nommer Sidibé et être né à Tiémélékro parce que ses ascendants y sont installés depuis plusieurs générations. La proposition Tchikaya impose plutôt à celui qui revendique la nationalité ivoirienne, d'aller se faire recenser dans son village ancestral. Il est très clairement ici question de la recherche d'une race d'ivoiriens de souche, d'ivoiriens purs.

Nous connaissons à Grand Bassam[8] une famille dont les ascendants sont venus du Nigeria dans la période de l'installation des comptoirs portugais et espagnols sur les côtes bassamoises dans les années 1700-1800. Dans la perspective de l'application de cette mesure, l'on priera cette famille d'aller à la recherche de ses origines ancestrales ailleurs, car Grand Bassam appartiendrait historiquement aux peuples Ahizi ou Abouré. Et là encore, il faut se demander de quelle Grand Bassam il s'agit: la ville qui s'offre à nous aujourd'hui et dont le développement s'est amorcé progressivement à partir de la pénétration sur ses côtes des explorateurs portugais, espagnols et ensuite français, ou de ces petits hameaux de pêcheurs disséminés ici et là, ce qui n'était même pas encore en fait Grand Bassam. Grand Bassam existe telle quelle à ce jour parce que des « gens venus d'ailleurs », installés là depuis plusieurs générations ont contribué à sa création. L'histoire est dynamique et évolutive. Pourquoi Grand Bassam ne serait-elle pas tout aussi la ville de ces Haoussa venus du Nigeria ?

Le projet Tchikaya a été décrié. D'aucuns y ont vu l'expression d'un fantasme de pureté identitaire. Ses initiateurs l'ont rangé sans autre forme de procédure. Il faut éviter de passer pour être des ultranationalistes, l'opinion publique est en éveil.

Aujourd'hui le calme est revenu au plan politique. Le pouvoir en place commence à prendre confiance en ces assises. Le spectre des troubles quasi insurrectionnels est bien loin. Le projet peut revivre. L'Office National d'Identification (ONI) va s'en charger. Désormais toute personne désireuse d'obtenir une carte d'identité nationale est priée d'aller dans son village, au sens de l'origine tribale. Il est vrai qu'une mesure d'assouplissement a été adoptée: il n'appartiendra plus au requerrant d'effectuer lui-même le déplacement sur la terre de ses ancêtres, les fonctionnaires de l'ONI le feront pour son compte. La théorie des tribus fondatrices a désormais une âme et un corps et à travers cette consécration administrative, elle peut agir.

Nous entendons dire que « Adjamé c'est chez les Ebrié, Gagnoa chez les Bété, Korhogo chez les Sénoufo »[9] et ainsi de suite. Chaque membre de ce groupe ethnique est donc invité à aller se faire identifier « chez lui. » Mais quand est-ce que nous allons bâtir cette Côte d'Ivoire une et indivisible, qui tienne compte des mouvements historiques, des flux migratoires, et où chacun se sent chez soi dans n'importe quelle partie du territoire ?

Qui est ivoirien à l'origine, c'est-à-dire à l'indépendance de la Côte d'Ivoire ? Le code de nationalité de 1961 nous répond: celui dont au moins l'un des parents est ivoirien. Mais comment peut-on déterminer que ce parent est ivoirien, quand on sait que cette nationalité n'existait pas avant 1960 ? La loi demeure silencieuse sur cette question, à la grande joie des ultra-nationalistes.

Le problème que nous évoquons n'est certainement pas spécifique à la Côte d'Ivoire. La plupart des États africains nouvellement indépendants n'ont pas pris le soin de fixer les critères permettant de déterminer la nationalité originaire de leurs ressortissants. Il n'est donc pas surprenant de constater que les conflits qui ont déchiré le continent ces dix dernières années aient pour origine des crises identitaires. Liberia, Sierra Leone, Burundi, Rwanda, République Démocratique du Congo, Guinée et ... Côte d'Ivoire.

À défaut d'un critère juridique initial, certains vont jusqu'à revendiquer le droit du premier occupant !

Si le critère retenu par la Côte d'Ivoire pour l'attribution de la nationalité à titre originaire est celle relative aux grandes tribus fondatrices ainsi que la pratique le laisse voir, il y a lieu de le préciser clairement dans le code de la nationalité en listant les tribus ou les ethnies dont les membres sont originairement ivoiriens. Si le nom a une incidence sur la nationalité originaire, il faudra établir un catalogue de patronymes typiquement ivoiriens. Ces mesures éviteraient les frustrations et incompréhensions inutiles, les administrés sachant à l'avance les règles applicables. L'État de droit, n'est-ce pas aussi la prévisibilité des règles applicables ? En plus cela sera plus honnête, car ces mesures traduiraient ainsi sans ambiguïté un choix politique déjà affiché. Seulement, nous ne sommes pas convaincus que le pouvoir irait jusqu'à ces extrêmes.

Déterminer la nationalité d'origine uniquement sur une base tribale et ethnique comme cela semble le cas aujourd'hui, c'est nier la dynamique historique des peuples, c'est faire le lit de l'ethnocentrisme, c'est travailler contre l'émergence d'un sentiment d'unité nationale.

Nous le constatons, le vide laissé par le code de la nationalité est en train d'être comblé par le fantasme de la pureté identitaire. La race aryenne de l'Allemagne nazie, qui s'en souvient encore... ?

Comment les vieux pays occidentaux ont-ils réglé cette question de la nationalité au moment de leur accession à la souveraineté ? La Belgique existe en tant qu'État souverain depuis 1830. Le premier critère, logique du reste, qui fût d'abord utilisé était celui lié au droit du sol. Est belge, celui qui se trouvait là, sur le territoire de la Belgique au moment de son indépendance. Il n'était pas question de déterminer à quelle « grande famille » Pierre ou Paul appartenait avant de le reconnaître comme national belge. Ce fût donc d'abord l'application du droit du sol, puis à partir de ses premiers belges, le droit du sang et né. Il en a été ainsi en France, après la Révolution de 1789. Était français, celui qui faisait alors allégeance à la couronne.

Ainsi les Emmanuelli, Labertti, Du Ripo, sont français et belge bien que de souche italienne. Imaginez un seul instant qu'on leur demande d'aller se faire établir leurs pièces d'identité dans « leurs villages », au sens ivoiritaire de l'expression !

Le problème du critère de détermination de la nationalité ivoirienne à titre originaire a un enjeu fondamental: de lui, dépend l'émergence d'un sentiment d'unité national indispensable au développement démocratique. La question identitaire est une question sensible. Elle mérite par conséquent d'être traité en raison pure, purgée de toute passion et de tout calcul politicien. La paix sociale et l'avenir de la nation sont à ce prix.

Notes

1. « Sidibé » est un patronyme du nord de la Côte d'Ivoire alors que « Tiémélékro » est un village du centre du pays.
2. Félix Houphouet Boigny, Président de la République de Côte d'Ivoire, de 1960 à sa mort en 1993. Son règne s'est caractérisé par l'ouverture du pays sur l'extérieur, ce qui donna à la Côte d'Ivoire sa relative prospérité.
3. Niangoran Boua est anthropologue et fût Directeur de publication de la revue *Racines*, une revue scientifique destinée à promouvoir la préférence nationale.
4. Front Populaire Ivoirien, parti aujourd'hui au pouvoir, se réclamant de la gauche.
5. La Constitution Ivoirienne impose que les candidats aux élections présidentielles soient nés ivoiriens, de parents eux-mêmes ivoiriens d'origine. L'application d'une telle disposition ne va pas sans difficulté quand on sait par ailleurs que le candidat doit être âgé de plus de 45 ans et que la Côte d'Ivoire n'existe en tant qu'État souverain que depuis 1960. Alors comment prouver que des personnes nées avant cette date sont ivoiriennes d'origine ? Face au silence de la loi sur cette question, certains candidats ont produit des déclarations sur l'honneur pour prouver l'origine ivoirienne de leurs parents tandis que d'autres ont versé à leurs dossiers de candidature un arbre généalogique.
6. Henri Konan Bédié a été le successeur d'Houphouët. Il est l'auteur de la théorie de l' « ivoirité » qu'il a lui-même qualifié de « nouveau contrat social ». Cette théorie visait à renforcer la sentiment nationaliste.
7. Ex-Ministre de la promotion de la femme, Tchikaya s'est fait appeler par une partie de la presse ivoirienne « la Le Pen des tropiques » pour les idées nationalistes qu'elle soutenait au sein de la commission chargée de la rédaction de nouvelles mesures d'identification en 2000.
8. Grand Bassam est une ville côtière du sud de la Côte d'Ivoire. Petit village de pêcheur avant la colonisation, son développement s'est amorcé à partir de l'installation des comptoirs commerciaux par les explorateurs portugais et les colons français. Elle fût la première capitale de la Côte d'Ivoire.
9. Adjamé, commune d'Abidjan au sud de la Côte d'Ivoire. Gagnoa est une ville de l'ouest tandis que Korhogo est située au nord.

Référence

Tapinos Georges Photios, Hugon Philippe et Vimard Patrice (eds.), 2002, *La Côte d'Ivoire à l'aube du XXIe siècle. Défis démographiques et développement durable*, « Hommes et société », Paris: Karthala, 498 pages, 30.

4

Enjeux de développement économique et social et nouveaux compromis sociaux: pré-conditions à la stabilisation des conflits en Afrique

Réflexions sur la crise en Côte d'Ivoire

Bonnie Campbell

Introduction

Il est devenu courant depuis le 11 septembre 2001 dans nos médias, dans nos analyses académiques et surtout dans les stratégies que poursuivent les puissances occidentales, de mettre l'emphase sur l'identification d'éléments perturbateurs, responsables de la déstabilisation et de l'insécurité. Bien que ce type de phénomène représente effectivement un niveau de la réalité, j'aimerais faire un parallèle entre cette tendance et la mise en garde récente de Hans Blix, l'ex-chef des inspecteurs en désarmement de l'ONU, sur la recherche d'armes de destruction massive:

« Au Moyen Âge déjà, quand les gens étaient convaincus qu'il y avait des sorcières, il les cherchaient et les trouvaient » (Cité dans *Le Devoir*, Montréal, le 19 septembre 2003, page A5.).

Concernant l'Afrique, le focus sur des facteurs, agents et phénomènes problématiques internes – les rebelles, les bandits, les guerres dites intra étatiques, les clivages ethniques, bien que représentant une lecture qui renvoie à des éléments bien réels, est parfois fort utile. L'élément perturbateur est nommé et trop souvent le tour est joué – disparaît la nécessité de s'interroger sur l'environnement politique et économique plus vaste.

Mieux encore, une telle approche permet de passer sous silence le rôle et les responsabilités des acteurs qui introduisent les mesures et établissent les règles qui régissent l'environnement politique et économique.

Les causes des crises sont fort complexes, loin de moi de chercher à le nier. Ces crises sont le résultat de nombreux facteurs sociaux, politiques et économiques de longue durée, auxquelles contribue également l'interface avec des acteurs externes. Et puisque nous sommes ici pour réfléchir sur nos pratiques et nos positionnements face à ce qui se passe, il faut réfléchir sur notre capacité d'influer sur les stratégies et l'environnement qui contribuent à générer les crises mais aussi qui peuvent contribuer à leur prévention et à faciliter leur solution.

Pour aborder ce thème très vaste et complexe, ce que je fais avec modestie, je vais faire référence à l'expérience de la Côte d'Ivoire. Mais avant, afin d'illustrer que certaines des caractéristiques de l'expérience ivoirienne ont une résonance beaucoup plus large, je voudrais partager les dernières phrases de la conclusion d'une thèse doctorale récente sur la participation populaire au génocide au Rwanda.

« Les conflits localisés meurtriers centrés sur la question de la terre sont nombreux et se multiplient sur le continent, depuis la Mauritanie en passant par la Côte d'Ivoire, le Nigeria, le Kenya, le Zimbabwe, la République démocratique du Congo, le Burundi et peut-être demain l'Afrique du Sud, pour ne citer que ceux-là. La question du potentiel de violence induit par l'inadéquation croissante entre les ressources environnementales, organisationnelles et l'importance croissante des populations africaines devrait être une source de préoccupation primordiale pour les intellectuels et décideurs africains ainsi que pour tous ceux qui oeuvrent pour le mieux-être du continent » (Kimonyo 2003:586).

La situation de violence qui caractérise la Côte d'Ivoire est l'expression d'un ensemble complexe de facteurs qui peuvent être analysés à différents niveaux et à partir de perspectives complémentaires. Bien que les dimensions politiques, identitaires et militaires de la crise soient les aspects les plus visibles et ceux sur lesquels les médias et initiatives diplomatiques ont attiré l'attention, le déroulement des événements en Côte d'Ivoire peut aussi être vu comme le résultat d'une crise sociale et économique très profonde qui à beaucoup d'égards était prévisible et qui pourrait bien s'étendre et éclore ailleurs en Afrique si elle n'est pas abordée dans ces termes. C'est sur certaines de ces dimensions sous-jacentes que ma contribution mettra l'emphase.

Afin de développer cette argumentation, je propose d'attirer l'attention sur l'importance des liens qui existent entre d'une part, la crise politique et militaire et le refaçonnement des espaces politiques et d'autre part, la manière selon laquelle les réformes économiques furent introduites au cours des vingt dernières années. Cette mise en perspective permet de faire ressortir les implications des mesures de libéralisation économique et de réformes institutionnelles sur les modes de régulation sociale et politique[1] existants et la redéfinition des pratiques et des espaces politiques.

Loin d'avoir contribué à un renouveau et à une redéfinition des modes existants, le processus d'ajustement semble avoir été tout à fait compatible avec leur continuation. De plus, la réduction de la marge des systèmes de patronage de l'État (de moins en moins d'argent à redistribuer ou de moyens pour « arroser ») devait contribuer à la réduction des bases internes de légitimité politique sans pour autant contribuer à la mise en place de systèmes alternatifs. Mais il y a plus que ces impacts sur les pratiques politiques ou modes de gouvernance antérieurs.

L'échec des programmes d'ajustement structurel, de plus en plus patent vers la fin des années 80, donnera lieu à l'introduction de réformes institutionnelles, appliquées durant les années 90. Plutôt que de chercher à remédier au caractère standard incomplet et inadéquat des mesures de libéralisation – [la priorité accordée au court terme tant pour les mesures d'ajustement financier que pour les réformes dites structurelles, notamment les privatisations, ce qui a débouché sur l'absence de résultats puisque les blocages structurels n'étaient pas abordés de front et la rapidité des mises en œuvre grevait les chances d'émergence de nouvelles régulations] – les mesures à partir des années 90 chercheront plutôt à faire plier les institutions locales pour mieux ancrer et légitimer les réformes économiques standards et inadaptées. Comment? En traitant les processus et enjeux politiques et sociaux comme s'il s'agissait avant tout de procédures essentiellement « techniques » qui relèvent de la bonne gestion administrative.

Le résultat sera de contribuer à la « dépolitisation » des processus politiques (Campbell 2001:119-149).[2] Ainsi, les choix de stratégies qui sortent d'une certaine rationalité financière et qui ne seraient pas « efficaces », ne seraient pas considérés comme « légitimes ». Ceci a comme conséquence de nier la légitimité de toute une série d'objectifs politiques - notamment ceux qui visent une plus grande redistribution sociale et à garantir l'accès à des services sociaux de base: l'eau, l'électricité, l'éducation et la santé, etc. Ces objectifs sont pourtant particulièrement cruciaux en période de transition comme en Côte d'Ivoire où il est important de promouvoir une plus grande cohésion sociale (Campbell 2001:155-176) ou, pour reprendre la phrase d'Abdoulaye Bathily, de « réinventer des principes intégrateurs ».[2] En d'autres termes, la manière dont les réformes ont été introduites a conditionné la façon dont les stratégies politiques pouvaient être formulées, l'espace ouvert pour la redéfinition, la réinvention des options, ou, si vous préférez, le champs du politique – du possible.

Dans ce sens, le processus de réforme a contribué à réduire l'espace politique qui aurait pu permettre de traiter les problèmes qui sont à l'origine de la crise, premièrement en sapant, avec le temps, toute forme de médiation, deuxièmement en prédéterminant les orientations de stratégies de développement finançables, et enfin, en remettant en cause les bases et formes de légitimité antérieures sans permettre le développement de nouvelles.

Loin de moi de chercher à suggérer que tout s'explique par le rôle qu'ont joué les institutions multilatérales de financement. Ma contribution ne fera que tenter d'attirer l'attention sur l'importance de la prise en compte du contexte plus vaste dans lequel se déroule l'expérience ivoirienne, en restituant brièvement la crise actuelle dans le cadre des programmes de relance économique et de réformes institutionnelles introduits au cours des deux dernières décennies.

Lorsque l'on s'intéresse aux conflits et à leur résolution, la question du choix de perspective de temps me paraît cruciale. Jusqu'où remonter ? Personnellement, je ne pense pas que l'on puisse faire l'économie de la longue durée.

En adoptant une telle perspective, et en remontant aux années 60-70, il est intéressant de rappeler que bien qu'il y ait eu de nombreux écrits sur le « miracle de croissance » ivoirien, rares sont les études, autres que celles de Samir Amin qui furent interdites en Côte d'Ivoire, qui cherchaient à scruter les conditions sur lesquelles reposait cette croissance. Encore plus rares sont les travaux qui ont tenté d'analyser sur quoi reposait la « stabilité politique » que l'on vantait à l'époque ou encore, le contexte plus global qui expliquait la spécificité de l'expérience ivoirienne.

En soulevant ces interrogations, il n'est pas question de nier la croissance[3] mais de questionner l'idéologie de la croissance: qu'est-ce qu'elle cachait ?

Pour développer mon argumentation, je vais procéder chronologiquement en rappelant très brièvement quelques grandes lignes de trois périodes:

1) Le « miracle ivoirien » des années 1960–70;
2) La période de l'ajustement structurel des années 1980 et 1990;
3) La période de transition politique à partir de la fin de 1999.

Mon objectif sera de tenter de démontrer que la crise actuelle est, entre autres choses, profondément ancrée dans la nature du processus de réforme introduit dans le pays au cours des deux dernières décennies, de l'effondrement du « modèle » économique précédent qui s'est traduit par l'aggravation d'une crise sociale et rurale très profonde.

L'analyse présentée interpelle les ONG sur plusieurs points. Car si des solutions politiques durables dépendent de l'émergence de nouveaux compromis sociaux permettant le refaçonnement de la cohésion sociale plutôt que le contraire, ceci implique une réflexion sur de nouvelles stratégies et de nouvelles pratiques de développement. Par opposition aux tendances des dernières années, ceci implique également la mise en œuvre de stratégies capables de renverser les tendances actuelles de marginalisation et d'exclusion sociale et plus fondamentalement, de contribuer à enrayer la grave crise rurale et sociale qui caractérise la Côte d'Ivoire et malheureusement bien d'autres pays d'Afrique.

Le « miracle ivoirien » des années 1960–70

En adoptant une perspective de longue durée, il est important de revenir sur les années 1960–70 non pas pour nier la « croissance », il n'en a jamais été question, mais pour suggérer l'importance de scruter de plus près les conditions sur lesquelles reposait la « stabilité politique » de l'époque – et les contradictions sous-jacentes à cette croissance. Mais avant il est important de rappeler très sommairement certaines caractéristiques de l'expérience post-indépendance de la Côte d'Ivoire et notamment trois piliers sur lesquels elle a reposé.

1. La prolongation de rapports politiques et économiques étroits et privilégiés avec l'ancienne métropole, comme en témoignent les droits de rapatriement de bénéfices à l'étranger, les forts pourcentages des importations et exportations concentrés sur la France, etc.

2. Le choix de baser l'économie ivoirienne sur la production de cultures pour l'exportation (bois jusqu'à épuisement de ce produit, cacao, café, ananas, coton, etc.), orientations introduites durant la colonisation à l'époque du travail forcé.
3. L'ouverture à l'immigration des pays voisins qui a fourni environ 80% de la main d'œuvre salariée du secteur de plantation. En retour de leur apport et pour encourager leur présence, le régime du premier Président Houphouët-Boigny (1960-1993) avait assuré à cette population accès aux services de santé et d'éducation, ainsi que le droit de vote et l'accès à la terre.

Rares sont les études de l'époque qui ont pointé certaines des contradictions sous-jacentes à la croissance de l'économie ivoirienne de cette époque et à ses limites éventuelles (Gouffern 1982). Une exception intéressante à cet égard fut l'étude commanditée par la Banque mondiale (Tuinder 1978) qui attirera l'attention sur les taux de croissance déclinant au début des années 70 – et à certaines contraintes du modèle, qu'elle identifia comme des « Up coming contraints » - et à partir desquelles le rapport recommandait: « The Need for Policy Change ».

L'expérience de l'ajustement des années 80-90

Ce qui est particulièrement frappant c'est de voir à quel point les différentes phases de l'ajustement en Côte d'Ivoire (phase standard 1981-87, les dimensions sociales, la phase dite nationale du début des années 90) n'ont pas réussi à aborder (parce que non conçues pour le faire) les causes à l'origine des déséquilibres structurels dont la crise fiscale de l'État et l'endettement ne furent que des manifestations. Aussi frappant est le fait que les PAS ne se soient pas attaqués aux contraintes identifiées par l'étude de 1978 commandée par la Banque mondiale – et notamment les inégalités croissantes entre régions, le poids de la dépendance sur des facteurs externes, l'importance des flux de capitaux vers l'étranger, la nécessité d'intensifier l'agriculture, de réinvestir dans le secteur des plantations, etc.

À bien des égards, loin d'apporter des éléments de solution sur le plan économique, à l'érosion et à l'essoufflement du modèle et à un dépassement de ses « limites », la manière dont l'ajustement fut introduit aura contribué à aggraver la crise en contribuant à un accroissement spectaculaire de la pauvreté avec une chute du revenu moyen par tête – qui sera divisé par plus de deux entre 1980 et 2000. La gravité des conséquences sociales de l'ajustement a attiré l'attention des analystes – parfois bien tardivement – et les réponses apportées se montreront à peine suffisantes pour mitiger les conséquences sociales de ces programmes sans jamais questionner la conceptualisation des mesures qui étaient certainement, au moins en partie, responsables du déchirement du tissu social.

Notons qu'encore moins d'attention fut accordée aux dimensions politiques des ajustements. Ceci surprend car dès les tous débuts, l'expérience d'ajustement ivoirienne a été un processus éminemment politique dans la mesure où ce processus a conditionné, comme il continue de le faire, les choix de stratégie ouverts au pays, les moyens de leur mise en œuvre, notamment les échéances et la manière dont ont été introduites les politiques de libéralisation et de privatisation (et dans ce cas, mauvaise préparation, absence de mesures d'accompagnement, etc.). Ultimement, par l'intermédiaire de ces stratégies qui étaient et sont en grande partie prédéterminées par les institutions multilatérales de financement, le processus d'ajustement et de libéralisation a conditionné les possibilités de prolongation ou de redéfinition des modes de régulation sociales, politiques et économiques qui caractérisent le pays depuis plus de vingt ans.

Il s'agit là de la toile de fond de la crise actuelle qu'il ne faut pas perdre de vue. Car il semble y avoir eu, durant les quinze premières années d'ajustement, une correspondance entre d'une part, les mesures proposées et la manière dont elles ont été mises en œuvre et, d'autre part, la capacité de ceux au pouvoir de les contourner et, par conséquent, de reproduire et de prolonger les formes antérieures de gestion politique et économique, malgré un rétrécissement des capacités de redistribution clientéliste.

Comme il est bien connu, malgré la compression drastique des budgets de l'État, notamment les budgets d'investissement public, la capacité de contournement et de conserver des circuits importants des finances publiques hors de la surveillance budgétaire furent des éléments centraux de l'expérience de l'ajustement en Côte d'Ivoire.

Il semblerait à cet égard que tout au long du processus d'ajustement, la direction politique du pays a dû faire face à un manque de marge de manœuvre qu'elle a néanmoins su tourner à son avantage et qui a conditionné le processus lui-même. Si l'hypothèse de la prolongation d'un mode de régulation politique spécifique basé sur une redistribution sélective est correcte, elle contribuerait non seulement à expliquer de façon plus satisfaisante le « retard » de l'ajustement ivoirien critiqué par les bailleurs étrangers, mais aussi certaines des caractéristiques propres à ce processus qui ont trop souvent été assimilées à des distorsions, des dysfonctionnements ou des pathologies. À titre d'illustration, on pourrait mentionner la sélectivité avec laquelle les réformes d'austérité ont été introduites au cours des quinze premières années d'ajustement de façon à laisser non budgétisés certains lieux-clés dans les circuits complexes des finances publiques ivoiriennes (Caisse de Stabilisation, Caisse nationale de prévoyance sociale ou Caisse de péréquation) ou la non « transparence », pour utiliser le terme de Demery, auteur d'une étude publiée en 1994 sur la Côte d'Ivoire pour la Banque Mondiale, lorsqu'il parle de la manière dont se sont faites une trentaine de privatisations d'entreprises publiques entre 1987 et 1989.[4]

On pourrait également citer les divers exemples de contournement de mesures de désétatisation :

> As Fauré and Contamin have so persuasively argued, (...) there was in fact a convenient coincidence between the need to reduce the scope of state patronage and a political agenda aimed at redistributing the opportunities which remained whilst renewing Presidential power. This did not mean that the President was slavishly following a World Bank agenda; on the contrary, as a close analysis of the fate of the reforms during the 1980s shows, the President in fact spent the decade evading or circumventing the logic of the Structural Adjustment programmes.

Through agencies such as the DCGTX (Direction et Contrôle des Grands Travaux) and the CSSPPA (Caisse de stabilisation et de soutien des prix des produits agricoles), the parastatal which ran the export crops marketing system, the government was able to sustain Presidential spending programmes and defy World Bank pressure to cut cocoa producer prices (Fauré 1989:72). Many of the parastatals which were supposed to be abolished under the restructuring programme in fact survived through reintegration into the public service as EPN (Établissements publics nationaux). (Fauré and Contamin 1990:37, Crook 1995).

De tels éléments permettent de comprendre le succès des stratégies de maintien du pouvoir de la part de ceux qui le détenaient, malgré la persistance de schémas de distribution des ressources économiques qui paraissent, à bien des égards, peu compatibles avec les objectifs des réformes économiques et fiscales annoncées par les PAS. De plus, ces tendances se prolongeront malgré l'élargissement formel de l'arène politique à partir de 1990 – phénomène, comme on le sait, qui contribuera peu à augmenter la transparence des pratiques politiques.

Deux dimensions de cette période auront des implications particulièrement lourdes pour la période de transition politique qui suivra:

1) Une conséquence directe de la manière dont l'ajustement a été introduit sera de réduire et de saper les bases antérieures des modes de régulation et donc leur légitimité, sans pour autant introduire de nouveaux modes.

2) C'est certainement au moins en partie à cause de ce vide ou de l'absence de renouvellement des bases du pouvoir que l'introduction du multipartisme qui, du moins sur le plan formel, annonçait un élargissement de l'arène politique, se fera sans pouvoir pour autant augmenter de manière tangible le degré de « public scrutiny » ou « transparence » des processus politiques.

Je n'aurai pas la prétention de chercher à répondre à la question « pourquoi » ce fut ainsi mais il me semble important de chercher à comprendre les liens potentiels entre cet héritage et la crise actuelle. Mon hypothèse est que l'introduction d'un système multipartis, notamment à la demande des bailleurs externes, s'est faite dans un contexte caractérisé entre autres par:

1) Une certaine prédétermination des orientations du développement économique et social finançables;

2) Un héritage de retranchement du secteur public, de l'investissement public – diminué de 70% entre 1981 et 1985 – touchant ainsi les budgets sociaux, de l'éducation et donc limitant d'autant les capacités publiques de réformes sociales;

3) Une augmentation spectaculaire de la pauvreté – créée entre autres par les mesures de libéralisation et de privatisation – qui allait donner lieu à un contexte de grave crise sociale.

Avant de passer à une dernière période, celle de l'introduction d'un système multipartis et de la transition politique, je voudrais souligner les liens tracés par une récente étude entre les formes d'ajustement structurel introduites en côte d'Ivoire et l'explosion de la pauvreté.

Dans la section intitulée « L'ajustement structurel, facteur de déclenchement de la crise sociale » on peut lire:

> La manifestation majeure de la crise des vingt dernières années est une chute drastique du niveau de vie de l'ensemble de la population ivoirienne: la dépense moyenne par tête de l'ensemble des ménages a diminué quasiment de moitié entre 1985 et 1993. Cela a entraîné un triplement du taux de pauvreté, qui est passé de 10 à 31% au niveau national (*cf.* annexe 1). Alors que la moitié des pauvres était concentrée dans les zones de savane en 1985, la baisse des prix aux producteurs de cacao et de café a provoqué une diffusion de la pauvreté dans les zones forestières, notamment à l'Ouest du pays région qui, en 1985, paraissait totalement épargnée par le phénomène. En 1993, la pauvreté rurale représentait les trois quarts de la pauvreté totale et se trouvait répartie à égalité entre les trois grandes régions agro-écologiques – forêt Ouest, forêt Est et Savane. Sur la même période, la pauvreté urbaine a beaucoup augmenté, un quart des pauvres vivant dorénavant en milieu urbain. (Ministère des Affaires Étrangères 2002:14).

De manière plus globale, les liens entre la libéralisation des filières agricoles et la crise ivoirienne sont résumés par la même étude de la manière suivante:

> En regard de ces évolutions, celle des filières agricoles fait apparaître le processus de libéralisation comme un facteur aggravant de l'instabilité. La libéralisation des filières agricoles et agro-industrielles, qui sont le cœur de l'économie nationale, s'est traduite par une recomposition radicale du paysage économique et institutionnel, avec l'émergence d'oligopoles privés sous contrôle étranger, évolution assez éloignée de l'objectif de concurrence et qui renforce les asymétries de marché au détriment des acteurs nationaux. Les résultats techno-économiques sont fragilisés par une connexion accrue à des marchés internationaux défavorables, alors que les marchés des facteurs restent largement incomplets. Les inerties de structure ont limité provisoirement les effets de conjoncture importés mais elles ont simultanément restreint les marges de manœuvre. Le changement des règles du jeu a accru l'incertitude, sans pour autant que la répartition de la valeur ajoutée soit véritablement modifiée et que la durabilité des systèmes productifs soit assurée. Le déroulement des programmes de libéralisation fait apparaître de graves problèmes de régulation et de gouvernance liés aux conditions de mise en œuvre. Si le principe de la libéralisation ne peut être remis en cause, sa préparation et les mesures d'accompagnement se sont avérées très insuffisantes. Cette situation s'explique tant par le dogmatisme et le simplisme des programmes d'action que par les inerties structurelles et les réactions négatives et opportunistes des acteurs locaux, et en premier lieu des pouvoirs publics (*section II*) » (Ministère des Affaires Étrangères 2002, Résumé: ii)

C'est donc en contexte de grave crise sociale que se fera la transition politique, contexte également dans lequel les réformes économiques proposées ont été incapables, comme elles le sont à ce jour, d'apporter des solutions aux déséquilibres de longue durée dont l'absence de gains de productivité dans le domaine agricole. Ce qu'il aurait fallu, c'est l'ouverture d'espaces politiques pour permettre l'émergence de débats et de mesures pour régler ces déséquilibres profonds. Mais la façon dont ont été parachutées les solutions de réforme a eu tendance à nier l'espace politique qu'il aurait fallu créer.[5]

Du multipartisme à la transition politique

C'est donc sur cet arrière fond de profonde crise sociale et structurelle – notamment rurale – non résolue et de l'inadéquation des stratégies proposées/imposées, que sera introduit à partir de 1990 un système multipartis. Sans pouvoir entrer ici dans le détail de ces processus complexes qui ont été analysés ailleurs, notons que la libéralisation politique s'est faite en l'absence de clarification de la question de la citoyenneté et en l'absence également d'une réforme constitutionnelle permettant de clarifier des éléments essentiels tels que de savoir qui est éligible à la présidence. Ceci réduira d'autant plus la capacité du système multiparti de contribuer à développer un plus grand sens de connexion entre la population et le processus de prise de décision. Bien au contraire, ces deux enjeux (absence de clarification de la question cruciale de citoyenneté, et l'éligibilité à la présidence) deviendront des instruments dans des stratégies électoralistes et partisanes.

Cet arrière fond permet de mieux comprendre certaines caractéristiques du processus de « libéralisation politique » en Côte d'Ivoire dont les trois suivantes qui paraissent comme des signes potentiellement prémonitoires des événements qui ont suivi.

Tout d'abord, comme il a été noté, en l'absence de clarification de la question de la citoyenneté et d'une réforme constitutionnelle, le multipartisme contribuera peu à établir un rapprochement d'une part, entre la population et les conditions de leur vie et d'autre part, les processus de décision politiques. Pour illustrer cet élément on peut souligner la « déconnexion » entre la sévérité des conséquences sociales et économiques de l'ajustement et les discours politiques des différents protagonistes qui participent dans les campagnes électorales. Pendant la campagne de 1990 par exemple, malgré la sévérité des conséquences des programmes de libéralisation et les diktats des bailleurs multilatéraux qui exigèrent que les prix officiels aux producteurs de café et cacao soient réduits de moitié et cela peu de temps après avoir préconisé l'extension de ces mêmes cultures lors du 2e PAS (1986),[6] les débats politiques se concentrèrent avant tout sur l'enjeu de la succession du Président.

Dans ce contexte d'une certaine déconnexion entre la gravité des conséquences sociales, d'une part, et le discours politique et le partage des responsabilités politiques, d'autre part, le champ du « politique » sera en quelque sorte « détourné ». En effet, le champ du politique ne sera pas tant investi par des stratégies et des débats centrés sur les enjeux du développement du pays concernant le choix des grandes orientations du pays – dont les objectifs étaient en fait largement prédéterminés par le processus de réformes – mais servira plutôt de forum pour l'arbitrage sur le contrôle de la gestion des flux des ressources entre factions politiques rivales.

Dans ce sens, il n'est pas très surprenant d'apprendre qu'il s'est produit une certaine désaffection de la part de la population quant à sa participation aux processus politiques. Cette autre caractéristique du passage au multipartisme mérite aussi attention. Et c'est ce que Richard Crook démontre chiffres à l'appui – le fait que progressivement il s'est produit une désaffection particulièrement à partir de février 1996 – dans les élections au niveau local – désaffection encore plus grande que le niveau normal de désintérêt, tout en tenant compte des différentiels entre participation urbaine plus basse et rurale plus élevée (Crook 1997).

Selon Crook, en l'absence de débats de fond, la campagne électorale de 1995 reposera de plus en plus sur l'exacerbation de clivages sources de division.[7] La continuation de Konan Bédié au pouvoir pour compléter le terme d'Houphouët-Boigny (1993-1995) ne contribuera en rien à rompre avec la logique antérieure, bien au contraire.[8] Comme le note B. Losch la fuite en avant dans « l'ethnonationalisme » et l'introduction de la notion d'« ivoirité » comme instrument politique allaient réduire de manière significative ce qui restait de terrain pour des débats politiques et la possibilité de leur renouvellement:

> Le manque de légitimité politique du Président lié à l'absence de compétition électorale au scrutin de 1995 – du fait de la première exclusion de Ouattara et du boycott de l'opposition –, la remise en cause des bases économiques du pouvoir politique par le processus de libéralisation et de désengagement de l'État et par la fin de la guerre froide se sont traduits par une fuite idéologique du régime dans l'ethnonationalisme. La focalisation du débat politique sur le thème de l'ivoirité, en favorisant un repli identitaire, a réduit considérablement les possibilités d'ajustement aux nouveaux défis (Losch 2000:208).

C'est contre cet arrière fond de conséquences sociales et économiques du processus d'ajustement, de subordination dans l'arène politique des enjeux de fond à des stratégies électoralistes et divisives qui n'étaient en fait que l'expression des rivalités entre factions politiques pour le pouvoir et la tendance vers une certaine désaffection de la part de l'électorat concernant les processus politiques, deux autres éléments caractérisaient le paysage politique que l'on peut situer en deux tendances. Il s'agit d'une « technicisation » croissante des approches des enjeux sociaux et politiques du fait de la nature du processus de réforme, et d'une instrumentalisation croissante des clivages identitaires à des fins politiques.

Concernant la question de la technicisation des approches du processus de réformes, il faut souligner que cette tendance n'est pas propre à la Côte d'Ivoire. Des mesures similaires ont été introduites ailleurs en Afrique. Cependant en période de transition politique, l'utilisation d'approches « technicistes » pour aborder des enjeux sociaux, politiques et économiques prendra une importance très particulière car au moment où il faudrait pouvoir nommer et réinventer ces enjeux une telle approche les fera plutôt disparaître.

Mon hypothèse est que plutôt que de permettre un renouveau des processus politiques, les réformes institutionnelles formulées surtout en termes de bonne gestion des ressources et donc dans des termes essentiellement techniques, se sont révélées particulièrement peu propices pour ouvrir les espaces de débats qui auraient été nécessaires.

Sans prétendre qu'il y ait des explications simples pour rendre compte de la forme de transition ivoirienne (et notamment de son caractère particulièrement restreint sur le plan politique qui renvoie à toute la spécificité de l'héritage politique ivoirien), mais afin de saisir les différentes dimensions de ces enjeux complexes, il semble important d'attirer l'attention sur l'évolution récente de cet héritage eu égard au processus de réformes institutionnelles des années 90 actuelles.

La mise en avant par les institutions de Bretton Woods d'une acceptation du politique comme synonyme de compétition électorale multipartite et d'une conception essentiellement fonctionnaliste et instrumentaliste de l'État mène à l'idée, particulièrement problématique en période de transition, que des changements organisationnels de nature technique amèneront par eux-mêmes une amélioration de l'efficacité et du bon fonctionnement du gouvernement: d'où l'insistance mise sur la gestion du secteur public, sur la responsabilité, sur le cadre juridique du développement, sur l'information et la transparence qui sont reconnus comme les piliers centraux de la « bonne gouvernance ». Il s'agit là d'éléments certes importants mais au-delà d'une telle perspective fonctionnaliste, les questions cruciales pour la Côte d'Ivoire restent pourtant: des réformes institutionnelles pour quoi faire? En fonction de quel projet de société? Décidées par qui? En faveur de quels intérêts à la fois internes et externes?

Mais ce n'est pas en ces termes que les enjeux sociaux et politiques en Côte d'Ivoire seront présentés. Le contexte particulier de la transition ivoirienne, à l'intérieur d'un étau à la fois financier et politique, n'est pas sans incidence sur l'évolution des processus politiques. En absence d'espaces de dialogue en termes de projets politiques, les contraintes économiques et financières et l'intransigeance des partenaires extérieurs semblent s'être conjuguées pour contribuer à l'émergence de nouvelles formes d'interventions étatiques plus autoritaires, justifiées par les impératifs d'une gestion stricte des ressources dans un contexte de la crise.

Une illustration de ce processus peut être fournie par la présentation du programme d'action du ministre de la Jeunesse et des Sports du gouvernement de transition, le général Mathias Doué, en avril 2000 dont les trois priorités reposaient sur la *communication* « pour être en contact avec nos partenaires », la *transparence* « parce que c'est l'expérience de la bonne gestion » et la *responsabilité* « parce que c'est la source de notre prise de conscience et de notre détermination à assumer nos obligations réciproques » (Boni 2000:1 et 12). Ce positionnement est révélateur car il s'agit des termes qui sont au cœur des réformes institutionnelles proposées par les bailleurs de fonds multilatéraux au nom de l'instauration de la bonne gouvernance. Il est accompagné par le choix d'un recours croissant au secteur privé, justifiable par les contraintes financières qui pèsent sur le secteur public ivoirien. Ainsi, selon la même source, « le Général Mathias Doué entend développer un véritable partenariat entre l'État et le privé de sorte que progressivement, le privé prenne le relais dans le financement et la promotion du sport, afin que l'État se limite à mettre en place le cadre réglementaire et à donner les impulsions nécessaires ». Cet exemple est particulièrement frappant car il illustre le recours au langage de la bonne gestion pour les affaires publiques et à la privatisation des domaines qui relevaient auparavant de l'État. Mais ce qui l'est encore plus, c'est que la même logique soit invoquée pour aborder des problèmes de type socio-économique et structurels plus profonds tels que l'exclusion sociale et la pauvreté. Toujours selon l'article du quotidien *Le Jour*, « l'éradication du phénomène des enfants de la rue fait partie des résultats attendus par cette réforme. 'Parce qu'on ne veut plus de mendicité' a martelé le Général Mathias Doué ». L'exemple est parlant. Après 20 ans d'ajustement structurel, il est à craindre que l'absence de ressources financières et d'une marge de manœuvre politique suffisante pour aborder des problèmes aussi profonds que ceux qui sont à l'origine de la mendicité et de la pauvreté, n'influencent pas le type de solutions recherchées et les formes d'intervention utilisées pour atteindre ces objectifs. Le risque serait alors de chercher avant tout à faire disparaître les symptômes...plutôt que de s'attaquer aux origines d'une situation tout à la fois extrêmement difficile et complexe, et ceci au nom de la bonne gouverne.

Cet exemple tiré des débats durant la transition politique ivoirienne est à rapprocher des fondements conceptuels des réformes institutionnelles introduites ou suggérées par les bailleurs de fonds multilatéraux, dont le caractère particulièrement restrictif risque de contribuer à la dépolitisation formelle des enjeux et des choix d'action. Cette « dépolitisation » et « technicisation » des discours risquent de contribuer à placer la transition ivoirienne dans une position délicate. En faisant disparaître des enjeux politiques, ces tendances risquent de déposséder l'État de ce qui fait l'essence de son pouvoir – à savoir la faculté de faire émerger un projet national, de procéder à des arbitrages et de contribuer à l'élaboration de compromis en fonction d'objectifs et de rapports de force souvent contradictoires; mais elles conduisent aussi à assimiler les processus politiques à des processus de gestion administrative.

À l'analyse de ces facteurs, ce qui frappe c'est l'inadéquation de la nature des réformes économiques et sociales proposées face aux défis du pays, car elles risquent de continuer à contraindre la Côte d'Ivoire à la reconduction sous une forme mise à jour de ses modes de régulation politique et sociale antérieurs. Le « choix du statu quo » plutôt que celui de la refondation (avant comme depuis la crise de septembre 2002), du fait des contraintes économiques non résolues sous lesquelles a été placé le pays, pourrait dès lors contribuer à perpétuer la dérive d'un modèle libéral basé sur un idéal qui tendait vers la participation et l'intégration vers un modèle autoritaire à logique technocratique, s'accommodant voir confortant des stratégies de division et d'exclusion.

Rien de ceci ne cherche à minimiser les résistances et les blocages internes au pays – mais vise avant tout à attirer l'attention sur les contraintes externes – toujours présentes mais dont les dimensions politiques sont occultées derrière un langage techniciste formulé en termes de bonne gestion administrative.

L'identification de solutions politiques durables en Côte d'Ivoire repose aussi sur l'émergence de nouveaux compromis sociaux qui contribueraient au renforcement de la cohésion sociale du pays. Ceci suggère toute l'importance de réfléchir sur les lieux et les conditions permettant de relancer les débats sur ces enjeux et sur des stratégies susceptibles de garder ouverts les espaces politiques dont le rétrécissement est certainement un élément qui contribue à la possibilité d'instrumentalisation des clivages de la société.

Conclusion

1) Dans le contexte de la tarification des ressources, de crise économique et suite aux politiques de libéralisation/privatisation, il s'est produit un double mouvement:
    a) de délégitimisation croissante des demandes, auparavant légitimes, soit par les forces du marché, (prix/salaires), soit par les coupures dans les programmes sociaux/publics, ainsi que de certaines options de développement et,
    b) de réduction des espaces politiques, dans la mesure où des enjeux tels que la pauvreté sont abordés comme relevant de la bonne gestion administrative plutôt que représentant l'objet d'arbitrage concernant l'allocation des ressources et donc des choix politiques.

    Sans avoir su apporter de réponses aux déséquilibres de longue durée – (gains de productivité dans l'agriculture notamment), le processus de réforme introduit depuis les années 80 semble avoir contribué à saper les formes de médiations antérieures dans un contexte de restriction des espaces de débats.

2) La focalisation sur les enjeux de « sécurité » dans le court terme et à partir de l'analyse de facteurs surtout internes, pousse à la marge, « off the table », les enjeux clés de développement économique et social et c'est là où les ONG ont un rôle crucial à jouer, en tant qu'acteurs/témoins du terrain, en les ramenant à l'avant scène dans les débats, dans les choix de projets et en tant que générateurs d'une information et d'analyses de qualité.

3) L'emphase actuelle sur la nécessité de réformes institutionnelles et la recherche de la bonne gouvernance locale ou nationale formulée en termes de bonne gestion technique, non seulement risque de contribuer à la dépolitisation d'enjeux critiques pour le développement économique et social, mais aussi de cautionner un modèle qui fait reposer le développement sur la croissance induite par la présence des investissements étrangers (quand rien n'est moins sûr), sans aborder la question de la nécessité d'une bonne gouvernance internationale et de bonnes règles et des règles équitables/prix/au niveau international et d'un comportement responsable de la part des entreprises.

4) Le travail des ONG est plus que jamais amené à être un travail politique – non pas dans le sens de « partisan » (de prendre position pour des factions), mais fondé sur une analyse politique, alimentée par la recherche, capable d'aborder la finalité des réformes et de clarifier des enjeux tels que:

    -   Développement et sécurité de qui?
    -   Stabilité de quoi?
    -   Décidé par qui? En faveur et contre qui?

Avec comme prémisse qu'il ne pourra y avoir de sécurité ni de « stabilité » à moyen et à long terme, sans résolution des graves crises sociales et rurales qui caractérisent beaucoup de pays africains et pour lesquels des acteurs, instances et agences externes ont une large part de responsabilité. C'est à ce niveau que non seulement nous sommes les mieux placés pour agir mais que nous sommes bien en mesure de le faire. Car tant que les acteurs externes ne s'interrogent pas sur leurs politiques en vue de permettre les conditions de l'émergence de solutions équitables et durables, nous risquons de continuer à chercher des causes partielles et des acteurs « sorciers », comme au Moyen Âge, et de tenter de les neutraliser.

Notes

1. La notion de mode de régulation politique et économique cherche à mettre en évidence le rôle que l'État joue dans une économie post-coloniale basée sur la rente tirée de la production de cultures d'exportation, en tant que lieu et agent dans un schéma de redistribution sélective qui est déconnecté de la sphère de production. Il y a de multiples caractéristiques à de telles situations mais centrales parmi celles-ci est un schéma de répartition des revenus qui a peu de liens avec la production et la productivité et qui est rendu possible en bonne partie par l'existence de multiples sources d'accumulation parallèle. Cette notion est proposée dans Gouffern (1982:19-34) et développée dans Duruflé (1988).
2. Intervention lors de la Conférence « Identification, sécurité et négociation de l'appartenance nationale en Afrique de l'Ouest: Réflexions sur la crise ivoirienne » organisée par la Nordic Africa Institute (Uppsala) et CODESRIA, 15-16 mai, 2003. Dakar.
3. C'est dans ces termes que les réfractaires de telles tentatives ont cherché à minimiser l'intérêt d'une telle analyse. Voir *Politique Africaine*...
4. « Public enterprise reform changed gear in the 1987-91 period, with greater emphasis placed on divestiture, and not simply on restructuring. Between 1987 and 1989 almost 30 public enterprises were privatized. Several divestiture techniques were used, usually involving direct negotiations with potential buyers. These privatizations were conducted with little transparency, and little strategic study was pursued prior to privatization. In short, the privatizations were not well managed » (Demery 1994:101-102). Lors de la privatisation en novembre 1990 de l'Énergie Electrique de la Côte d'Ivoire et la création de la Compagnie Ivoirienne d'Électricité (51% des actions devaient être détenues par SAUR, une filiale de Bouygues, et 49% par des Ivoiriens), il semblerait que certains membres du sous-comité du gouvernement responsable des privatisations furent directement impliqués dans l'achat des participations via certaines compagnies d'investissement. Cet incident a suggéré à des observateurs britanniques, l'existence d'un "old boy network" activement à l'oeuvre dans la distribution des actions et des biens auparavant publics. (*The Economist Intelligence Unit*, Côte d'Ivoire, Country Report, no. 4, 1991, pp. 14-15).
5. Ce qui précède ne cherche pas à nier les responsabilités de la classe politique. Certains des intervenants à la Conférence « Identification, sécurité et négociation de l'appartenance nationale en Afrique de l'Ouest: Réflexions sur la crise ivoirienne » organisée par la Nordic Africa Institute tenue en mai, 2003 à Dakar soulignaient que certains dirigeants politiques démontraient beaucoup plus d'imagination pour se maintenir au pouvoir que pour penser des alternatives de développement. Ce que je cherche à faire ressortir c'est que le contexte n'y était pas du tout favorable.
6. À cet égard, après la baisse des cours mondiaux du café/cacao, la Banque et le FMI avaient exigé une réduction de moitié des prix payés aux producteurs de ces cultures et en avaient

même fait une pré-condition pour toutes nouvelles négociations – quelques mois seulement après avoir fortement recommandé l'augmentation des prix aux producteurs. Ainsi, par rapport à la campagne 1988-89, les prix « garantis » au producteur en 1989-90 (l'année précédent l'élection) passeront pour le cacao de 400 à 200 F CFA/kg et pour le café de 448 à 224 F CFA/kg, ce qui en dit long sur la responsabilité politique de ces institutions pour les décisions qu'elles imposent.

7. Afin d'illustrer ceci le même auteur Crook note: « The FPI's newspaper *La Voie* adopted the practice of publishing the names, addresses and places of work of the relatives, sons and daughters of Ministers and policemen, presumably as an intimidation tactic and as a guide to its mobs » (Crook 1997).

8. B. Losch note que:

« The "dérapage politique" in the Côte d'Ivoire may also be as interpreted as a belated manifestation of the pressures built up during the years of solitary rule of the country's first President. As this observer notes, the alliance with French colonial interests in the 1950's, the elimination of opponents as of 1958, the instituting of a single party regime as of 1960, the arbitrary use of disgrace and rehabilitation, are at the origin of a "logique de cour" which made impossible the emergence of debates concerning the alternative forms of government and the future of the country. The same author argues that up until 1990, Ivorian political life was essentially characterised by in-fighting aimed at conquering or consolidating positions of power within the ruling party, the Parti démocratique de la Côte d'Ivoire (PDCI). The latter served as the "passage obligé" in order to hold public office, be it a high rank within the civil service or in a state owned company » (Losch 2000:201-212).

Références

Boni, Germaine, 2000, « Les trios priorités du Général Doué », *Le Jour*, Abidjan, 29-30 avril, 1er mai, p. 1 et 12.

Campbell, Bonnie, 2001, « La bonne gouvernance, une notion éminemment politique » dans *Les non-dits de la bonne gouvernance,* Paris, Karthala, pp. 119-149.

Campbell, Bonnie, 2001, « Governance, Institutional Reform and the State: International Financial Institutions and Political Transition in Africa » *Review of African Political Economy*, vol. 28, no. 88, June, pp. 155-176.

Contamin, B. et Fauré, Y., 1990, *La bataille des entreprises publiques en Côte d'Ivoire*, Paris: Karthala.

Crook, Richard, 1995, « Côte d'Ivoire: Multi-Party Democracy and Political Change. Surviving the Crisis », in John A. Wiseman (ed.), *Democracy and Political Change in Sub-Saharan Africa*, London: Routledge, pp. 14-15. Citation de Contamin, B. et Fauré, Y., 1990.

Crook, Richard, 1997, « Winning Coalitions and Ethno-regional Politics: The failure of the opposition in the 1990 and 1995 elections in Côte d'Ivoire », *African Affairs* vol. 96, April.

Demery, Lionel, 1994, « Côte d'Ivoire: fettered adjustment » in *Adjustment in Africa*, Vol. 2, *Lessons from Country Case Studies*, Ed. U. Husain et R. Faruqee, World Bank, pp. 101-102

Duruflé, G., 1988, *L'ajustement structurel en Afrique*, Paris: Karthala.

Gouffern, L., 1982, « Les limites d'un modèle. À propos d'État et bourgeoisie en Côte d'Ivoire », *Politique Africaine*, n° 6, pp. 19-34.

Kimonyo, Jean Paul, 2003, « La participation populaire au Rwanda, de la révolution au génocide (1959-1994) », Thèse de doctorat, Département de Science Politique, Université du Québec à Montréal, p. 586.

Losch, Bruno, 2000, « L'impasse ivoirienne » *Annual 2000 Report of the Observatoire permanent de la Coopération française*, Paris: Karthala, pp. 201-212.

Ministère des Affaires Étrangères, 2002, « Le processus de libéralisation et la crise ivoirienne. Une mise en perspective à partir du cas des filières agricoles ». Note d'analyse par Bruno Losch, Sandrine Mesplé-Somps, Jean-Pierre Chauveau et Bernard Contamin, décembre, p. 14.

Tuinder, Bastiaan A. den, 1978, *Ivory Coast. The Challenge of Success*, A World Bank Study, The Johns Hopkins University Press, 445 p.

5

La crise de la ruralité en Côte d'Ivoire forestière
Ethnicisation des tensions foncières, conflits entre générations et politique de libéralisation

Jean-Pierre Chauveau
avec la collaboration de
Koffi Samuel Bobo

Cette contribution[1] vise à rendre compte de la dimension foncière de la crise ivoirienne, dimension qui n'est ni strictement rurale, ni réductible à l'attachement trop souvent présumé atavique des sociétés paysannes africaines à leur identité ethnique. Elle prend racines en effet dans la conjonction éminemment contemporaine d'une crise structurelle de la ruralité aggravée par la mise en œuvre aux forceps des politiques de libéralisation.

Nous ne traiterons (et à grands traits) que de la situation de la zone forestière, où les migrations de main d'œuvre et d'exploitants agricoles sont anciennes et massives, et dont les fermes familiales (approximativement 500 à 600 000) produisent un volume considérable de produits d'exportation. L'un des paradoxes du conflit actuel est en effet qu'il intervient alors que cette zone permet au pays d'être le premier producteur mondial de cacao (1 300 000 t, soit 40% du marché mondial) et de figurer dans les premiers rangs mondiaux pour la production de café. La Côte d'Ivoire figure également dans les premiers rangs parmi les premiers producteurs africains de palmier à huile et d'hévéa, produits dans les zones agro-écologiques forestières du pays.

La crise de la ruralité a pour toile de fond l'épuisement de trois éléments de régulation majeurs et interdépendants, qui ont contribué à la « success story » de l'agriculture de plantation familiale jusqu'aux années 1970–1980: le modèle « pionnier » de mise en valeur agricole, le mode de gestion politique des ressources (que nous désignerons par le terme de « gouvernementalité » pour le distinguer de la notion normative de « gouvernance ») et le modèle urbain d'ascension sociale des jeunes ruraux et de régulation des tensions entre les générations. Bien qu'indissociablement liés, nous examinerons successivement les deux premières composantes de la crise structurelle (crise du modèle pionnier et crise du mode de gouvernementalité), en soulignant leurs effets sur la troisième composante (les tensions entre générations) et leur exacerbation par la mise en œuvre sans précaution des politiques de libéralisation. Nous terminerons par la présentation de quelques éléments significatifs de la situation actuelle de conflit observés dans une micro-région du Centre Ouest.

La crise du modèle « pionnier » de mise en valeur agricole et l'ethnicisation des rapports fonciers

De nombreuses études ont énuméré les facteurs du boom caféier et cacaoyer ivoirien des années 60 aux années 80, basé essentiellement sur les petites et moyennes exploitations de type familial.

A. D'abord une bonne dotation en facteurs « classiques »: forte disponibilité foncière dans la zone forestière; accès à la main-d'œuvre facilité par les migrations de travail des populations des pays voisins (surtout Haute-Volta – aujourd'hui Burkina Faso – et Mali); relative faiblesse des besoins en capital pour les exploitants familiaux (facilités de capitalisation de la rente forestière, association des plantations et de cultures vivrières pour la consommation ou pour la vente durant les premières années); faible technicité des pratiques agricoles.

B. Ensuite, un appui par l'administration agraire de l'État, sous forme d'encadrement par de multiples sociétés d'État qui fournissaient des intrants subventionnés, du crédit de soudure et d'équipement, de la vulgarisation technique, du matériel végétal sélectionné, voire, à certains moments, des primes de plantation et de reconversion.

C. Enfin, les incitations positives de la politique agricole générale: priorité donnée à l'agriculture, caisse de stabilisation qui permettait la stabilité des prix aux producteurs à un niveau relativement rémunérateur, encouragement par les autorités politiques des migrations de colonisation des zones forestières et des migrations de travail.

Tout cela supposait un coût élevé pour les finances publiques. Ce fardeau reposait notamment:
- sur la taxation indirecte de la production paysanne par la caisse de stabilisation, qui a bénéficié jusqu'aux années 80 d'un différentiel de prix par rapport au marché international (encore concurrentiel);
- sur l'aide internationale (la Côte d'Ivoire a été la vitrine du modèle occidental, et plus particulièrement français, de développement durant toute la durée de la guerre froide) et l'endettement.

En contrepoint de cette explication mécanique du succès de l'agriculture de plantation par « addition » de facteurs favorables, une lecture institutionnelle donne une vision moins déterministe de la trajectoire de l'agriculture de plantation. Elle souligne le fait que cette trajectoire a reposé sur des formes d'incitation et sur des normes largement « informelles », clientélistes et basées sur des réseaux d'influence, qui ont assuré en grande partie la coordination d'ensemble de la politique de « mise en valeur » accélérée de la région forestière, plutôt que sur des organisations formelles et des incitations dans le cadre institutionnel légal.

Quelques uns des éléments de ce dispositif institutionnel ont caractérisé le « modèle pionnier » de l'agriculture de plantation, qui a eu des effets structurants très efficaces sur les modes de coordination entre les différents groupes d'acteurs impliqués dans la régulation foncière de l'agriculture de plantation.

a) La législation de type domanial définissant les droits de propriété sur la terre, héritée de la colonisation, est restée inappliquée et inapplicable.

Cette législation faisait de l'État le propriétaire éminent de la terre et le dispensateur de la propriété privée par la procédure d'immatriculation. Les droits coutumiers étaient confinés à des droits d'usage tolérés à titre personnel aux sujets indigènes. Officiellement, ces droits ne pouvaient faire l'objet de transactions. Dans la réalité, les pratiques et les transactions foncières coutumières ont continué de prévaloir et d'évoluer en s'adaptant à la diffusion de l'agriculture de plantation et à l'amplification des migrations rurales vers les zones forestières. Le décalage entre le droit formel et les pratiques « juridiques » locales s'est d'autant plus creusé que l'État a délibérément choisi de ne pas promouvoir les dispositions légales existantes, héritées d'ailleurs de la période coloniale, prévoyant la procédure de constatation et de régularisation des droits coutumiers (décret du 8 octobre 1925; décrets de 1955 et 1956).

b) L'action gouvernementale a délibérément reposé sur l'usage de consignes de nature politique, parallèles ou même en contradiction avec le dispositif légal et juridique.

Ces consignes ont consisté à contourner les moyens légaux par des arrangements institutionnels en marge de la loi, en mobilisant des normes et des réseaux non officiels. Par exemple l'institution traditionnelle du « tutorat » entre autochtones et migrants en quête de terre est instrumentalisée par le Pouvoir pour convaincre les autorités coutumières ou politiques locales d'accueillir les agriculteurs migrants originaires du centre et du nord de la Côte d'Ivoire et des pays voisins. Une telle promotion par les autorités publiques d'un principe coutumier, même s'il est justifié par un objectif présenté comme d'intérêt général, revient à contourner les dispositions juridiques interdisant la cession de droits coutumiers « personnels » qui n'ont pas, par nature, de reconnaissance juridique.

Bien plus, ces consignes en venaient à contredire la loi, comme la consigne selon laquelle « la terre appartient à celui qui la met en valeur ». Diffusée pour soutenir le mouvement de colonisation agricole, après que le gouvernement eût vainement tenté en 1963 d'imposer une législation foncière balayant les droits coutumiers, cette consigne protégeait les colons des tentatives, de la part de leurs tuteurs, d'instaurer une rente foncière et, de la part des autres ayants droit traditionnels sur les terres, de contester et de retirer le droit d'occupation foncière concédé initialement aux migrants par leurs tuteurs coutumiers. Un décret de 1971 rappelait opportunément l'interdiction des transactions sur les droits coutumiers alors même que l'État instrumentalisait le principe coutumier du tutorat pour encourager la cession de ces mêmes droits.

La protection administrative des colons concernait au premier chef les migrants ivoiriens, en particulier les migrants baoulé du Centre dont les réseaux politiques étaient proches du Pouvoir et de son « lobby baoulé ». Mais elle concernait aussi les migrants non ivoiriens, venus d'abord pour vendre leur force de travail dans les zones de plantation et qui accédèrent progressivement à l'exploitation directe de la terre, en contrepartie du travail effectué pour leurs tuteurs. Du point de vue des autorités publiques, la protection ainsi accordée aux migrants non ivoiriens dans les campagnes se justifiait par leur participation à l'œuvre de mise en valeur de l'Ouest (à partir des années 70) et du Sud-Ouest (à partir des années 70), mais également par leur indéfectible appui électoral, puisque les résidents non ivoiriens ont été admis à participer aux élections jusqu'en 1990.

c) Le dispositif d'exécution et de contrôle de l'action administrative a reposé sur une « déconcentration non démocratique » des services gouvernementaux locaux, laissant une marge de manœuvre importante aux agents d'autorité et d'exécution.

En ce qui concerne l'affectation des droits fonciers, une simple circulaire du 17 décembre 1968 accélère la procédure d'accès à la terre en permettant aux sous-préfets d'accorder des permis d'occuper qui peuvent ensuite servir de base à une demande de concession provisoire puis, à partir du décret du 16 février 1971, de concession définitive (ce même décret interdisant les transactions sur les droits coutumiers).

En ce qui concerne les conflits fonciers, les acteurs locaux pouvaient s'adresser à de multiples juridictions: sous-préfecture le plus souvent, tribunaux de première instance, service des Eaux et Forêts, gendarmerie si le conflit s'accompagne de délits ou de meurtres. Les règles et les procédures étaient également flexibles: faute de dispositions légales et juridictionnelles adaptées aux pratiques locales, les autorités administratives préféraient, la plupart du temps, renvoyer les affaires aux instances coutumières villageoises pour de multiples raisons:

- Les conflits ne rentraient pas dans les cadres juridiques officiels, notamment à cause de l'absence de constatation administrative des droits et, a fortiori, de titres légaux de propriété, auxquels les acteurs locaux n'ont d'ailleurs jamais cherché à accéder et que les autorités n'ont guère cherché à promouvoir.
- Les autorités n'étaient pas en mesure de contrôler effectivement l'exécution effective de leurs décisions, le dernier mot restant le plus souvent aux principes de légitimité et aux rapports de force qui prévalent dans les arènes socio-foncières locales.

- Les conflits trouvaient souvent leur origine dans les contestations intervillageoises sur les maîtrises territoriales et dans les cessions d'usage de la terre accordées aux migrants sous la pression des autorités - ces deux sources de conflit étant d'ailleurs souvent liées. Les autorités maîtrisaient mal les enjeux locaux de ces conflits et les conditions locales de légitimité des droits. Les sous-préfets ne cherchaient pas à s'en mêler, sauf si des notables étaient concernés ou s'il s'agissait d'appuyer les consignes gouvernementales, notamment celle de protéger les colons ayant mis en valeur la terre. En dernier ressort, les sous-préfets jugeaient « en équité », et non d'après des dispositions codifiées, sans avoir la garantie que leurs décisions seront appliquées.

Les autorités administratives bénéficiaient ainsi d'une grande marge de manœuvre, qui suscitait l'arbitraire, autorisait une certaine autonomie de « l'État local » vis-à-vis des administrations centrales, et encourageait la collusion d'intérêt et la corruption. Mais, en contrepartie, les agents de l'État étaient aussi très dépendants des dispositions des notables et des populations locales à leur égard pour les comptes qu'ils avaient à rendre pour leur carrière à leur autorité de tutelle, mais aussi pour accéder aux bénéfices secondaires qu'ils pouvaient tirer de leur exercice professionnel. Selon les situations et les enjeux, ils pouvaient se montrer autoritaires ou conciliants.

Ce mode de gouvernementalité clientéliste de « l'État local » valait non seulement pour les conflits fonciers et leurs incessants rebondissements que pour les autres principaux enjeux des relations entre les services administratifs et les populations locales: accès aux services et aux équipements (état-civil, santé, éducation, coopératives…) et reconnaissance administrative des chefferies villageoises.

Ce modèle de mise en valeur accélérée des ressources forestières a fait la fortune des années 60 et 70. Mais il portait en lui les germes de sa fragilité: épuisement des réserves forestières, inéluctable nécessité d'intensifier les systèmes de production et accroissement des tensions foncières entre autochtones et migrants, mais aussi entre générations d'agriculteurs.

Le recensement général de la population de 1998 traduit en effet le caractère massif des migrations qui se sont poursuivies, sur un rythme cependant ralenti, jusqu'aux années 90. La proportion de la population issue des migrations variaient entre 40% et 88% selon les différentes préfectures à prédominance rurale de la zone forestière. Dans les régions forestières occidentales, où cette proportion est la plus forte bien que la colonisation agraire y soit la plus récente (à partir surtout des années 60, avec un emballement à partir des années 70), les principaux groupes de migrants sont les Baoulé, ivoiriens originaires du centre du pays (entre 15 et 25%), et les non ivoiriens (entre 22 et 36%), dont les Burkinabè constituent la composante majoritaire.

La crise du modèle pionnier s'est donc accompagnée, dans le Sud forestier, de la remise en cause des conventions foncières entre autochtones et migrants suscitées auparavant par les autorités. D'autant que, si la reconversion vers des systèmes plus intensifs (surtout en travail) a été effective à partir des années 80, elle s'est faite ensuite en marge des interventions publiques et au profit des groupes qui avaient le plus d'accès à la force de travail familiale ou migrante (surtout les migrants et parmi eux les non ivoiriens) et qui étaient en mesure de « s'auto-exploiter » le plus (surtout les migrants non ivoiriens, en particulier burkinabè).

Dans ces conditions, la mise en œuvre sans précaution des politiques de libéralisation à partir des années 1980 et surtout 1990 a contribué à exacerber les tensions foncières. Parmi les effets induits par les politiques de privatisation sur l'enjeu foncier, les plus notables sont la stigmatisation des exploitants migrants, et particulièrement des Burkinabè, comme bouc émissaire de la crise foncière et le repliement contraint d'une fraction significative de la population citadine dans leur milieu rural d'origine.

L'abandon brutal et massif des politiques de soutien au secteur agricole et rural (crédit, accès aux intrants, prix garanti, appui aux GVC, participation accrue des populations aux infrastructures sociales) a contribué en effet à « visibiliser » la réussite relative de ces exploitants et à cristalliser la question foncière autour de l'occupation des terres par les étrangers. Dans les régions de colonisation de l'Ouest forestier, l'hostilité déjà ancienne des autochtones vis-à-vis des migrants baoulé (considérés comme protégés par les autorités politiques) s'est doublée d'une hostilité encore plus vive à l'encontre des migrants non ivoiriens, vis-à-vis desquels les autochtones, mais aussi les migrants ivoiriens, dépendaient désormais pour l'accès à la main-d'œuvre, au crédit (incluant la mise en gage de plantations) et pour la mise en marché du produit (de nombreux « pisteurs », traitants et transporteurs étant des migrants non ivoiriens). Les tensions foncières entre autochtones et migrants se sont également reflétées dans le fonctionnement des GVC et, aujourd'hui, des coopératives à statut privé.

Un autre effet induit par les politiques de privatisation est la répercussion de la crise urbaine sur les campagnes ivoiriennes, déjà largement « rurbanisées ». Les enquêtes démographiques comme les observations empiriques indiquent un renversement du solde migratoire entre urbain et rural, au profit du rural, avec une proportion significative de migrations « de retour » (incluant le repli de jeunes nés en ville de parents originaires des villages). Dans les zones forestières productrices de café et de cacao, cet afflux significatif de compressés, de retraités précoces et de jeunes en échec urbain a accru la demande d'accès à la terre, même si, assez souvent, il ne s'agit pas d'un projet d'investissement durable dans l'agriculture. On note par exemple, depuis quelques années, des tentatives par de jeunes citadins de retour au village de vendre clandestinement des parcelles plantées à des migrants pour financer leur passage en Europe par l'Italie. Les tensions intrafamiliales et entre générations se sont ainsi accrues, les parents restés au village ne se précipitant pas pour se dessaisir de terres exploitées et préférant souvent louer, mettre en gage ou même « vendre » des parcelles à des migrants, plutôt que de mettre ces terres à la disposition des jeunes et des citadins de retour. Ces tensions au sein des familles et entre générations alimentent à leur tour les tensions entre les autochtones et les migrants.

Les catégories les plus exposées à la vulnérabilité, mais aussi les plus naturellement contestataires, ont donc été les jeunes générations d'exploitants: les jeunes autochtones, car, pour une part, ils subissent de plein fouet les conséquences de la crise urbaine, et, pour une autre part, ils tiennent pour particulièrement injustes leurs difficultés d'accès à la terre de leur propre lignage et le monopole des « vieux » sur la rente foncière et en travail opérée sur les étrangers; mais aussi les jeunes exploitants migrants, car ils courent le plus grand risque de voir dénoncer les conventions foncières qui avaient été accordées aux parents auxquels ils succèdent.

La crise du « modèle paysan » de gouvernementalité et la politisation de la question foncière

Durant le « miracle ivoirien » des années 60 et 70, l'abondance des ressources a donné une redoutable efficacité au « despotisme décentralisé » (Mamadani 1996) caractéristique du « modèle paysan » de gouvernementalité (Spittler 1983).

Les coordinations verticales, entre le sommet de l'État et les arènes politiques locales et villageoises, et les coordinations horizontales, entre les politiciens et les agents locaux de l'État, étaient assurées par l'omniprésence d'un réseau clientéliste de « courtiers politiques »: représentants du Parti (unique jusqu'en 1990), élus locaux pré-désignés, chefs traditionnels circonvenus, mais aussi « cadres » et « intellectuels » citadins participant à des « associations de ressortissants » ou à des « mutuelles de développement » regroupant les « originaires » de régions, de sous-préfectures, de « cantons » ou de villages. Ces courtiers assuraient simultanément (au prix de quelques frictions arbitrées par le pouvoir central) l'exécution des consignes et l'ancrage local de l'État, tout en tirant profit - matériel, politique et symbolique – de leurs rôles d'intermédiaires.

On peut décrire schématiquement l'enchaînement d'interactions entre l'État-parti, ses courtiers politiques locaux (qui ne sont pas forcément résidents) et les populations rurales:
- la situation économique et politique des courtiers dépend de leur position dans le dispositif de l'État-parti;
- cette position dépend à son tour de leur représentativité présumée vis-à-vis des communautés ethniques et régionales dont ils ressortissent;
- leur représentativité effective dépend du capital social effectif dont ils disposent localement;
- mais ce capital social dépend de leur capacité à mobiliser les ressources de l'État en faveur de leurs communautés d'origine, donc de leur insertion dans le dispositif politique national;

La boucle se referme et c'est sur ce cercle clientéliste que repose le degré effectif d'ancrage local de l'État dans les différentes régions et communautés ethniques du pays.

Ce fonctionnement à multiples niveaux de la politique ivoirienne a permis le contrôle par le pouvoir houphouëtien des luttes de faction au sein de l'élite du pouvoir, en distribuant les postes en fonction de la représentativité présumée ou simplement octroyée de ses membres cooptés, sans que cette représentativité soit soumise à des élections, donc sans favoriser le développement de relations de clientèle trop fortes ou trop autonomes entre les personnalités politiques et leur base locale et sans permettre l'ouverture d'un véritable espace public. De cette façon, la formation de la classe dirigeante pouvait être contrôlée sur une base ethnique (au besoin en suscitant une compétition interne au Parti, comme ce fut le cas à partir de 1980) et régionaliste tout en prohibant officiellement la référence ethnique dans la vie politique.

La redistribution de ressources abondantes, générées en particulier par la mise en valeur accélérée des ressources forestières avec la bienveillance des bailleurs de fonds, a pu assurer la légitimité de ce cercle clientéliste. Les conflits autour de la terre et de la mise en œuvre des droits fonciers étaient régulés par une sorte de « compromis historique » entre les différents groupes.

On peut résumer grossièrement ce compromis:

1) En contrepartie de garanties données aux ruraux sur les prix, les débouchés, les intrants et l'amélioration de leur niveau de vie, il est attendu leur totale soumission politique et la reconnaissance du monopole de l'État-parti et de ses agents sur l'appropriation et la gestion de la rente agricole et forestière.

2) Ce compromis général inclut des compromis particuliers: entre l'État-parti et les migrants non ivoiriens, qui bénéficient d'un accès protégé au foncier en contrepartie de leur appui électoral; mais aussi entre l'État-parti et les jeunes ruraux, qui bénéficient en principe de la scolarisation, de l'accès aux emplois urbains et d'aides à l'installation comme « exploitants modernes ».

La crise des finances publiques à partir de la fin des années 70 et la deuxième vague des politiques d'ajustement, à partir de 1990, ont évidemment déstabilisé ce dispositif alors que le modèle pionnier d'agriculture de plantation était entré en crise ouverte à partir des années 80. Le régime devait tenir compte du fait que les ressources, tant foncières qu'économiques, étaient désormais comptées et du fait que le mode antérieur de gestion et de redistribution des ressources politiques et foncières rencontraient maintenant des résistances au niveau local.

En effet, les avantages escomptés par les exploitants autochtones de leur allégeance au « pacte houphouëtien » s'amenuisent. Le contrôle exercé sur l'affectation des droits fonciers par l'administration – au travers de la protection des migrants et des autorisations d'exploiter – est remis en cause de plus en plus ouvertement, notamment à l'égard des migrants baoulé de même origine régionale que les présidents Houphouët-Boigny et Bédié. Ces avantages disparaissent totalement, concernant le modèle urbain d'ascension sociale des jeunes, et se transforment même en contraintes supplémentaires. Par exemple, le « recensement des jachères » et les projets d'installation de « jeunes agriculteurs modernes », mis en place par le gouvernement pour faire face au chômage – et à l'agitation politique - des jeunes citadins, souvent d'origine rurale, se heurtent aux résistances des « vieux », peu disposés à se laisser déposséder de leurs prérogatives foncières. Les enjeux fonciers pénètrent profondément les rapports intrafamiliaux et l'on constate une coalition d'intérêts entre les cadres ressortissants et les jeunes contre les « vieux » qui disposent du patrimoine foncier familial pour s'assurer une rente auprès des migrants.

Ces mécontentements sont relayés et amplifiés par la compétition des politiciens locaux, d'abord dans le cadre du parti unique puis davantage encore après le rétablissement du multipartisme. La réduction des ressources à redistribuer et l'affaiblissement de la légitimité politique du régime encouragent les « courtiers politiques » (chefs, élus locaux, représentants des partis, cadres citadins) à jouer la carte ethnique pour assurer leur propre ancrage local et leur accès aux fonctions et aux ressources de l'État. La défense des droits fonciers que confère l'autochtonie devient un argument électoral et provoque la contestation du régime, notamment dans les zones de forte colonisation.

Après la crise de succession de 1993, la politisation de la question foncière porte le processus d'ethnicisation des droits fonciers au cœur de l'État, faisant écho aux polémiques sur « l'Ivoirité » - mais aussi au cœur des arènes politiques locales à l'occasion des consultations électorales successives. En zone forestière, la stigmatisation politicienne d'Alassane Ouattara s'étend aux Burkinabè, aux migrants non ivoiriens et aux migrants ivoiriens musulmans originaires du Nord, qui résident souvent avec les premiers pour des raisons de commodité culturelle. Dans l'Ouest forestier, cela relâche d'une certaine manière les tensions entre autochtones et Baoulé, ces derniers se trouvant, comme les autochtones, dans une situation de décapitalisation. Enfin, après le coup d'État du général Guéi et à l'occasion des multiples consultations électorales qui se sont succédé depuis, la politisation de la question foncière a offert la possibilité d'une véritable « privatisation » du système clientéliste antérieur pour accéder à des ressources publiques raréfiées.

Au final, l'effondrement des ressources publiques à redistribuer n'a nullement contribué à la recherche d'une alternative au régime clientéliste. La gestion politique désastreuse de la transition au multipartisme par le régime houphouëtien et de la crise de succession par Allassane Ouattara autant que par Bédié, a renforcé le sentier de dépendance créé par le système de redistribution clientéliste. La compétition féroce pour le contrôle de ressources raréfiées a mis l'élite politique dans l'incapacité de redéfinir les bases de la légitimité de l'ancrage local de l'État et a provoqué, à l'inverse, un délitement régionaliste de la citoyenneté.

Dans ce contexte de perte de légitimité locale de l'État, la réussite des interventions publiques dans le domaine foncier depuis les années 80 ne pouvait plus être assurée, comme lors des années 60 et 70, sur des compromis politiques. L'État opta alors pour des réformes par la voie législative, élaborées par négociation interne au sein de la classe politique ivoirienne. Le déficit de légitimité du pouvoir rendit l'exercice plus périlleux encore. Le projet pilote de Plan Foncier Rural, lancé à partir de 1989-90, visait, entre autres, à sécuriser les droits transmis ou acquis selon la « coutume ». Mais la « ré-appropriation » du projet par les dynamiques sociales et politiques locales préexistantes a provoqué plus d'incertitude dans les zones où les droits étaient le plus vigoureusement disputés et où les différents partis politiques ont le plus politisé la question foncière.

La loi sur le Domaine foncier rural (Loi n° 98-750 du 23 décembre 1998) semble également relever surtout d'une logique de régulation politique interne. La loi a été élaborée après la mort d'Houphouët-Boigny, sous la pression de conflits fonciers violents, non seulement entre autochtones et migrants non ivoiriens mais aussi entre autochtones et migrants ivoiriens (comme les Baoulé dans l'Ouest forestier). En outre, le président Bédié se livrait alors à une révision critique de la politique foncière d'Houphouët-Boigny. Le mot d'ordre était clairement de dénoncer les effets de la consigne « la terre appartient à celui qui la met en valeur » et l'accueil sans restriction des migrants non ivoiriens. En 1996, alors qu'est diffusée la thèse de « l'ivoirité », un premier projet de loi « portant régime foncier rural » est présenté par le MINAGRA.

Les différentes moutures du projet de loi indiquent assez clairement les compromis successifs autour de la question foncière. L'objectif d'une taxe foncière est présent dès le « Projet de loi portant régime foncier rural » proposé en 1996 par le MINAGRI dans le sens de législation domaniale existante. Le projet de 1997, à l'inverse, établit sur la coutume, et donc sur les valeurs de « l'autochtonie », la légitimité originelle des droits constatés et certifiés. Il exclut aussi les non-Ivoiriens et les personnes morales du bénéfice de la propriété.

Prévue pour être présentée à la seconde session ordinaire de 1997, la loi ne peut être examinée lors de cette cession, officiellement pour cause d'ordre du jour trop chargé du Parlement. Il est probable que les conséquences possibles de la loi sur les droits acquis par les migrants baoulé dans l'Ouest forestier (dans le sens de leur affaiblissement au profit des détenteurs locaux de droits coutumiers) a conduit le gouvernement à approfondir la réflexion.

La procédure de préparation de la nouvelle loi sur le domaine rural est officiellement engagée courant 1998, alors qu'éclatent de nouveaux conflits entre autochtones de l'Ouest et migrants baoulé. Les « chefs traditionnels » sont conviés par l'administration territoriale à informer le Parlement en répondant à un questionnaire sur les règles traditionnelles qui régissent les terres et sur leur point de vue concernant le contenu de la nouvelle loi. Évidemment, les réponses vont dans le sens de la reconnaissance des « coutumes ». Des missions des différents partis politiques et des représentations parlementaires parcourent le pays pour informer les autorités coutumières du contenu du projet.

Il est clair que la préparation de cette loi donne lieu à de multiples manœuvres politiques à l'usage de l'électorat rural des différentes régions du pays, mais probablement aussi entre les membres du gouvernement, selon qu'ils sont originaires de régions pourvoyeuses de migrants (notamment baoulé) ou de régions d'immigration (notamment du Centre Ouest, de l'Ouest et du Sud Ouest). Au cours de sa discussion, la loi est présentée, selon les intérêts politiques des différents partis et leur assise régionale, comme une reconnaissance officielle les droits des propriétaires coutumiers et des chefs traditionnels, ou comme les dépossédant au contraire de leurs droits au profit de l'État. Elle est aussi présentée alternativement comme une loi protégeant les droits de tous les Ivoiriens ou, à l'inverse, comme une « loi inspirée de la coutume akan » (le groupe akan comprend les ethnies de l'Est et du Centre, en particulier les Baoulé migrants dans l'ouest forestier), ou encore comme une loi protégeant les intérêts des « barons du régime ».

La préparation de la loi se poursuit dans un contexte politique national troublé par la préparation des élections présidentielles et législatives de 2000, dans le plus grand tumulte politicien et les pires campagnes de presse, mais aussi dans un contexte de méfiance des bailleurs de fonds internationaux vis-à-vis de « la volonté réelle du régime de reconnaître des titres villageois collectifs et de mettre en place des mécanismes de gestion locale ». Le vote de la loi intervient finalement en décembre 1998, alors que le FMI suspend son aide à la CI.

Par rapport au projet de 1997, les deux principales inflexions de la loi définitive sont les suivantes:

A. La clause de nationalité est renforcée par plusieurs mentions ajoutées à l'article 1; les héritiers de droits de propriété acquis antérieurement à la loi par des non Ivoiriens doivent « céder » (et non plus « vendre ») les terres ou faire retour à l'État.
B. Obligation est faite aux titulaires de certificats fonciers d'immatriculer dans un délai de trois ans et, en cas de certificats fonciers collectifs, à morceler le bien foncier pour obtenir un titre individuel. Cette disposition semble ressortir de la pression de l'ensemble des députés. Elle semble refléter une exigence de « modernité », en cohérence avec le profil sociologique dominant des députés, mais aussi avec les stratégies de diversification des activités économiques de la partie de la petite bourgeoisie ivoirienne qui a survécu aux différentes phases d'ajustement structurel.

Votée le 23 décembre 1998 à l'unanimité des députés, moins une abstention, la loi apparaît donc consensuelle. D'ailleurs, après le vote de la loi, le FPI a fortement revendiqué l'initiative et le contenu de la loi (elle est connue, dans le Sud Ouest, sous le nom de « loi Gbagbo »). Bien que non encore appliquée, faute de financements internationaux, la loi, ou plus précisément la perception qu'en ont eu les populations locales à travers les déclarations des politiciens locaux et nationaux pour légitimer leur action en faveur de leur électorat local, a certainement provoqué des effets d'annonce et d'anticipation. Toutefois, il ne semble pas que la loi constitue en soi un facteur décisif des tensions foncières actuelles, celles-ci s'expliquant plutôt par la conjonction des facteurs structurels examinés plus haut.

La crise de l'agriculture de plantation à partir des années 80 semble donc bien avoir été amplifiée par l'incapacité de l'élite politique à redéfinir un « compromis » politique susceptible de faire émerger un accord sur la définition des droits fonciers. En particulier, dans un contexte de raréfaction des ressources et de politique d'ajustement, le sentier de dépendance créé par le système de redistribution clientéliste des droits a provoqué une crispation des élites politiques sur une attitude de défense des intérêts régionalistes. L'« ethnicisation » de la question foncière et la stigmatisation des Burkinabè s'en sont trouvées accrues, sans que soit recherchée une réponse à la marginalisation des jeunes générations, aux tensions entre générations et entre citadins « ressortissants » et villageois.

Pour leur part, malgré la gravité de la crise de la ruralité et de ses implications foncières, les bailleurs de fonds n'ont entrepris aucune action d'envergure relativement à ces questions, hormis les effets attendus de la dévaluation du franc CFA sur le revenu des producteurs ruraux. Ces effets ont en réalité été extrêmement circonscrits dans le temps et n'ont certainement pas compensé les effets directs et indirects de la mise en œuvre brutale des politiques de libéralisation dans les campagnes. Les bailleurs de fonds ne voulant surtout pas se mêler de questions foncières, jugées politiquement délicates, leur principal appui dans le domaine foncier s'est porté sur le financement du Plan Foncier Rural, avec les faibles résultats déjà évoqués. Avant l'actuel conflit, un financement était également prévu pour la mise en œuvre de la nouvelle législation de 1998, avec cependant des réserves concernant la faible sécurisation des droits des exploitants non ivoiriens – les mêmes que soulignent l'accord de Marcoussis dans le seul point consacré à la question foncière.

Il est cependant peu probable que le défi que représente la crise de la ruralité, sous ses aspects fonciers mais aussi politiques et intergénérationnels, s'accommode d'une perception simplement technique et juridique de la sécurisation des droits. Des informations récentes sur les implications de la situation de guerre dans un village de la préfecture d'Oumé, dans le Centre Ouest ivoirien, sont, à cet égard, révélatrices des dynamiques en cours.

La crise de la ruralité à l'épreuve du conflit: un exemple villageois[2]

La région d'Oumé était dans les années 70 l'une des principales régions productrices de cacao et de café. Les résultats du recensement de 1998 reflètent cette situation d'ancien front de colonisation agricole, où la densité de population est de 78 hab./km². Les résidents issus des communautés autochtones (gban et gouro) représentent moins du quart de la population rurale (22,4%); les migrants baoulé du Centre du pays, installés à partir de la fin des années 50 avec l'appui de l'administration, en représentent plus du tiers (33,2%); les non Ivoiriens représentent 31,6% et les seuls Burkinabès, venus d'abord comme main d'œuvre et qui ont accédé ensuite à la terre à partir des années 60 et 70, représentent à eux seuls près du quart (24,6%) de la population rurale du département. On retrouve ces mêmes ordres de grandeur dans le village gban de B., qui se trouve à l'écart des principales voies de communication.

Les informations présentées ici montrent comment le conflit s'ancre dans les dynamiques sociales locales préexistantes et, réciproquement, comment ces dynamiques se nourrissent de la situation actuelle et de la recomposition des marges de manœuvre des principaux groupes d'acteurs. À titre d'indicateurs des processus sociaux en cours, nous restituerons brièvement l'évolution, depuis le mois de septembre, de trois « enjeux » (au demeurant liés) qui, bien avant le conflit, contribuaient à structurer l'arène socio-politique villageoise: les relations entre les autochtones et les différentes catégories de migrants; les relations entre les jeunes générations et les autorités familiales et villageoises; l'enjeu que constitue le fonctionnement des coopératives dans la commercialisation du cacao et du café, principales sources de revenu des agriculteurs de la région et principale ressource pour les équipements collectifs villageois. Un nouvel enjeu, les barrages tenus par les jeunes « patriotes », constitue la clé de voûte et le révélateur des nouveaux rapports de force.

a) « Jeunes patriotes » et « barragistes »

Peu après le déclenchement de la rébellion, les autorités politiques et administratives locales ont clairement indiqué que la situation de guerre imposée à la Côte d'Ivoire devait mobiliser plus particulièrement les jeunes. Elles ont demandé aux parents qui avaient des fusils de chasse de les mettre à la disposition des jeunes afin qu'ils gardent les villages. Par cette simple consigne, les jeunes venaient d'acquérir un pouvoir.

Ceux que l'on nomme localement « les barragistes » se présentent comme les émules des « jeunes patriotes » popularisés par les médias pour leurs actions d'éclat à Abidjan. Ils sont organisés en association villageoise. Les barrages sont essentiellement composés de jeunes autochtones. Dans le village de B., la majorité des « barragistes » sont des jeunes de moins 30 ans. S'y sont joints des Gouros résidant dans le village (et de jeunes Baoulé dans certains autres villages).

D'après l'opinion locale, les barrages des jeunes patriotes érigés dès les premières semaines de la crise à la demande des autorités pour éviter l'infiltration des assaillants, ne jouent plus véritablement ce rôle. Plutôt que de procéder à des fouilles systématiques, les barragistes se cantonnent à des contrôles d'identité pour « racketer » chauffeurs et occupants des véhicules. Dans le village de B., à l'écart des axes de communication, le racket se fait sur les migrants Burkinabès, mais aussi, lorsqu'ils ne disposent pas de papiers, sur les migrants ivoiriens et même sur des Gban et des Gouro non originaires du village. Il existe une coordination entre les groupes de patriotes des différents villages voisins. Des échanges de barragistes sont par exemple effectués d'un village à l'autre. L'un des objectifs explicites de ces échanges est de faciliter le racket des migrants. Les liens de connaissance antérieurs tissés entre les jeunes barragistes et les « étrangers » de son village peuvent en effet entraver l'efficacité et le rendement d'un contrôle.

L'intérêt économique des barrages peut être considérable pour ces jeunes adultes, qui sont généralement sans grande ressource au village alors qu'ils sont mariés, quelquefois à plusieurs épouses. Outre le petit racket, pour acheter des cigarettes ou pour manger, et le prix du passage payé par les véhicules de transport de passagers, de produits de traite et de marchandises diverses, les barragiste exige un « droit » de ceux qui n'ont pas de papier d'identité. on peut estimer qu'un barrage rapporte une somme de 20.000 f cfa par jour, voire plus. Les barragistes se répartissent la somme entre eux et une faible partie seulement est versée dans la caisse officielle, destinée à financer les déplacements. à titre d'indication, dans le village de B., la caisse des barragistes aurait reçu jusqu'à ce jour (fin février 2003) plus de 150.000 f cfa. on peut estimer que les jeunes barragistes se sont vraisemblablement partagés plus d'un million.

b) Les relations intercommunautaires

Comme on pouvait s'y attendre, ces relations évoluent différemment selon l'origine des migrants. Nous examinons d'abord le cas des relations entre les autochtones et les Burkinabès.

Une grande et constante méfiance empreint les relations entre autochtones et Burkinabès. Les villageois redoutent les Burkinabè parce qu'ils sont plus nombreux qu'eux-mêmes et, selon la rumeur, tous armés. Inversement, les Burkinabè craignent des actions de représailles de la part des autochtones à la suite des accusations d'implication du Burkina Faso dans le conflit. Le moindre incident peut déclencher une confrontation, comme le montre plusieurs incidents. On observe cependant que les autorités villageoise s'efforcent d'apaiser les relations avec les Burkinabès et s'interposent en cas de comportements abusifs des « barragistes » à l'égard des étrangers résidant au village. En outre, tout différend entre autochtones et Burkinabè ne dégénère pas en une confrontation collective. Toutefois, les sanctions imposées au contrevenant étranger semblent beaucoup plus lourdes qu'auparavant. Dans ce contexte de peur diffuse, l'attitude générale des Burkinabè est basée sur une stratégie de la discrétion.

La méfiance et la peur réciproque entre les deux communautés ont-elles interféré sur les échanges sociaux et surtout économiques?

Les pratiques foncières antérieures, telles que la prise en garantie de plantations et les achats de portions de terre par des Burkinabè auprès d'autochtones ne sont plus de mise (elles se raréfiaient déjà depuis la proclamation de la loi sur le Domaine foncier rural). Toutefois, les autochtones continuent de louer de la terre aux Burkinabès pour leurs cultures vivrières. Les pratiques de crédit auprès des Burkinabè semblent aussi interrompues. Elles étaient déjà moins courantes depuis quelques années à cause des difficultés croissantes de remboursement auprès des autochtones et la proclamation de la loi sur le Domaine foncier rural. La rumeur court que, si les Burkinabè refusent de prendre des créances, c'est aussi parce qu'ils auront besoin de tout leur argent s'ils doivent quitter le pays.

L'évolution des relations entre les autochtones et les Baoulé, l'autre composante majeure de la population migrante, est différente. Il existe une méfiance ancienne entre les deux communautés, mais il est peu question d'eux dans les discours et causeries des villageois Gban. On note une sorte de rapprochement entre les Baoulé et les Gban qui semblent partager les mêmes problèmes et surtout la même cible de critiques: ensemble, ils accusent les étrangers, et surtout les Burkinabès, « d'avoir endeuillé des milliers de familles ». Dans certains villages, de jeunes Baoulé font d'ailleurs partie des barragistes, mais cela ne semble pas la règle.

c) Les relations entre générations et le nouveau pouvoir des « jeunes »

Les événements ont fortement contribué à renforcer la position des « jeunes » dans l'arène politique villageoise. En rappelant leurs responsabilités particulières dans la situation actuelle, en leur confiant les armes des « vieux » et en officialisant leur fonction et leur statut de patriotes défendant la patrie en danger, les autorités civiles et politiques leur ont donné un pouvoir symbolique considérable.

Cette attitude n'est pas nouvelle dans certains de ses aspects. Elle correspond à une tendance constante de l'Administration, depuis au moins les années 90, à encourager la promotion aux responsabilités villageoises des hommes jeunes, surtout s'ils sont lettrés et s'ils ont une expérience qui déborde du cadre strictement villageois. Cette volonté politique de rajeunir les responsables villageois correspond certainement au souci de « moderniser » les sociétés locales. Elle correspond aussi à la nécessité éprouvée par les autorités politiques de répondre au malaise - et aux problèmes politiques - provoqués par le sous-emploi de cette catégorie sociale, qui la rend par conséquent « dangereuse ». Les difficultés de ces jeunes « rurbains » à s'insérer dans le milieu villageois et à accéder aux ressources foncières raréfiées font de ces jeunes une véritable « population flottante » à l'affût de toute opportunité de gain, d'aventures en migrations lointaines... ou d'enrôlement dans des mouvements de contestation.

Dans le village de B., ces jeunes ont pesé durant la dernière décennie sur la vie sociale et politique locale, en participant aux organisations villageoises, en protestant collectivement et bruyamment dans certaines occasions (les morts suspectes de jeunes ont servi à plusieurs reprises à condamner publiquement les activités occultes des vieux), en provoquant ou en attisant les conflits avec les migrants et, tout récemment, en participant activement au renversement de l'ancien chef de village. Le nouveau chef, employé en activité d'un service administratif dans une grande ville, est considéré comme correspondant davantage aux aspirations des jeunes (dans les villages du Sud du pays, les jeunes et les « ressortissants citadins » des villages se retrouvent souvent en coalition d'intérêts contre les notables et les vieux). La situation actuelle de conflit est un élément nouveau qui s'inscrit par conséquent dans une dynamique de confrontation au sein de l'arène politique villageoise. Avec l'appel officiel des autorités à s'organiser, la nouvelle donne renforce la position des jeunes et leur donne l'occasion d'agir collectivement en tant que tels, d'autant que les bénéfices tirés des barrages leur donne une autonomie économique inattendue et conséquente.

La composition sociale du « bureau » des barragistes de B., composé de cinq personnes, appellent plusieurs observations: ils sont âgés d'une trentaine d'année ou moins; ils ont connu des difficultés de scolarisation ou dans leurs ambitions professionnelles; certains ont déjà eu des démêlés à propos de questions foncières avec des migrants burkinabès, dont ils cherchaient à « arracher » des parcelles cédées par un aîné de la famille; enfin, si la majorité affichent leur affiliation au FPI (largement dominant chez les autochtones gban du village), l'un est le représentant villageois du PDCI.

L'effectif des barragistes a évolué au cours des évènements. Nombreux au début, certains se sont retirés, jugeant que c'était une perte de temps (les évènements sont survenus au début de la période de la cueillette et de la commercialisation du cacao et du café et de l'entretien du verger après récolte). On remarque surtout aujourd'hui, parmi les barragistes, des jeunes déscolarisés faiblement dotés en terre ou dont les plantations ne sont pas encore productives, souvent engagés dans des relations conflictuelles avec les autorités familiales proches (leur père ou, quand celui-ci est décédé, l'oncle ou le grand frère, par qui a transité l'héritage du patrimoine foncier familial). Pour ces jeunes, dont l'engagement dans l'agriculture est le plus souvent un pis-aller, le bénéfice tiré des barrages constitue une aubaine providentielle: « Gbagbo a dit que s'il accédait au pouvoir, il allait trouver du travail à tout le monde; c'est ce que nous sommes en train de faire », déclare l'un de ces barragistes.

Aussi, les barrages et la gestion de la situation de guerre sont-ils devenus de nouveaux enjeux dans les relations conflictuelles entre générations. On peut identifier plusieurs indices significatifs de la compétition entre les autorités familiales et villageoises et le « pouvoir jeune ».

A. Un certain nombre de chefs de famille âgés de B. ont, depuis le début de la guerre, récupéré les fusils de chasse laissés aux jeunes, de peur que ceux-ci ne s'érigent en « bandes de voleurs ». Mais, dans d'autres villages que B., on entend certains jeunes dire que « même si cette guerre finit, nous, on finira pas de dresser les barrages ».
B. L'interposition des autorités villageoises en cas de comportements abusifs à l'égard des « étrangers » résidant au village rencontre la désapprobation des jeunes, surtout lorsqu'il s'agit de Burkinabès. Ils expriment leur mécontentement vis-à-vis du chef et de ses notables lorsque leurs réprimandes se fait en présence des étrangers.
C. La situation de guerre ne fait pas disparaître les occasions « collatérales » de conflit entre jeunes et autorités villageoises. Par exemple, le report, pour cause de conflit, d'un concours intervillageois de danse organisé par les jeunes de B. a suscité une marche de protestation des jeunes, certains affirmant qu'ils boycotteront la cérémonie d'intronisation publique du nouveau chef.

La situation de guerre contribue ainsi à une reconfiguration du champ de pouvoir au sein du village. Elle s'inscrit certes dans le sens des dynamiques préexistantes, mais elle introduit aussi pour l'avenir des arguments nouveaux et des marges de manœuvre différentes.

d) *La scission de la coopérative et l'instrumentalisation par les jeunes du « tutorat » entre autochtones et Burkinabè*

La coopérative de B. est un enjeu important à bien des égards. Elle permet l'accès aux ristournes sur la vente, qui financent les équipements collectifs du village (école, électrification, puits). Les coopératives faîtières délivrent également divers services. Le contrôle de la coopérative villageoise permet aussi de délivrer des services de crédits de dépannage aux réseaux proches de parenté et d'affinité, et, pour les membres du bureau, de tirer quelques « à-côtés » par des petites fraudes systématiques et, dans les cas les plus graves, par des détournements. L'appartenance au bureau de la coopérative est donc un bon « relais » d'insertion pour les jeunes et les scolarisés, qui occupent au moins les postes de gestion les plus techniques, au gré des changements de bureau (au moins trois depuis le début des années 90).

La coopérative est aussi un enjeu important dans les rapports intercommunautaires entre autochtones et migrants. La participation des planteurs baoulé et burkinabès, dont la production est bien plus importante que celle des autochtones, est en effet le moyen de bénéficier d'une rente collective sur les ristournes correspondant au volume de leur production. C'est pour cette raison que la campagne des autorités administratives lancée depuis 2001 contre les « pisteurs » (essentiellement burkinabès), accusés de détourner le produit de la coopérative villageoise, a été accueillie avec satisfaction par beaucoup de villageois autochtones, en particulier les jeunes qui participent au fonctionnement de la coopérative.

C'est ainsi qu'au mois d'août, peu avant le déclenchement des hostilités, une coopérative concurrente de la coopérative villageoise existante fut créée par son ancien président, destitué peu de temps auparavant pour mauvaise gestion. Il a un profil représentatif des « rurbains » en mal d'insertion (ancien encadreur d'une société d'État spécialisée dans le développement agricole, il fut « compressé » lors de l'ajustement structurel mis en œuvre au cours des années 80). Il recruta l'essentiel des adhérents de la coopérative dans sa famille. Pour rassembler plus de produit, il fit le tour des « étrangers » auxquels son père (important « vendeur » de terre) ou des membres de son lignage avaient cédé des portions de terre, parmi lesquels de nombreux Burkinabès. Il réussit ainsi à capter la production des Burkinabès dont les membres de sa famille étaient les « tuteurs ». La situation des migrants (tout cela se passait durant le conflit) ne leur laissait pas le choix, en dépit du risque de mécontenter les adhérents de la coopérative majoritaire.

L'affaire de la scission de la coopérative de commercialisation du cacao et du café illustre également comment la gestion des enjeux ordinaires, mais stratégiques du point de vue de la micro-politique villageoise, s'alimente de la situation de guerre. On retrouve dans cet épisode les principaux ingrédients déjà soulignés: les rapports entre générations et les relations intercommunautaires. Au départ, l'affaire reposait sur une affaire de susceptibilité entre familles autochtones et sur la stratégie de positionnement d'un « jeune » dont le profil sociologique est proche de celui des « barragistes ». Au final, elle interfère sur les relations entre communautés et, dans la situation actuelle, elle contribue à accroître les craintes des Burkinabè.

De cette tentative d'analyse « à chaud », il ressort que, contrairement à une image qui ressort des informations médiatiques, les populations rurales ne subissent pas passivement la guerre et l'insécurité. Dans la continuité d'un contexte antérieur propice à l'explosion des tensions, la situation actuelle alimente et réactive les antagonismes structurels, notamment entre les générations, entre les « jeunes » et les autorités villageoises et, par répercussion, entre autochtones et migrants.

Toutefois, dans la mesure où le conflit ne remet pas encore en cause, au moins à court terme, les bases économiques de la société villageoise, il n'aboutit pas à une désagrégation des relations sociales et ne suscite généralement pas, du côté des autorités villageoises, d'initiatives irrémédiables d'exclusion, comme tendrait à le faire plus volontiers la nouvelle génération des « urbains » villageois, largement sacrifiés depuis vingt ans par les gestionnaires des affaires du pays.

L'équilibre des forces se jouera certainement à peu de chose. Que penser par exemple du fait que les bénéfices tirés en cinq mois des activités des « barragistes » d'un petit village excentré représentent une somme plus importante que la capacité annuelle d'épargne de la coopérative pour financer les équipements collectifs? Qu'adviendra-t-il si les bases économiques locales se délitent?

En tout état de cause, notre analyse s'inscrit assez bien, tout en la nuançant au regard des différences du contexte ivoirien, dans l'interprétation que Paul Richards a présentée dans son remarquable ouvrage *Fighting for the Rain Forest* (1996) consacré à la guerre en Sierra Leone. Loin d'exprimer l'incontrôlable irruption de « nouveaux barbares » confrontés à la disparition de la rente forestière, la position des « jeunes » reflète davantage l'attitude destructive « d'intellectuels exclus » par l'élite politique établie, perçue comme corrompue. L'antidote de cette violence peut certes provenir en partie de l'action collective locale, non seulement de la part des jeunes, comme le met en avant Paul Richards, mais aussi d'un rééquilibrage des pouvoirs villageois, en cours de recomposition.

Mais pour cette région relativement épargnée par le conflit, l'après-guerre constituera aussi un tout autre défi, dont la portée est nationale: surmonter les fractures structurelles héritées de la longue période d'houphouétisme, aggravées par la « politique du ventre » des élites politiques et intellectuelles, et que les politiques d'ajustement structurel et d'affaiblissement de l'État imposées par les bailleurs de fonds ont largement contribué, au mieux, à occulter et, au pire, à aggraver.

Notes

1. Pour des informations plus précises ou des analyses portant sur des aspects spécifiques, nous renvoyons à la sélection bibliographique.
2. Cette partie est reprise d'un article de J.-P. Chauveau et K. S. Bobo (2003), dans *Politique Africaine*: « La situation de guerre dans l'arène villageoise. Un exemple dans le Centre Ouest ivoirien ».

Références

Beauchemin, C., 2000, *Le temps du retour? L'émigration urbaine en Côte d'Ivoire, une étude géographique*, Thèse de doctorat, Université Paris VIII, Institut Français d'Urbanisme, 406 p.

Bobo, K. S., 2001, *La question de l'accès à la terre des jeunes et des citadins de retour au village: cas de Donsohouo dans la sous-préfecture d'Oumé*, Mémoire de maîtrise, Université de Bouaké, Département d'anthropologie et de sociologie, Côte d'Ivoire.

Chappell, D. A., 1989, « The Nation as Frontier: Ethnicity and Clientelism in Ivorian History », *The International Journal of African Historical Studies*, 22, pp. 671-696.

Chauveau, J.-P., 2000, « Question foncière et construction nationale en Côte d'Ivoire. Les enjeux silencieux d'un coup d'État », *politique Africaine*, 78:94-125.

Chauveau, J.-P., 2002, « The Institution of the « tutorat » between Locals and Migrants, and its Evolution. The Moral Economy, State, Inter-ethnic Relations and Land Rights (Gban Region, Côte d'Ivoire) », provisional paper, *Workshop in Frankfurt/M.: Land Rights and the Politics of Belonging in West Africa*.

Chauveau, J.-P. 2002, *La loi ivoirienne de 1998 sur le domaine foncier rural et l'agriculture de plantation villageoise: une mise en perspective historique et sociologique*, Réforme agraire, (1):62-78.

Chauveau, J.-P. et K. S. Bobo, 2003, « La situation de guerre dans l'arène villageoise. Un exemple dans le Centre Ouest ivoirien ». À paraître dans *Politique Africaine*.

Chauveau, J.-P. et J.-P. Dozon, 1985, « Colonisation, économie de plantation et société civile en Côte d'Ivoire », Cahiers ORSTOM, sér. *Sciences Humaines*, XXI (1):63-80.

Chauveau, J.-P. et J.-P. Dozon, 1987, « Au cœur des ethnies ivoiriennes… l'État », in E. Terray (ed), *L'État contemporain en Afrique*, Paris: L'Harmattan: 221-296.

Chauveau, J.-P. Et E. Léonard, 1996, « Côte d'Ivoire's Pioneer Fronts: Historical and Political Determinants of the Spread of Cocoa Cultivation », in W.G. Clarence-Smith et Ruf, F. Ed., *Cocoa Pioneer Fronts since 1800. The Role of Smallholders, Planters and Merchants*, Basingstoke: Macmillan, 176-194.

Dozon, J.-P., 2000, « La Côte d'Ivoire entre démocratie, nationalisme et ethnonationalisme », *Politique Africaine*, 78:45-62.

Léonard, E. et M. Oswald, 1996, « Une agriculture forestière sans forêt. Changements agro-écologiques et innovations paysannes en Côte d'Ivoire », *Natures – Sciences – Sociétés*, 4 (3):202-216.

Losch, B., 1999, *Le complexe café-cacao de la Côte d'Ivoire. Une relecture de la trajectoire ivoirienne*, thèse de Sciences économiques de l'Université de Montpellier I, 2 vol.

Losch, B. 2000, « La Côte d'Ivoire en quête d'un nouveau projet national », *Politique Africaine*, 78:5-25.

Losch, B., Mesplé-Somps, S., Chauveau, J.-P. 2002, *Le processus de libéralisation et la crise ivoirienne. Une mise en perspective à partir du cas des filières agricoles. Note d'analyse et annexes*, Ministère des Affaires Étrangères, CIRAD, DIAL, 21 + 27 p.

Mamdani, M., 1996, *Citizen and Subject. Contemporary Africa and the Legacy of Late Colonialism*, Princeton, N.J.: Princeton University Press.

République de Côte d'Ivoire. Recensement Général de la Population et de l'Habitat 1998.

Richards, P., 1996, Fighting for the Rain forest. War, Youth & Resources in Sierra Leone, Oxford et Portsmouth: IAI.- James Currey-Heinemann.

Ruf, F., 1995, *Booms et crises du cacao. Les vertiges de l'or brun*, Paris: Ministère de la Coopération-Karthala-Cirad.

Spittler, G., 1983, « Administration in a Peasant State », *Sociologia Ruralis*, 23:130-144.

Vidal, C., 1991, *Sociologie des passions* (Côte d'Ivoire, Rwanda), Paris: Karthala.

Woods, D., 1994, « Elites, Ethnicity, and 'Home Town' Associations in the Côte d'Ivoire: An Historical Analysis of State-society Links », *Africa*, 64 (4):465-483.

6

Stratégies identitaires et migratoires des ressortissants africains résidant à Abidjan : quelle évolution possible ?

Sylvie Bredeloup

En Côte d'Ivoire, les frontières bougent. L'étranger, qui participait hier au développement économique et politique du pays, devient aujourd'hui celui qui met en péril son avenir. L'Ivoirien du Nord, qui s'était allié, au temps d'Houphouët-Boigny, au Baoulé, dans le creuset ivoirien, est assimilé à un « étranger de l'intérieur ».[1] Dorénavant, l'étranger et le non-citoyen ne font plus qu'un. Le migrant, qui s'était installé durablement ou provisoirement en Abidjan devenant résidant et vivant en bonne intelligence avec son voisin n'a jamais contribué à la constitution d'enclave ethnique. Il se trouve pourchassé, brutalisé voire sacrifié dans les bidonvilles de la capitale économique en raison de son origine supposée. Autrement dit, la qualité première de l'étranger, sa capacité à être un hôte[2] – à être reçu même s'il n'est pas attendu – est sérieusement réinterrogée en cette période de turbulences politiques. La perception de l'autre se transforme, en définitive, selon qu'on pressent en lui un vaincu, un collaborateur potentiel ou un agresseur. La position de l'étranger n'est pas déterminée une fois pour toute; elle varie dans le temps et dépend de son utilité pour la collectivité comme de l'évolution politique des cités et des brassages qui transforment ou non les grilles de valeurs. Loin d'être assimilée à une promotion régulière et continue dans le temps, l'histoire de l'étranger en Côte d'Ivoire, comme partout ailleurs[3] si on se réfère à l'histoire longue, est chaotique. Des périodes d'ouverture, où l'hospitalité la plus chaleureuse est revendiquée, alternent avec des phases de réticence, où la xénophobie la plus sordide est prônée. C'est une histoire à rebondissements qui ne saurait non plus se résumer au cycle relationnel habituellement décrit par les sociologues de Chicago pour tramer les trajectoires des différents groupes immigrés – isolement, contact, compétition et accommodation. Partout dans le monde, il est usuel qu'à des périodes données et selon un modèle récurrent, l'étranger – le barbare, le métèque ou l'apatride – en mettant en avant sa différence, aiguise les rancœurs, concentre toutes les haines et s'apparente à la figure du bouc émissaire, traduisant toutes les déconvenues politiques. « Les étranges et multiples manières de se dire d'un lieu ou d'un non-lieu, de s'affirmer avec hauteur de sang épuré », « de se dire autochtone ou de vouloir de souche » ne sont pas spécifiques à la Côte d'Ivoire. L'historien M. Detienne a déjà montré, à partir d'une relecture érudite des « mythidéologies », comment se fabrique l'autochtonie, l'ancestralité et comment se produisent des histoires nationales.

Déjà, au milieu des années 1990, le non-ivoirien avait redécouvert son étrangeté, reconfigurant à la fois ses relations de voisinage et de travail. Il s'était retrouvé dans l'obligation de s'identifier à une nationalité qu'il avait oublié pour s'être investi, sans retenue, dans le développement du pays et de sa capitale économique ou pour avoir cru à son intégration. Comment l'étranger – plus particulièrement le migrant arrivé de l'Afrique subsaharienne ou son descendant – réagit-il aujourd'hui à ces nouvelles formes d'exclusion alors qu'une nouvelle insurrection militaire en septembre 2002, débouchant sur six mois de conflit armé, a provoqué le déplacement de milliers de personnes ? Quelles stratégies[4] à la fois identitaires et migratoires a-t-il expérimenté et continue-t-il de négocier pour sortir de l'ornière identitaire et construire son avenir ?[5]

Comment être autochtone en Côte d'Ivoire ou l'étrange destin de l'étranger

L'étranger et l'allogène valorisés

Si le territoire baptisé Côte d'Ivoire, en 1893, par les colons français n'était pas vierge, il rassemble majoritairement des populations migrantes dont la présence, plus ou moins ancienne, relativise notablement la notion d'autochtonie mise en avant au cours de la dernière décennie par les tenants de l'ivoirité. « Personne n'a originairement le droit de se trouver à un endroit de la terre plutôt qu'à un autre » disait pourtant Kant. Parce que le territoire ivoirien était faiblement peuplé au moment de sa pacification, les colons y installèrent, aux postes administratifs, des auxiliaires africains en provenance du Dahomey et du Sénégal. De leur côté, les Voltaïques, originaires du territoire voisin furent réquisitionnés pour mettre en valeur les cultures de rente et participer à l'édification des infrastructures de transport nécessaires à leur écoulement. Fort de 3 millions d'habitants, le territoire de la Haute-Volta, créé en 1919, représentait plus du quart de la population de l'AOF (Coulibaly 1986). Les ressortissants du Soudan français qui, pour partie, avaient initié le commerce sur longue distance entre la zone soudanaise et le Sud forestier, au temps de Samory, au XVe siècle, furent aussi, mais dans une moindre mesure, commis aux emplois de manœuvres sur les grands chantiers coloniaux par le biais de l'impôt de capitation puis du travail forcé.

Parallèlement, les populations installées au nord du territoire ivoirien, appartenant au monde dioula[6] furent fortement encouragées par l'administration coloniale à accompagner le mouvement, en quittant la savane pour développer, dans le sud forestier, le café, le cacao et l'arachide ainsi que le négoce. D'emblée, elles furent assimilées par les gens du Sud, déjà installés, à des allogènes en provenance du Grand Nord islamisé, venus accaparer un nouveau territoire. C'est donc à partir de cette époque que s'est élaborée, pour une partie de la population du Sud, une perception ambiguë et ambivalente du monde dioula, tout à la fois ivoirien et étranger, collaborateur et concurrent en lien avec ses tendances expansionnistes (« malinkisation » des Senoufo) et ses caractéristiques religieuses.

Dès les années 1930, des populations Agni, issues des franges urbaines et bureaucratiques, des milieux dits « évolués » contribuèrent au sein d'associations,[7] à la défense des intérêts des autochtones et à la remise en cause de cette partition créée par le colonisateur. Elles exhortèrent les auxiliaires et fonctionnaires africains de la sous-région à quitter le territoire et entendirent récupérer des terres agricoles que s'étaient appropriées des Dioula et des Baoulé (Dozon 1997). En 1958, à Abidjan, à la veille de l'Indépendance, ces revendications nationalistes se soldèrent par l'expulsion de milliers de Dahoméens accusés de collaborer avec le colonisateur (Bonzon 1967, Tirefort 1999). Une fois au pouvoir, les nouvelles autorités ivoiriennes confortèrent pourtant le même clivage. Les allogènes – Baoulé et Dioula – conservèrent une place prépondérante dans la construction de l'économie ivoirienne fondée, pour l'essentiel, sur l'essor de l'économie de plantation. Et c'est d'ailleurs sur eux que s'appuyèrent alternativement le Syndicat Agricole Africain (SAA) et le Parti Démocratique de Côte d'Ivoire (PDCI) pour combattre le régime colonial.

L'autochtone et l'allochtone dans un même creuset

L'indépendance de la Côte d'Ivoire ne constitua pas pour autant une rupture véritable au sens où les allochtones conservèrent une place de choix dans le développement économique et la construction de la société. En l'absence d'une main-d'œuvre suffisante sur son territoire national, le gouvernement ivoirien dut recruter massivement à l'extérieur de la zone forestière et déployer une politique migratoire libérale. Baoulé, Dioula mais aussi Voltaïques et Maliens s'installèrent dans la forêt, répondant au mot d'ordre: *« la terre appartient à celui qui la cultive »*. Par ailleurs, Félix Houphouët-Boigny renforça les alliances entre Baoulé et gens du Nord, au prix de savants dosages au sein de l'administration et au détriment des populations autochtones de l'Ouest. Cette technique de panachage fut développée à tous les échelons politiques et quelques éléments contestataires furent intégrés au gouvernement de manière à prendre de vitesse toute tentative de déstabilisation. À la fois chef d'État dans un pays à parti unique pendant trois décennies et personnalité de sang royal, Houphouët-Boigny structura sa légitimité autour de l'univers baoulé (Memel-Fotê, 2000) tout en procédant à des arrangements divers destinés à concilier autochtonie et allochtonie. Alors que son pays connaissait une croissance économique exceptionnelle qualifiée un temps de « miracle ivoirien », prôner l'hospitalité ou la « culture de la paix » à l'intérieur du territoire devenait alors une posture aisée.[8] Poursuivant son raisonnement, il proposa, dès 1965, au Parlement ivoirien d'introduire le principe de double nationalité pour les populations originaires des pays du Conseil de l'Entente (Dahomey, Haute-Volta et Niger). Craignant un retour des cadres béninois dans l'administration ivoirienne, ce dernier refusa d'entériner la proposition du président. Même en pleine effervescence économique, les immigrés ne purent acquérir des droits politiques et sociaux pérennes ni bénéficier d'une politique d'intégration. L'étranger s'est donc retrouvé en situation de fait et non de droit, n'ayant d'autres garanties que la seule protection des gouvernants. Et de nouveaux rapports socio-économiques naquirent et s'établirent non sans heurts entre autochtones et étrangers notamment dans la valorisation du foncier rural (Dupire 1960).

L'autochtonie réactivée

Tandis que l'avenir du modèle de développement extensif adopté par la Côte d'Ivoire est fortement compromis par la saturation des réserves foncières et la chute des cours mondiaux des produits de rente, le gouvernement révise en profondeur son arsenal juridique prenant en compte les revendications d'autochtonie. D'abord, la loi du 21 décembre 1972 abroge toutes les dispositions du code de la nationalité relatives à l'acquisition de la nationalité ivoirienne par le droit du sang. Pendant près de dix ans, des naissances d'enfants nés sur le territoire ivoirien de parents étrangers avaient, en effet, été déclarées dans les mêmes registres de l'état civil que les naissances d'enfants nés de parents ivoiriens. L'ordre juridique est définitivement reconfiguré autour du droit du sang et l'acquisition de la nationalité ne peut plus résulter d'un acte juridique. Puis, à compter de 1975, à l'instar d'autres pays africains, le gouvernement met en place une politique d'« ivoirisation » des emplois qui accentue la pression sur les étrangers en leur interdisant l'obtention d'un emploi dans le secteur moderne de l'économie. Le 14 octobre 1991, prenant pour prétexte la lutte contre l'insécurité, le gouvernement impose la carte de séjour à tous les étrangers de plus de 16 ans, même citoyens de la CEDEAO,[9] violant les accords de libre circulation établis entre les pays signataires et introduisant une nouvelle discrimination entre les étrangers: les ressortissants de la CEDEAO, les autres Africains et les étrangers non-africains. Trois ans plus tard, à l'orée du multipartisme, les étrangers, rendus responsables du maintien au pouvoir du PDCI,[10] sont exclus de la citoyenneté et du droit de suffrage. Dans la pratique, depuis 1960, les ressortissants de la CEDEAO avaient toujours pu voter alors que l'article 5 de la constitution réservait le droit de vote aux seuls Ivoiriens.

De nouvelles clauses d'éligibilité sont également adoptées par l'Assemblée nationale excluant tous les Ivoiriens ayant un de leurs parents non-Ivoirien de naissance.[11] Dans la dérive nationaliste suscitée par ce nouveau dispositif, le principal concurrent d'Henri Konan Bédié (successeur constitutionnel d'Houphouët-Boigny), Alassane Dramane Ouattara est évincé du jeu électoral L'ex-premier ministre, directeur général adjoint au FMI à Washington et président du RDR[12] aurait des origines burkinabè.

L'adoption de ce nouveau code électoral, excluant l'étranger à la fois comme électeur et candidat à la présidence de la République, laisse entrevoir les premiers contours de l'ivoirité. Plusieurs catégories d'Ivoiriens sont créées au sein d'une même nationalité et la confusion entre origine et nationalité est largement entretenue. Les « Ivoiriens de souche » ou « Ivoiriens de fibres multiséculaires »[13] sont opposés aux

« Ivoiriens de circonstance » ou aux « demi Ivoiriens ». La première consultation présidentielle, depuis la disparition de Félix Houphouët-Boigny, boycottée par les principaux partis d'opposition, qui exigeaient le retrait du code électoral, porte à la magistrature suprême Henri Konan Bédié, en octobre 1995. Erigée en concept, l'ivoirité, « ce nationalisme à l'ivoirienne » permet au nouveau pouvoir en place de justifier, au plan théorique, grâce à l'appui d'intellectuels[14] les pratiques d'exclusion déployées sur le territoire ivoirien. En juillet 2000, après un premier coup d'état militaire et de nombreux débats portés à la Commission consultative constitutionnelle et électorale laissant supposer une révision de la constitution, aux motifs qu'elle contribue à diviser le pays, le code électoral devient, contre toute attente, encore plus restrictif. Pour être éligible, non seulement une double filiation est exigée, mais encore les deux ascendants ne peuvent avoir été naturalisés. Enfin, le candidat doit n'avoir jamais renoncé à la nationalité ivoirienne ni s'être jamais prévalu d'une autre nationalité.[15] Ces clauses sont supposées rendre encore plus aléatoires les chances présidentielles d'Alassane Ouattara. Un parallèle intéressant peut être établi avec l'élection de Périclès dans la Grèce antique au Ve siècle qui fut considérée comme une véritable révolution (Baslez 1984). Non seulement Périclès n'a pas poursuivi la politique de naturalisation de son prédécesseur, mais il a également mis en place de nouvelles discriminations légales donnant à la citoyenneté une dimension fonctionnelle. Pour être citoyen, il fallait aussi pouvoir justifier d'une double ascendance athénienne en ligne maternelle comme paternelle alors que précédemment l'admission dans le corps civique était une affaire purement locale. Cette restriction au statut de citoyen permit aux démocrates au pouvoir de rompre avec la tradition aristocratique des mariages mixtes et à Périclès de se débarrasser de deux opposants, tous deux nés de princesses étrangères, Cimon et Thucydide. Étrange répétition de l'histoire…

Parallèlement à la révision de la constitution ivoirienne, pour éteindre la polémique portant sur le « bradage de la nationalité ivoirienne » se met en place une politique d'identification des populations vivant en Côte d'Ivoire visant à lutter contre la fraude et à sécuriser l'état civil. Amorcée véritablement en 1990 avec l'institution de la carte nationale d'identité « sécuritaire » ou « infalsifiable », elle aboutit, en 2002, à l'élaboration d'une nouvelle loi relative à l'identification des personnes et au séjour des étrangers en Côte d'Ivoire. Derrière l'argument d'une modernisation du système de l'état civil, des partis politiques comme des associations craignent que cette procédure d'identification sécuritaire, assimilant confusément la localité de rattachement au village d'origine des ancêtres, ne participe à l'émergence d'un « apartheid à l'ivoirienne »[16] ni ne fabrique « des millions de citoyens sans papier »….[17]

L'étranger en Côte d'Ivoire: un migrant et un natif de Côte d'Ivoire

Cette redéfinition de l'étranger renseigne aussi sur les rapports de la société ivoirienne à elle-même. La Côte d'Ivoire ne peut plus proposer aux étrangers les mêmes garanties que par le passé et le quotidien y devient plus qu'incertain. Les contrôles d'identité, qui se multiplient dans les quartiers, les gares routières et les marchés, alimentent le malaise identitaire. Dans les campagnes, depuis la nouvelle loi sur le domaine rural (1998), les planteurs étrangers ne peuvent plus être propriétaires fonciers et sont exclus des terres du domaine coutumier (Chauveau 2000). À Abidjan, au lendemain du premier coup d'État de décembre 1999, des locataires ivoiriens ne voulaient plus payer leurs loyers sous prétexte que leurs propriétaires étaient étrangers. Des quotas d'étrangers sont institués envers les commerçants louant un stand ou une boutique sur les nouveaux marchés reconstruits, seul secteur de l'économie qui était encore ouvert, sans restriction, aux ressortissants d'origine étrangère (Bertoncello & Bredeloup, 2002). Après le putsch avorté de janvier 2001, la chasse à l'étranger africain de l'Ouest et musulman se propage dans toutes les communes d'Abidjan et dans les villes de l'intérieur aux cris de « Étrangers rentrez chez vous, Ivoiriens le commerce pour nous maintenant ». Cette vague de violence n'épargne pas non plus la communauté libanaise, installée depuis l'époque coloniale. Boucs émissaires de longue date en Côte d'Ivoire, les Libanais sont accusés de fraude fiscale quand ils ne sont pas suspectés d'avoir participé à la tentative de coup d'État. Plus récemment encore, la communauté française a été prise à partie au regard des prises de position ambiguës du gouvernement français.

La cohabitation devient problématique et bon nombre d'observateurs mettent en avant le poids démographique des étrangers pour expliciter les multiples dérapages. Effectivement avec quatre millions d'étrangers (4 000 047) dont 2 millions d'immigrants (2 109 930) pour une population totale de plus de 15 millions (15 336 672) d'habitants, la Côte-d'Ivoire est le premier pays d'immigration d'Afrique de l'Ouest. Le durcissement des politiques migratoires dans les pays africains d'immigration (Ghana, Nigeria, Gabon, Afrique du Sud), combiné à la recrudescence des troubles politiques (Liberia, Sierra Leone, Guinée, Congo) ont contribué à faire de la Côte d'Ivoire la principale zone réceptrice de la sous-région. Plus d'un habitant sur quatre de la Côte d'Ivoire est un étranger. Le poids des étrangers est très élevé comparativement aux pays voisins où il atteint entre 2 et 3%. Mais, cette proportion n'est pas pour autant exceptionnelle: selon le RGPH de 1993 au Gabon, 25% des travailleurs sont des ressortissants étrangers et en 1990, la population urbaine étrangère était estimée à 20%, dans ce pays qui est devenu, par ailleurs, un des champions en matière d'expulsions. En Europe, si les taux sont de l'ordre de 10%[18] ils ne prennent en compte que les « immigrés »,[19] nouvelle catégorie d'inspiration démographique qui s'est substituée par « magie sociale » à celle de l'étranger mais qui n'a jamais été utilisée par la statistique ivoirienne laquelle configurée autour du droit du sang ne peut projeter la construction d'indicateurs d'intégration.

Reflétant des arbitrages juridiques successifs sur la nationalité, la catégorie « étrangers » construite par la statistique ivoirienne regroupe à la fois les immigrants et leurs enfants qui n'ont pas été naturalisés ivoiriens. La polarisation entre l'étranger et le national polarise donc le dispositif statistique. Une césure a été introduite entre les populations nées en Côte d'Ivoire et les populations nées hors de Côte d'Ivoire. Ces dernières sont nommées de manière négative: les « non-nationaux ».

En Côte d'Ivoire, au fil des recensements, la structure de la population étrangère s'est notablement transformée. Dans l'ensemble « étrangers », la proportion des immigrants a diminué sensiblement au profit des ressortissants étrangers nés en Côte d'Ivoire. En effet, si en 1988 selon le RGPH,[20] les étrangers étaient pour 43% d'entre eux nés sur le sol ivoirien, dix ans plus tard, cette proportion a atteint les 47,3% (RGPH 1998). Près de la moitié donc des étrangers vivant en Côte d'Ivoire y sont nés. Autrement dit, l'augmentation de la population étrangère s'opère à présent autant par le jeu d'une forte natalité que par l'immigration.

Au-delà de cette distinction nécessaire à établir entre les non-natifs de Côte d'Ivoire et leurs descendants nés en Côte d'Ivoire dans un pays où prévaut le droit du sang, plus globalement, le poids des étrangers dans la population totale a lui-même légèrement diminué passant de 28% en 1988 à 26% en 1998, après avoir augmenté entre 1975 et 1988 (de 22% à 28%).[21] Depuis une décennie, le solde migratoire est en effet devenu négatif: les départs du territoire ivoirien sont plus nombreux que les arrivées. Principal pays côtier d'immigration pendant les années de croissance, la Côte d'Ivoire a perdu de son attractivité pour les pays enclavés depuis la crise des années 1980[22] (Blion 1992). C'est également la raison pour laquelle, la capitale économique se serait « autochtonisée », « ivoirisée » au cours des quarante dernières années: si plus d'un Abidjanais sur 2 était un étranger en 1955 alors que la ville comptait 125 000 habitants,[23] en 1998, à peine 3 Abidjanais sur 10 sont étrangers dans une cité forte de 2,8 millions d'habitants.

La population étrangère installée en Côte d'Ivoire reste à dominante masculine (55%) bien qu'elle se soit largement féminisée à mesure que se renforçait la part des natifs de Côte d'Ivoire dans l'ensemble étranger. Plus de 95% (RGPH 1998) des étrangers sont originaires des pays de la CEDEAO[24] et, en particulier, des pays frontaliers de la Côte d'Ivoire. Les Burkinabè, dont le poids a augmenté de 3,6% entre les deux derniers recensements, représentent 56% de la population étrangère de Côte d'Ivoire (soit 14,6% de la population totale du pays). Un Ivoirien sur 7 est donc Burkinabè ou d'origine burkinabè. Viennent ensuite les Maliens (19,8%), les Guinéens (5,7%), les Ghanéens (3,3%), les Béninois (2,7%) et les Nigériens (2,6%) et les Libériens (2%). Quant aux Français et Libanais, qui constituent une force économique non négligeable dans le pays, ils représentent moins de 2% de la population étrangère. Approximativement un ressortissant sur deux du Mali (51,2%), du Nigeria (52,2%), du Burkina (48,7%) et du Bénin (49,1%) est né sur le sol ivoirien alors que la proportion de natifs de Côte d'Ivoire est nettement plus faible parmi les Nigériens (24,5%) et les Ghanéens (26,8%), population essentiellement migrante.

En définitive, c'est moins la présence étrangère en Côte-d'Ivoire qui est en cause que le poids de la main-d'œuvre immigrée dans l'économie nationale: en 1975, la population étrangère africaine (21%) occupait 46% des emplois et percevait plus de 26% de la masse salariale (Ministère du Plan, 1976-80). En 1993, le taux d'activité des étrangers s'élevait à 73,2% pour un taux de chômage de 6,4% (Touré 2000). Plus récemment, une diminution du taux d'activité des étrangers ainsi qu'à leur recours croissant au salariat a été noté (Zanou 1997). En outre, la proportion des étrangers vivant au-dessous du seuil de pauvreté s'est très fortement aggravée entre 1993 et 1995 (World Bank 1997). La visibilité de l'étranger se serait donc accentuée à mesure que les conditions de vie se dégradaient et que les nationaux, pénétrant de nouveaux secteurs d'activités jusqu'alors délaissés, se trouvaient mis en concurrence avec les migrants étrangers. La Côte d'Ivoire n'aurait plus les moyens de sa « générosité » d'antan; l'augmentation du chômage provoquant des réflexes de défense et de défiance au sein de la population active.

Pour quelle affirmation identitaire?

Avant les derniers événements de septembre 2002, les ressortissants de l'Afrique de l'Ouest, qui avaient décidé de rester en Côte d'Ivoire, avaient néanmoins reconsidéré largement leur position par rapport à la citoyenneté ivoirienne. La première possibilité envisagée, au milieu des années 1990, avait été la naturalisation. Mais cette procédure longue, laborieuse était restée très exceptionnelle: on comptait en 1998, 1% seulement de naturalisés. Cette stratégie d'assimilation à l'Autre, la plus radicale, avait été rapidement abandonnée par les étrangers conscients de son inanité: la naturalisation n'empêchant pas les délits de patronymie. L'obtention de vraies cartes d'identités à partir de fausses déclarations ou, encore, de fausses cartes d'identité, délivrant une identité moins stigmatisante, ont également été des voies explorées par les étrangers avec la complicité des Ivoiriens.

L'acquisition d'un capital culturel ivoirien a également été une tactique d'assimilation au majoritaire largement employée par les étrangers. Nombreux ont été les étrangers notamment natifs de Côte d'Ivoire à adopter les goûts, les manières, le vocabulaire ivoiriens, à changer de prénom (Kouassi plutôt que Prince) ou de nom patronymique dans l'intention de se débarrasser d'une identité, plus ou moins consciemment, inférioriseé. Une autre attitude a consisté parfois à utiliser en famille la langue majoritaire – en l'occurrence le français – croyant ainsi favoriser son intégration.

> Je ne rentrais jamais au Burkina, uniquement à l'occasion de décès; j'avais même pensé prendre un temps la nationalité ivoirienne. Mes enfants sont nés ici, ils ne parlent pas le yarse et ils se sont rendus au Burkina qu'une seule fois. Je n'ai rien fait là-bas pas même construit une maison alors qu'ici à Abidjan, j'ai 6 maisons. Depuis le coup d'État, je ne dors plus. J'ai mal pour mes enfants, je me demande ce qu'ils vont devenir. Pour toute ma famille, c'est une évidence, il faut rentrer au pays même si ça ne va pas être facile. En Côte d'Ivoire, ça va pas s'arranger pour les étrangers. Depuis le coup d'État, mes locataires qui sont Ivoiriens refusent de payer leurs loyers. Je ne peux pas vendre mes maisons et les locataires ne veulent pas payer car ils pensent les récupérer cadeau… Il faut que j'arrive à trouver les moyens de construire ou d'acheter une maison au Burkina pour que ma famille puisse s'y installer en cas de coup dur ici… Si je pouvais sortir de terre mes maisons d'ici pour les transporter au pays….[25]

> Ma famille est ici en Côte d'Ivoire depuis environ 80 ans. Mon arrière grand-père qui avait fui le Nigeria pour le Ghana au début du siècle à la suite d'une guerre tribale entre les Haoussa et nous les Yoruba s'est installé à Aboisso dans les années 1920. Il vendait un peu de tout et pratiquait les travaux champêtres. Mon père est né à

> Bouaké et moi aussi. Depuis que je suis né ici, je ne me retrouve pas au Nigeria, c'est la culture ivoirienne qui est inculquée en moi. Je raisonne plus en baoulé qu'en yoruba... J'ai aussi formé beaucoup d'Ivoiriens qui font ma fierté. ... Les événements ont ébranlé nos certitudes. Nous n'avons plus le même enthousiasme. Je sais aussi que nous n'avons pas le choix, nous sommes un peu obligés d'être là parce que nos origines sont un peu perdues de l'autre côté...Nous avions toujours perçu la Côte d'Ivoire comme notre seconde patrie. Nous avons vécu cela comme un choc à travers lequel nous avons perdu nos repères...À travers ces événements nous avons compris que la Côte d'Ivoire n'est plus notre pays. Nous sommes donc à la recherche de stratégies pour gérer ce choc.[26]

Des étrangers ont accepté l'identité qui leur était prescrite et ont opté pour l'invisibilité. Des Burkinabè et des Nigériens ont endossé le statut de paysans illettrés et soumis, préférant les arrangements lors des multiples contrôles d'identité plutôt de se conformer à la loi pour faire ensuite respecter leurs droits. Certains n'ont pas hésité à se désolidariser de leur groupe d'appartenance pour se protéger. C'est ainsi qu'en 2000, dans les plantations du sud forestier, des Mossi ont préféré laisser des Lobi de Côte d'Ivoire et du Burkina être accusés d'avoir attaqué des autochtones plutôt que de prendre leur défense au nom des Burkinabè de Côte d'Ivoire. De la même manière, de vieux Nigérians installés en Côte d'Ivoire affirment ne pas percevoir la stigmatisation derrière la désignation d'« Anango » ou encore transfèrent cette injonction dévalorisante sur d'autres ressortissants du Nigeria, les Ibo, avec lesquels ils entretiennent des relations tendues et dont ils tentent par la même occasion de se différencier.

Une autre conduite consiste à rechercher des similitudes avec l'Autre dominant, à insister sur la communauté de classe d'âge, de statut social de façon à minimiser l'autre différence. Nombreux sont les étrangers à avoir adhéré à des associations de jeunes dans les quartiers, à des associations de cadres, à des clubs sportifs. Le travail identitaire peut prendre également la forme d'une valorisation des idéaux supranationaux (« nous sommes d'abord tous pour le panafricanisme »). Ces démarches relèvent toutes de stratégies intégratives. En 1995, des cadres casamançais installés dans la commune de Marcory, à Abidjan avaient créé une association ayant pour devise « L'union pour la Solidarité ». Ils proposaient gracieusement des cours du soir aux Ivoiriens; une façon pour eux de signifier leur volonté d'intégration et de lier leur avenir aux projets des Ivoiriens.

Aujourd'hui, alors que les étrangers se retrouvent dans une situation particulièrement inconfortable et dangereuse, on peut s'interroger sur l'efficacité de telles stratégies identitaires. La peur domine au sein des communautés étrangères qui font l'expérience quotidienne de la xénophobie et de la violence. Elle conduit à un repli, un enfermement sur soi et à des formes de résignation. Les étrangers semblent puiser de plus en plus dans le registre religieux pour apaiser leur souffrance et leur humiliation et pour conserver un espoir: « Mon avenir est en Côte d'Ivoire, nous sommes là. On prie Dieu pour que nos affaires marchent pour que la situation se calme » (catholique béninois). « Depuis plus de 40 ans de vie ici, on n'a pas vu ça... nous allons prier Dieu pour que tout s'arrange » (musulman nigérian).

Une autre stratégie identitaire consistant à revendiquer sa nationalité étrangère, à affirmer sa singularité avait été repérée à l'orée de l'ivoirité dans la communauté sénégalaise d'Abidjan (Bredeloup 1995). En 1995, les Sénégalais de Côte d'Ivoire, qui avaient bénéficié de la nationalité ivoirienne ou faisaient figure de notables, se décidaient à prendre la nationalité sénégalaise et commençaient à s'intéresser aux possibilités de réinvestir politiquement et économiquement au Sénégal au grand dam de leurs compatriotes. Ce même phénomène est apparu plus récemment chez les Maliens et Guinéens de Côte d'Ivoire. Avant l'automne 2002, ils étaient de plus en plus nombreux à oser revendiquer leur identité nationale délaissant leurs cartes d'identité ivoirienne, les déchirant même par dépit ou sous la pression de leurs compatriotes ou encore sollicitant leurs conseils supérieurs pour recouvrer leur identité originelle. Ces ressortissants africains étaient disposés à endosser le statut d'étranger en Côte d'Ivoire et donc à affronter les difficultés. Le travail identitaire avait consisté à s'identifier par rapport à une nationalité que beaucoup avaient oubliée, à lutter contre l'amnésie culturelle. Ce devoir de mémoire avait bien été compris par *Solidarité Paalga*, journal de la diaspora burkinabè en Côte d'Ivoire créé, quelques mois après le coup d'État de 1999, à l'initiative d'un jeune opérateur économique d'origine Burkinabè né en Côte d'Ivoire. Lors de son séjour ivoirien en mars 2002, M. Mélégué Traoré, président du Parlement du Burkina avait également tenu à rappeler à ses compatriotes que « quoi qu'il advienne, ils ne doivent pas oublier leurs origines » (*Le Jour*, 22/03/2002). Pour se défendre contre l'agression, les étrangers sont aussi conduits à s'affirmer, à se construire comme communauté solidaire, homogène, à s'essayer à la fluidité identitaire maximale alors que la réalité est bien évidemment différente. Quelles relations existent, en effet, entre les Mossi déportés à l'heure coloniale, leurs frères fuyant la sécheresse des années 1970, la révolution sankhariste ou encore leurs arrière petits enfants ne connaissant rien du Faso contemporain mais tout des us et coutumes ivoiriennes ? Quels liens encore établir entre le colporteur wolof hâbleur confronté, au quotidien, aux risques d'expulsion aux alentours des marchés, le bijoutier sénégalais et casté, barricadé dans sa boutique du côté de Treichville, le grand commerçant mouride de passage entre Hong Kong et New York et le Sénégalais de troisième génération surdiplômé qui officie dans un ministère abidjanais ? Les instances consulaires et associatives peuvent jouer un rôle décisif dans le rapprochement de ces populations diversifiées.

Autre forme de renaissance identitaire identifiée, l'affirmation d'une identité islamique « arabisante ».[27] En privilégiant leur identité religieuse, des jeunes islamistes de Bouaké, pour grande partie d'origine malienne, ont pris ainsi de la distance par rapport aux pratiques et symboles associés à leurs identités ancestrales du Mali mais aussi et surtout par rapport à l'identité nationale ivoirienne. Se sentant de plus en plus exclus de la vie des centres du pouvoir étatique en tant que musulmans, ils ont donc été amenés à développer de nouveaux processus d'identification. La normalisation du savoir religieux c'est-à-dire la capacité à lire le Coran en Arabe est à la base de leurs revendications. Ces jeunes appartiennent à une nouvelle élite intellectuelle. Les uns ont été scolarisés dans le milieu laïc et cumulent des diplômes universitaires; les autres ont suivi leur cursus dans les medersas d'Afrique de l'Ouest ou encore dans des écoles islamiques à l'étranger. Cette version arabisante de l'Islam se manifeste au cours des années 1990, au sein des associations de quartier islamiques au moment où, plus globalement, l'amalgame entretenu par les hommes politiques entre militant RDR-Dioula-Etranger-Musulman conduit les musulmans, ces « étrangers de l'intérieur », ces « citoyens de second rang » à restructurer leurs associations, à rénover l'Islam ivoirien en prenant notamment en charge la gestion des pèlerinages, des mosquées et l'encadrement des imams.[28] Pour ces jeunes, le pèlerinage à La Mecque, n'est plus considéré comme un événement unique au cours d'une vie mais devient un périple annuel et une condition de la pratique religieuse dès l'âge adulte.[29] Au niveau des discours, la participation au *hajj* est passée de la nécessité pour les personnes les plus âgées à une obligation.

L'installation de lieux de culte ou d'écoles enseignant la langue d'origine tout comme la mise en place d'organes de presse dirigés par les diasporas ressortissent à des tactiques dont disposent les étrangers de Côte d'Ivoire pour se donner une visibilité auprès du majoritaire et être intégrés dans la structure sociale ivoirienne. Mais dans le climat social qui prévaut actuellement, cette reconnaissance en tant que minorité culturelle ne semble pas être envisageable. L'affirmation identitaire devient particulièrement périlleuse et intenable sur le territoire ivoirien. Amorcé depuis quelques années, le retrait de Côte d'Ivoire, qui se manifestait à la fois par des réinvestissements économiques au pays d'origine et par un recentrage sur les affaires politiques nationales, ne peut plus prendre les mêmes formes. Alors que les étrangers quittent par dizaine de milliers le territoire ivoirien, on peut s'interroger sur l'accueil qui leur est réservé dans leur pays d'origine et sur les nouvelles stratégies identitaires qu'ils seront en mesure de déployer dans un environnement plus ou moins hostile. Leurs conduites dépendront, en effet, aussi de la place que leur concèdera les autorités et les populations de leurs pays d'origine respectifs. Il semblerait que les Burkinabè de l'intérieur ne soient pas convaincus de l'implication des Burkinabè de l'extérieur dans le financement et le développement de leur pays d'origine. Redevenir Burkinabè au Burkina, cela veut dire opérer une conversion identitaire, gérer la différence et travailler à la destruction des clichés bien enracinés qui représentent le « diaspo », c'est-à-dire l'immigré de longue date, comme un être sans passé, égoïste, arrogant, manquant de modestie et préoccupé par son seul bien-être.

Les migrants ne se sont pas vraiment préparés à ces retours précipités qu'ils craignaient par-dessus tout. Ils ne disposent donc ni d'un capital financier important ni d'un capital social élargi pour réinvestir, immédiatement et avec succès, dans leur pays d'origine. Ils ne sont pas toujours bien accueillis par leurs parents et compatriotes. Repartis suivre un cursus universitaire à Ouagadougou[30] après avoir passé leur enfance dans leur famille en Côte d'Ivoire, les fils d'immigrés burkinabè notamment, qui payaient leurs études grâce aux ressources envoyées par leurs parents immigrés, appréhendaient ces retours massifs susceptibles d'hypothéquer leur avenir. C'est chose faite. Les trois millions de Burkinabè de Côte d'Ivoire faisaient entrer annuellement entre 50 et 100 milliards de F CFA dans leur pays d'origine selon des estimations recueillies auprès de différentes associations en 2001. De la même manière, l'augmentation des transferts financiers des Maliens expatriés en Côte d'Ivoire, consécutive à la fois à l'ouverture du code des investissements au Mali et à la crise ivoirienne, avait conforté la reprise économique à Bamako. Plus généralement, pour les États africains, ces fonds issus de la migration représentent une source de devises étrangères plus importante que l'ensemble des investissements étrangers directs ou l'aide au développement. Selon un rapport de mai 2001 de l'OIT, les émigrés du monde rapatrient 51 100 milliards de francs CFA chaque année dans leurs pays d'origine et ces fonds occuperaient le deuxième rang des flux commerciaux et monétaires internationaux juste derrière les exportations pétrolières.

Les États africains sont de plus en plus conscients de la manne financière que peuvent représenter les migrants internationaux. Les pays d'émigration décrètent des « journées nationales d'épargne, favorisant la création de banques d'habitat, facilitant l'accès aux migrants même en situation irrégulière.[31] S'ils ont donc réfléchi aux moyens à mettre en œuvre pour capter plus efficacement les capacités d'épargne de leurs ressortissants, promouvant les migrants au rang d'acteurs du développement économique, de sauveurs des économies nationales déliquescentes, ils n'ont pas pour autant créé des structures performantes facilitant leur insertion dans les pays d'accueil ou encore moins leur rapatriement au pays (Bredeloup 1996) en mettant en place une politique d'aide au retour. Dans ces conditions, on comprend mieux pourquoi nombre de migrants étaient revenus en Côte d'Ivoire en 2001, quelques mois seulement après un retour au pays alors que le climat demeurait extrêmement tendu.

Cet intérêt renouvelé pour la terre de ses ancêtres est donc de plus en plus relayé par les instances diplomatiques qui, à l'instar des ambassades du Niger et du Nigeria, ont incité leurs ressortissants à rentrer au pays ou encore à y réinvestir dans des opérations immobilières le plus souvent. Peu avant le coup d'État de 1999, approchée par la mairie de Niamey, l'ambassade du Niger a joué ainsi le rôle de courroie de transmission pour permettre à ses compatriotes, les plus nantis, installés en Côte d'Ivoire, d'acquérir des parcelles dans la capitale nigérienne. Des actions similaires avaient déjà été engagées, avec succès, quelques années plus tôt, auprès des conseils supérieurs des Sénégalais, des Maliens et des Burkinabè de l'extérieur par des opérateurs immobiliers privés. L'opération « Une maison au Faso » notamment lancée en 1998 impliquait des migrants Burkinabè installés à Abidjan mais aussi à Bouaké et Soubré dans l'achat de logements construits dans un quartier résidentiel de Ouagadougou, au moment de la Coupe d'Afrique des Nations. Dès 1996, le Conseil Supérieur des Maliens de l'Extérieur avait tenu des réunions incitant ses compatriotes à réinvestir au Mali, au regard de leur nouveau statut d'étranger en Côte d'Ivoire. Il avait alors trouvé peu d'échos. Après le coup d'État, en revanche, Les Maliens sont venus en masse rencontrer les délégués pour faire établir un état de leurs biens en

Côte d'Ivoire. Ils furent également de plus en plus nombreux à vouloir sécuriser leur argent, transférant leurs fonds au Mali par l'intermédiaire de structures bancaires. En novembre 2000, la Banque de l'Habitat au Mali installait des bureaux à Abidjan avec un triple objectif. D'abord, mobiliser l'épargne des Maliens de Côte d'Ivoire en leur permettant d'ouvrir des comptes bancaires pour transférer loyers et pensions, pour faire des appels de fonds et pour créer des coopératives d'habitat. Ensuite octroyer des prêts immobiliers aux Maliens de Côte d'Ivoire pour qu'ils puissent construire au Mali, acheter ou achever une maison sans avoir à se déplacer. Enfin leur permettre d'acquérir des places sur les Halles de Bamako, marché ultra moderne en construction d'une capacité de 10 000 places. Baptisée « Halles de Bamako »,[32] cette opération semblait intéresser autant les Nigériens d'Abidjan que les Maliens: près de 300 emplacements avaient déjà été réservés avant les événements d'octobre 2000. Les petits commerçants étrangers, qui n'ont pas l'envergure suffisante pour se lancer dans l'import-export, cherchent, en effet, par tous les moyens à rompre avec la précarité. Qu'ils soient ou non détenteurs de cartes de séjour ou de commerçants, légalement installés sur un marché rénové, ils expérimentent au quotidien le racket de la part des « corps habillés » quand leur boutique n'est pas saccagée par des partisans de la « Jeunesse Ivoirienne d'Abord », mouvement exigeant l'accès prioritaire à l'emploi pour les Ivoiriens. Si la situation économique et politique du Niger [33] ne peut, véritablement, inciter ses ressortissants – originaires principalement de Tahoua, région la plus pauvre – à rentrer au pays, le contexte malien semble, en revanche, beaucoup plus favorable aux réinvestissements, depuis l'arrivée au pouvoir d'Alpha Konare en 1992. Les opérateurs économiques maliens, qui avaient déserté leur pays pendant plus de deux décennies, sous la dictature de Moussa Traore, essaimant en Côte d'Ivoire mais aussi au Togo, au Bénin et au Sénégal, ont révisé leur position depuis l'ouverture du code des investissements.[34] Dorénavant exonérés d'impôts, les Maliens de l'extérieur peuvent rapatrier leurs biens sans qu'ils soient taxés. Ces derniers temps, la recrudescence des transferts financiers des Maliens expatriés avait appuyé la reprise économique du pays. Mais depuis l'automne 2002, le conflit ivoirien n'a pu que freiner notablement ces sorties de devises.

Paradoxalement, l'État burkinabè par l'entremise du Conseil Supérieur des Burkinabè de l'étranger n'a pas fait montre du même dynamisme que le Sénégal ou le Mali pour faciliter les démarches de leurs compatriotes qui cherchaient à réinvestir au pays. L'initiative est revenue, en définitive, à un groupe de Burkinabè et d'Ivoiriens d'origine burkinabé qui a réussi, à force de persévérance, à mettre en place une mutuelle pour le développement économique et social des Burkinabè résidant en Côte d'Ivoire – « Faso Solidarité » – reconnue officiellement par l'État ivoirien début 2002. Cette mutuelle burkinabè de droit ivoirien souhaitait informer ses compatriotes de leurs droits et de leurs devoirs en Côte d'Ivoire, mais aussi les informer sur les opportunités d'investissements au Burkina Faso et en Côte d'Ivoire. Ses promoteurs estimaient nécessaire de créer une structure destinée à mobiliser l'épargne de leurs compatriotes installés en Côte d'Ivoire avant d'étudier les possibilités de réinvestir au pays dans l'immobilier ou dans le commerce. Au-delà d'une simple mutuelle, « Faso Solidarité »[35] entendait bien jouer un rôle fédérateur dans le rapprochement de la Côte d'Ivoire et du Burkina Faso en donnant aux Burkinabè « une nouvelle conscience d'être à l'étranger » et en promouvant l'image du Burkinabè et du Burkina Faso en Côte d'Ivoire.

Pour les ressortissants de la République Démocratique de Guinée, la situation est aussi délicate. Pendant plusieurs décennies, sous le régime de Sékou Toure, les Guinéens, qui avaient quitté leur pays, étaient considérés comme des renégats, *« des gens prêts à vendre leur pays »*. Ceux qui sont rentrés en Guinée après 1984 ont rapidement déchanté, ne parvenant pas à trouver leur place. Aujourd'hui encore, les Guinéens de l'extérieur peuvent difficilement prendre des responsabilités économiques et politiques importantes, une fois réinstallés au pays. « En Guinée forestière, il n'y a pas de problème mais vers la capitale, nos parents ne nous acceptent pas. F.T., un ancien opérateur économique d'Abidjan avait fait le pari d'un réinvestissement au pays. Il est devenu maire à Conakry mais il n'a pas pu finir son mandat… un seul maire installé en Guinée forestière vient de l'extérieur mais il a eu beaucoup de difficultés à trouver des bailleurs de fonds. Il a lutté contre l'exclusion. Quand il a été élu, son dossier a été bloqué 4 mois… On ne nous empêche pas de rentrer mais c'est l'insertion qui est difficile… Avec le Ministère de l'intérieur, le mariage n'est pas fécond, on est traité de diaspora par le président actuel… Il faut combattre cette différence et s'appuyer sur la CEDEAO … Et puis la guerre est à la porte de la Guinée ».[36] En l'absence de véritable promotion immobilière – la viabilisation des terrains restant étatique – on conçoit mal notamment comment les immigrés désireux de réinvestir dans l'achat d'un terrain ou d'une maison peuvent s'y prendre à distance, même collectivement. La création récente du Conseil Supérieur des Guinéens de l'extérieur devait permettre, en théorie, de faciliter la réinsertion au pays de ceux qui souhaitaient y rentrer. L'arrivée massive en Guinée à l'automne 2002 de dizaines de milliers de ressortissants guinéens et ivoiriens fuyant les zones occupées par le MPJ et le MPIGO a complètement transformé la donne.

Au-delà des actions collectives relayées par une instance consulaire, bancaire ou associative, les étrangers installés en Côte d'Ivoire sont, de plus en plus nombreux, à réinvestir individuellement dans leur pays d'origine en période de crise. À l'instar de tous les grands opérateurs économiques, des Sénégalais, qui s'étaient implantés durablement sur le marché de Cocody ou aux alentours du marché de Treichville, louent leurs installations à des compatriotes moins expérimentés, avant de repartir développer leurs activités commerciales à proximité des complexes touristiques sur la petite côte, à Saly Portudal, au Sénégal ou même à Dakar. Ceux-là n'agissent pas dans la précipitation; ils avaient déjà préalablement envoyé des « petits frères » tester, sur une saison, la rentabilité des installations et avaient pris le temps de consolider leur place dans des réseaux marchands actifs. De la même manière, des artisans maliens ou burkinabè ont préparé leur réinstallation professionnelle et résidentielle au pays; des planteurs burkinabè ont acheté du bétail ou des charrues en Côte d'Ivoire en vue d'asseoir leurs activités agricoles en pays *Mossi* ou de se lancer dans la culture maraîchère (Blion 1995), des Nigerians ont installé des *business centers* ou des ateliers de réparation d'ordinateurs dans la banlieue de Lagos.

Recentrage sur les affaires politiques nationales

Le retrait de Côte d'Ivoire se concrétise également par un désinvestissement du champ politique ivoirien. La révision du code électoral en Côte d'Ivoire mais aussi l'ouverture au multipartisme qui a saisi bon nombre de pays dans la sous-région ont conduit d'abord les étrangers à prendre de la distance par rapport aux enjeux politiques ivoiriens. Les associations ou amicales qui avaient été mises en place à l'époque du parti unique au sein des communautés étrangères ont été démantelées. Leurs représentants, cooptés traditionnellement par le PDCI, furent remis en question et remplacés par de nouveaux *leaders* élus, moins impliqués dans les affaires ivoiriennes et davantage préoccupés par le devenir des leurs.

Après le coup d'État de décembre 1999, les étrangers ont encore marqué une étape dans leur désengagement de la politique ivoirienne. Les quelques notables sénégalais, qui avaient pu, au milieu des années 1990, financer la campagne de certains candidats aux élections municipales d'Abidjan et jouer aux grands électeurs, ne se risquent plus à travailler dans l'ombre même s'ils demeurent persuadés que « la force des quartiers c'est les étrangers ». En contrepartie, les Sénégalais de Côte d'Ivoire réinvestissent encore plus largement dans la politique de leur pays, conscients du poids qu'ils peuvent dorénavant représenter. Il faut dire que pour bon nombre d'États africains, le migrant est devenu non seulement un entrepreneur mais aussi un électeur potentiel. Les Ministères ou secrétariats d'État chargés des émigrés ont tous été créés à la veille d'une élection présidentielle; ils devaient servir de courroie de transmission avec les migrants pendant les campagnes politiques. Par la suite, ces structures ont été abandonnées ou réorganisées pour aboutir à la création d'organes[37] chargés de valoriser et de solliciter la contribution des émigrés au développement de leur pays. Le nombre de militants du PDS (parti d'Abdoulaye Wade) s'est considérablement accru en Côte d'Ivoire entre les deux dernières élections présidentielles. En mars 2000, les Sénégalais de Côte d'Ivoire ont voté à 50,1% pour A. Wade (sur 21 000 inscrits et 7 912 votants) alors que 7 ans auparavant, ils avaient donné massivement leurs voix à Abdou Diouf. Commerçants ou opérateurs économiques pour la plupart, les Sénégalais installés sur le territoire ivoirien savent bien que, sans réseaux de clientélisme bien assis, ils ne pourront prendre le train du changement (« *sopi* ») prôné par le nouveau chef d'État sénégalais, fervent avocat du libéralisme.

Des comportements comparables sont également repérés au sein de la communauté malienne. L'affaire Dramera,[38] qui a défrayé la chronique au printemps 1998, semble avoir refroidi l'ardeur de ceux qui souhaitaient continuer à s'investir dans le débat politique ivoirien bien que des rumeurs persistent sur l'implication forte de Maliens dans les rangs du RDR. Et, réciproquement, les conditions semblent être remplies aujourd'hui pour que les Maliens de Côte d'Ivoire s'intéressent à l'avenir politique de leur pays d'origine. Depuis 1998, le vote des Maliens de l'extérieur au Mali s'organise à partir de la Côte d'Ivoire.

Paradoxalement, les Burkinabè de Côte d'Ivoire, qui représentent un poids économique déterminant pour le développement du Burkina, n'ont pas la possibilité de participer aux élections de leur pays à partir du territoire ivoirien. À l'évidence, ils n'ont aucune représentation politique au Burkina Faso et ne peuvent, dans ces conditions, constituer un groupe de pression politique qui défendrait les intérêts des expatriés. Jusqu'en 1990, le vote des Burkinabè était politiquement ivoirien et aujourd'hui les nouvelles comme les anciennes générations ne semblent pas encore être impliquées politiquement au Burkina.

Retours ou redéploiements vers d'autres horizons migratoires

Les retours vers les pays d'origine ne sont pas à interpréter seulement comme la résultante d'une crise récente; ils s'étaient déjà accélérés depuis plus d'une décennie, en réaction au contexte macro-économique des années 1990, traduisant, par ailleurs, l'émergence d'un nouveau système migratoire.[39] Estimés à 25 000 à la fin des années 1960 (Coulibaly et al. 1980), les retours annuels des Burkinabè en provenance de Côte d'Ivoire atteignaient 40 000 dix ans plus tard (RGP 1985) et, sur cette période, le solde migratoire net avec la Côte d'Ivoire chutait de plus de 40%. Une nouvelle accélération des retours au pays est repérée à la fin des années 1980 (étude EIMU 1993): les échanges avec le Burkina Faso se font dorénavant au détriment de la Côte d'Ivoire; solde et taux de migration nette sont négatifs. De retour de Côte d'Ivoire, les Burkinabè se dirigent principalement vers le milieu rural, en pays *mossi* alors que plus d'un retour sur deux en milieu urbain s'opère en direction de Ouagadougou, la capitale burkinabè (Blion 1995). L'intensification de ces mouvements de retour est beaucoup plus marquée chez les femmes que chez les hommes et correspondrait principalement au retour des épouses de migrants (Piche et al. 1995). De la même manière, des recherches qualitatives montrent que les Sénégalais mettent à l'abri leurs épouses quand ils doivent user de la circulation comme une nécessité pour survivre.

Avant même 1999, les retours au pays revêtent des formes multiples et renseignent sur le caractère hétérogène de la migration burkinabè: retour catastrophe de chômeurs ne parvenant plus à survivre à Abidjan, réinstallation programmée dans l'ouest de migrants disposant de moyens suffisants pour rentabiliser une activité agricole, réinvestissement partiel à Ouagadougou ou même à Bobo Dioulasso, la deuxième ville du pays, dans des activités commerciales ou artisanales avec maintien d'une activité économique sur le territoire ivoirien. Ces retours peuvent correspondre encore à un accueil au village d'origine des enfants de migrants pour y suivre une scolarité moins onéreuse, à un accueil à Ouagadougou des étudiants nés en Côte d'Ivoire mais ne pouvant plus poursuivre légalement leur cursus universitaire à Abidjan.

Plus récemment, le développement des conflits fonciers, opposant étrangers et allogènes, aux autochtones, mais aussi, les affrontements entre des pêcheurs autochtones et des *Fanti* du Ghana ou des *Bozo* du Mali, ont incité des milliers de ressortissants étrangers à regagner leur pays d'origine. La situation se dégrade encore davantage en 2000 après les discours peu rassurants du nouveau président Robert Gueï, au lendemain du putsch militaire: « Des étrangers cherchent à mettre le feu à la Côte d'Ivoire à partir de l'extérieur. Il faut qu'ils sachent qu'ils ont leurs frères qui vivent avec nous, et que, le moment venu, nous commencerons par nous occuper d'eux » (Discours de campagne d'octobre 2000). En janvier 2001, le nouveau gouvernement de Laurent Gbagbo annonce que des étrangers se trouvent parmi les auteurs du coup d'État avorté des 7 et 8 janvier; dans la foulée, des milliers d'étrangers, menacés, harcelés ou violentés par des militaires ou des civils, décident de rejoindre leur pays. Selon le ministre burkinabè de l'action sociale, 72 138 personnes parmi lesquelles se trouvaient aussi des Maliens, Nigériens et Mauritaniens, avaient quitté la Côte d'Ivoire pour le Burkina Faso après les exactions de janvier 2001.[40] Précipités, ces retours concernent essentiellement des femmes, des enfants et de vieux hommes acculés à prendre une retraite anticipée. Bien évidemment, les derniers événements ont encore accéléré les mouvements de retour catastrophes. On parlait en janvier 2003 de 200 000 personnes déplacées en Côte d'Ivoire dont 40 000 personnes déplacées en Abidjan après la démolition de 13 bidonvilles. Le 13 novembre 2002, le Burkina lançait l'opération M'Bayiri (mère patrie en *more*) et rapatriait 2 000 de ses ressortissants, mais déjà 30 000 Burkinabè avaient quitté le pays de leur propre chef.

Aujourd'hui, on peut penser qu'un certain nombre d'étrangers, nés hors de Côte d'Ivoire et s'étant réfugiés provisoirement dans le pays de leurs ancêtres, vont poursuivre leur chemin vers d'autres cieux, compte tenu de l'accueil qui leur est réservé. Ils sont condamnés à ériger la mobilité en stratégie.

Au milieu des années 1990, alors que les premières crispations sur la nationalité ivoirienne se légalisaient et que leurs pays respectifs s'ouvraient aussi au multipartisme, les migrants internationaux commençaient à reconsidérer leur installation en Côte d'Ivoire et à intensifier leur circulation. Depuis très longtemps déjà, les commerçants sénégalais et maliens ont utilisé le territoire ivoirien comme un espace de transit, un tremplin vers d'autres destinations. Quand les affaires déclinaient à Bouaké ou Abidjan, les migrants sénégalais repartaient vers de nouveaux Eldorado comme Libreville, Brazzaville et Yaoundé dans les années 1985. Dix ans plus tard, ils s'arrêtaient encore à Abidjan avant de gagner l'Afrique du Sud, nouveau pays de cocagne au lendemain de l'élection de Mandela à la tête du pays. L'arrivée massive de jeunes Sénégalais à Abidjan entre 1991 et 1993 relevait également d'une stratégie migratoire. Le visa d'entrée en Italie étant devenu obligatoire en 1991 pour les ressortissants sénégalais, ceux-là profitèrent jusqu'en 1993 des solides réseaux de complaisance tissés de longue date en Côte d'Ivoire pour obtenir des papiers d'identité ivoiriens et pénétrer en Italie, porte d'entrée vers l'Europe toute entière, à l'heure des accords de Schengen. Ayant repéré ces mouvements en direction de la péninsule, les Burkinabè, qui pouvaient encore solliciter un visa, se lancèrent aussi dans l'aventure européenne. Mais leurs parcours migratoires et professionnels n'avaient que peu de rapports avec ceux des colporteurs sénégalais issus principalement de la confrérie mouride, qui investissaient prioritairement les plages et autres lieux touristiques italiens (Schmidt di Friedberg, 1996). Les migrants burkinabè étaient pour l'essentiel des jeunes *Bissa*, originaires de la province du Boulgou et ayant séjourné au préalable pendant plusieurs années à Abidjan (Blion 1996). Naples était leur première province d'accueil; ils se rendaient dans les plantations de tomates au sud du pays avant de remonter dans le Nord ou encore en Allemagne pour y exercer un emploi salarié en usine puis y faire venir leur famille. Courant 2001, en réaction aux événements politiques en Côte d'Ivoire, des Ghanéens installés à Abidjan rejoignent le Togo ou le Bénin; d'autres partent rejoindre des compatriotes en Italie ou au Canada. Des Nigérians reprenaient la route pour la péninsule ibérique ou les Pays Bas plutôt que de rentrer au pays où la résurgence des conflits religieux est patente depuis qu'une dizaine d'États du Nord appliquent une législation islamique particulièrement répressive.

Si la Côte d'Ivoire a continué de jouer le rôle de pays de transit, elle n'était plus, pour autant, la zone refuge qu'elle avait été au cours des décennies précédentes, quand des ressortissants des pays sahéliens, principalement, étaient expulsés du Congo, du Gabon, de Zambie, d'Angola ou encore de France, d'Espagne ou d'Italie. En 2000, de jeunes Ibo, originaires du Nigeria, continuaient de faire escale à Abidjan pour accroître leurs ressources avant de poursuivre leur route vers la Grande-Bretagne ou le Canada en vue de terminer leurs études supérieures.

À cause des turbulences politiques, Abidjan n'est plus la place marchande à partir de laquelle du matériel hifi et des cellulaires achetés à Dubaï ou à Hong Kong, des montres et calculatrices *Casio* acquises à New York ou du prêt-à-porter fabriqué à Bangkok étaient redistribués dans la sous-région par des grands commerçants nigérians, sénégalais, guinéens ou maliens implantés rue du Commerce au Plateau ou au marché de gros d'Adjamé. Ces négociants au long cours, qui obtiennent aisément des visas de courte durée pour affaires auprès des différentes ambassades et qui déploient leurs activités à partir de larges réseaux parfois confrériques, sont partis s'installer dans d'autres sites, aujourd'hui plus calmes. Connectant des territoires, des hommes mais aussi des systèmes de valeurs et des cultures de la parole, au même titre que les multinationales, ceux que les organes patriotiques ivoiriens qualifient de « conquistadors transnationaux » réadaptent leurs circuits au gré des conjonctures, contribuant, à leur manière, à la mise en œuvre de la ville « globale ». Un exemple parmi d'autres: des commerçants sénégalais, qui achetaient des vêtements de contrefaçon – *Façonnable* et *Lacoste* – à Bangkok, ont préféré, dès 2001, poursuivre leur route jusqu'à New York pour s'occuper de la réexpédition de radiocassettes de marques *Sanyo* et *Sony* sur Dakar. Quand le dédouanement de la marchandise devient problématique à Abidjan, les entrepreneurs migrants la font expédier à Bamako, Dakar, Accra ou Cotonou où ils s'installent temporairement. Il serait intéressant d'observer dans quelle mesure ces mouvements contribuent à l'émergence de nouvelles centralités économiques, ailleurs sur le continent.

Plus globalement, les déplacements massifs de population générés par les turbulences politiques à l'œuvre en Côte d'Ivoire risquent d'exacerber les déséquilibres régionaux. De nouvelles configurations migratoires se dessinent: des villes du Sahara affirment ou réaffirment leurs fonctions de transit pour des populations africaines de plus en plus nombreuses et hétérogènes, fermement décidées à rejoindre les « forteresses » du Nord. Les rescapés de Côte d'Ivoire peuvent venir grossir le flot de ces nouveaux aventuriers, nomades du troisième millénaire. La route, qui relie l'Afrique noire au monde arabe (Maroc, Algérie, Lybie…), peut leur offrir de nouvelles perspectives comme déboucher sur de nouveaux drames.

Notes

1. Cette construction de catégorie renvoie à la diversité des statuts de l'étranger: barbare du dehors, métèque du dedans et apatride de nulle part dans la Grèce antique. « L'étranger de l'intérieur » c'est le métèque, l'étranger domicilié dans la cité, résident, soumis à une taxe de séjour et qui a obtenu ce statut au terme d'une certaine durée de résidence. Si le concept est neutre dans l'Antiquité, il prend une signification nettement péjorative en France au XIXe siècle, désignant l'émigré qui a une apparence et un caractère déplaisants. « L'étranger de l'extérieur » c'est le barbare, celui qui « parle bla-bla-bla » et qui est extérieur à la communauté culturelle dont il ignore la langue, les dieux et les usages. Au XVIème siècle sera inventé le mot "barbarie" pour désigner un comportement cruel et sauvage.
2. L'hôte en français désigne aussi bien celui qui reçoit que celui qui est reçu. Voir le travail de A. Gotman (2001) sur « le sens de l'hospitalité » et sur la manière dont les hommes se saisissent de cet universel à différentes époques et comment l'histoire façonne l'exercice de l'hospitalité.
3. Voir à ce propos le travail de M.-F. Baslez (1984) sur l'étranger dans la Grèce antique, de l'époque archaïque à l'époque hellénistique en passant par l'époque classique.
4. Parler de stratégies, c'est se placer d'emblée dans une perspective interactionniste et dynamique. C'est donc partir du principe que les réponses des individus ne sont pas simplement conjoncturelles mais toujours finalisées et que c'est dans l'interaction avec l'environnement que se négocient constamment les buts et les enjeux de l'action.
5. Outre un suivi de migrants sénégalais depuis 1995, ce travail se base pour partie sur des entretiens approfondis réalisés entre 1999 et 2001 auprès de 90 ressortissants de l'Afrique de l'Ouest (Bénin, Burkina Faso, Ghana, Guinée, mali, Niger, Nigeria, Togo, Sénégal) installés à Abidjan avec la collaboration de C.T. Botti Bi.
6. Cette identité pan-régionale n'est pas associée à des pratiques culturelles spécifiques mais se réfère plutôt à des dénominateurs communs qui prennent sens dans le contexte sociopolitique ivoirien: Musulman, étranger, commerçant. Situationnel, le label dioula appartient autant à un processus de revendication qu'il revêt une dimension d'attribution.
7. L'Association de Défenses des Intérêts des Autochtones de Côte d'Ivoire (ADIACI), qui rassemblait principalement des fonctionnaires et des employés de commerce issus de l'Union Fraternelle des Originaires de Côte d'Ivoire, était perçue par les autorités coloniales comme un « syndicat d'indigènes ».
8. Ce qui ne l'a pas empêché, par ailleurs, de rejeter avec force à l'idée de fédération africaine: « La Côte d'Ivoire ne veut pas être la vache à lait de l'Afrique Occidentale ».

9. Des accords de libre circulation des personnes (avec droit de résidence et d'établissement) ont été établis entre les 16 pays africains signataires dès 1979. En octobre 1990, la Côte d'Ivoire avait même ratifié le code de citoyenneté de la CEDEAO.
10. Les communautés étrangères furent qualifiées de « bétail électoral » par les partis de l'opposition qui contestèrent le premier projet de loi déposé par le Parti Démocratique de Côte d'Ivoire, l'ancien parti unique. Le PDCI avait pu asseoir sa souveraineté grâce au soutien des populations burkinabè en particulier et la réélection d'Houphouët-Boigny en 1990 avait été rendue possible largement grâce au vote des étrangers. A L'exemple de Clisthène dans la Grèce Antique, Houphouët-Boigny avait tenter de renforcer son électorat en s'appuyant sur les nouveaux naturalisés.
11. La lecture de l'article 49 du nouveau code électoral laisse perplexe. On peut d'abord se demander comment un candidat à la magistrature suprême peut à la fois être né Ivoirien et avoir 40 ans ou plus alors que c'est seulement à partir de 1960 et donc de la proclamation de l'indépendance du pays que la nationalité ivoirienne est devenue une réalité. On peut également être circonspect quant à l'applicabilité des clauses compte tenu de l'absence quasi généralisée de registres de l'état civil avant 1960.
12. Le RDR, Rassemblement Démocratique Républicain, est un des principaux partis d'opposition créé en avril 1994. Déjà son premier secrétaire général, Djéni Kobina, qui avait occupé de hautes fonctions dans l'administration ivoirienne, n'a pu présenter sa candidature aux élections législatives de 1995 au motif qu'il était d'origine ghanéenne
13. Devenu ministre de l'Education pendant la présidence de H. K. Bédié, P. Kipre, professeur d'histoire, contribua activement à l'émergence de ces catégories.
14. L'ivoirité a été largement diffusée par le CURDIPHE, la Cellule Universitaire de Recherche, d'Enseignement et de Diffusion des Idées et Actions Politiques du Président Henri Konan Bédié.
15. Lors du forum de la réconciliation nationale en novembre 2001, le président en exercice L. Gbagbo avouait « Cette Constitution a été votée au moment où le problème Ouattara fatiguait tout le monde ». Et de poursuivre « Oui, l'article 35 est fait pour éliminer Alassane Ouattara ».
16. « La question identitaire », *Le citoyen d'aujourd'hui*, n°1, 11/09/2002.
17. Propos tenus par Kaba Fofana Fanta, présidente du collectif ONG SOS Exclusion, *Le Patriote*, 01/09/2002.
18. Si on étalonnait le recensement ivoirien à l'aune de la définition de l'étranger (l'immigré) telle qu'elle existe dans la plupart des pays d'Europe où le droit du sol prévaut, on pourrait dire, en considérant le dernier recensement de 1998, qu'il y a 13,7% d'immigrants et donc d'étrangers en Côte d'Ivoire plutôt que 26%.
19. Se reporter à la réflexion développée par Alexis Spire sur les modalités de la construction de la catégorie d'immigré dans la statistique française entérinée par le Haut Conseil à l'Intégration en lieu et place de l'étranger, critère juridique alors que les pouvoirs publics accordent une visibilité plus grande à la question de l'intégration des populations immigrées.
20. Recensement Général de Population et de l'Habitat.
21. Ces résultats proviennent des Recensements Généraux de Population et de l'Habitat réalisés par la statistique ivoirienne en 1975, 1988 et 1998. Entre les deux recensements, la population étrangère s'est accrue de 30% alors que la population ivoirienne faisait un bond de 46%, passant de 7,8 millions à 11,4 millions d'habitants.

22. Le renversement de tendance de la migration internationale durant les années 1988-1992 est l'un des résultats principaux de l'enquête REMUAO; le taux de migration nette pour l'ensemble du pays est devenu légèrement négatif entre 1988 et 1993 alors qu'il était de +1,3% entre 1965 et 1975 et de +0,5% entre 1975 et 1988. Si l'intensité des mouvements migratoires avec les pays de la sous-région n'a pas baissé, les échanges dorénavant ne se font plus à l'avantage de la Côte d'Ivoire.
23. Selon l'EPR, enquête démographique à passages répétés dans l'agglomération d'Abidjan produite par la Direction de la Statistique ivoirienne et dont les résultats ont été commentés in Antoine & Herry, 1982.
24. Établie en 1975, la Communauté économique des États de l'Afrique de l'Ouest regroupe 16 pays africains: Bénin, Burkina Faso, Cap-Vert, Côte-d'Ivoire, Gambie, Ghana, Guinée, Guinée Bissau, Liberia, Mali, Mauritanie, Niger, Nigeria, Sénégal, Sierra Leone et Togo) ainsi que la C.E.A.O., membre international.
25. Entretien du 15/02/2001 avec un opérateur économique burkinabè installé à Abidjan dans le secteur moderne et arrivé en Côte d'Ivoire en 1969.
26. Entretien 2001 avec un enseignant nigérian né en Côte d'Ivoire et dont le père lui-même né en Côte d'Ivoire disposait d'une carte nationale d'identité ivoirienne; l'enquêté a suivi son cursus universitaire au Nigeria; il attend depuis six ans sa naturalisation ivoirienne (régularisation).
27. Se reporter aux travaux de M.-N. Leblanc sur le mouvement de jeunes islamistes de Bouaké pour grande partie d'origine malienne.
28. Période qui correspond à la création du Conseil National Ivoirien.
29. Ce changement de perception du *hadj* s'est traduit dans les faits: le Ministère de l'intérieur ivoirien recensait 2 000 pèlerins en 1995 pour 3 000 en 2000. En outre, l'âge de la majorité des pèlerins est passé de 45 ans et plus avant 1998 à 30 ans et plus après 1998.
30. D'après une information rapportée par l'Agence France Presse à Ougadougou du 16/01/2001, sur 10 000 étudiants burkinabè, 3 000 étudiants seraient nés en Côte d'Ivoire.
31. Avant même la création du Conseil supérieur, la Direction des Sénégalais de l'extérieur a contribué à la mise en place de bureaux de la Banque de l'Habitat du Sénégal à New York mais aussi en Italie, en Espagne, sur le continent africain permettant à tout ressortissant sénégalais, même en situation irrégulière, de procéder au transfert de son épargne vers Dakar.
32. Cette opération a été réalisée en partenariat entre la Banque de l'Habitat, le district de Bamako et la SICG, promoteur ivoirien d'origine libanaise qui venait à peine de terminer la construction des grands marchés d'Adjamé et Koumassi à Abidjan.
33. Classé au 172e rang sur 173 dans le classement par indice de développement humain (IDH) du PNUD, le Niger figure au dernier rang des pays de l'UEMOA. En moins d'une décennie, ce pays a connu deux coups d'État militaires (1996 et 1999), un coup d'État civil (1991), deux rébellions armées (Touareg et Toubou) sans compter de nombreux conflits communautaires et ruraux.
34. Le Mali, semble être le seul État dans la sous-région à avoir totalement libéré la plupart des prix à la consommation, y compris ceux de la nourriture et des carburants.
35. Nous ne savons ce qu'est devenue cette structure dont la direction avait été, à plusieurs reprises, menacée par des groupes de patriotes ivoiriens entre 1999 et 2001.
36. Entretien réalisé avec un opérateur guinéen installé depuis 30 ans à Abidjan (24/04/2001).

37. Création en 1994 du Conseil des Maliens de l'extérieur et du Conseil supérieur des Burkinabè de l'étranger et, en 1996, du Conseil supérieur des Sénégalais de l'extérieur.
38. Grand commerçant malien au même titre que ses deux frères Hassan et Mamadou, propriétaire de pâturages et de biens immobiliers importants à Divo, Lakota et Gagnoa, marié à une Ivoirienne, Bakary Dramera a été assassiné en 1998 sans que l'affaire soit vraiment éclaircie. Pendant les élections municipales de 1996/1996, il avait soutenu financièrement l'opposant au maire sortant de la commune de Divo et avait été pris à partie par des étudiants de la FESCI supportant le maire en place
39. Le renversement de l'exode rural est un phénomène pour le moins récent en Afrique de l'Ouest bien décrit pour ce qui concerne la Côte d'Ivoire par C. Beauchemin, 2001, *L'émergence de l'émigration urbaine en Côte d'Ivoire. radioscopie d'une enquête démographique (1988-1993)*, CEPED/INS, études du CEPED n°19.
40. *Le Patriote* du 16/01/2001.

Références

Baslez, M. F.,1984. *L'étranger dans la Grèce antique*, Paris: Les Belles Lettres.

Bertoncello, B. Bredeloup, S., 2002, « La privatisation des marchés urbains à Abidjan: une affaire en or pour quelques-uns seulement », *Autrepart*, n°21, pp. 83-100.

Blion, R., 1992, « Retour des Burkinabè de Côte d'Ivoire », *Hommes et Migrations*, n°1160, décembre, pp. 28-31.

Blion, R. Bredeloup, S., 1997, « La Côte d'Ivoire dans les stratégies migratoires des Burkinabè et des Sénégalais », in B. Contamin et H. Memel-Fotê (eds), *Le modèle ivoirien en question. Crises, ajustements, recompositions*, Paris: Ed Karthala et Orstom, pp. 707-737.

Bonzon, S., 1967, « Les Dahoméens en Afrique de l'Ouest », in Minorités ethniques et conflits internationaux, *Revue française des sciences politiques*, n°4.

Bredeloup, S., 1995, « Les Sénégalais de Côte d'Ivoire, les Sénégalais en Côte d'Ivoire", *Mondes en développement*, n°91, pp. 13-29.

Bredeloup, S., 1996, « Les Sénégalais de Côte d'Ivoire face aux redéfinitions de l'ivoirité », *Studi Emigrazione/Etudes migrations*, XXXIII, n°121, pp. 2-23.

Bredeloup, S., 2003, « Abidjan sous haute tension », *Annales de la recherche Urbaine,* mai.

Bredeloup, S., 2003, « La Côte d'Ivoire ou l'étrange destin de l'étranger », *Revue Européenne des Migrations internationales*, n° 3.

Chauveau, J.P., 2000, « Question foncière et construction nationale en Côte d'Ivoire », *Politique Africaine*, n° 78, pp. 94-125.

Coulibaly, S., 1986, « Colonialisme et migration en Haute-Volta », in *Démographie et sous-développement dans le Tiers Monde*, Monograph Series, n°21, Center for developing Area Studies, Mac Jill University, pp. 73-110.

CURDIPHE, 1996, « L'ivoirité ou l'esprit du nouveau contrat social du président Henri Konan Bédié », *Ethics* n°1, octobre, Abidjan, PUCI. (Actes du forum CURDIPHE du 20 au 23 mars 1996, Abidjan).

Detienne, M., 2003. *Comment être autochtone. De pur athénien au français raciné*, Seuil: Paris.

Dozon, J.P., 1997, « L'étranger et l'allochtone en Côte d'Ivoire », Contamin, B., et Memel-Fotê (H.) (eds), *Le modèle ivoirien en question. Crises, ajustements, recompositions*, Paris: Ed Karthala et Orstom, pp. 229-237.

Dozon, J.P., 2000, « La Côte d'Ivoire entre démocratie, nationalisme et ethnonationalisme », *Politique Africaine*, n° 78, pp. 45-62.

Dupire, M., 1960, « Planteurs autochtones et étrangers en Basse-Côte d'Ivoire orientale », *Études éburnéennes*.

Leblanc, M.N., 1999, « The Production of Islamic Identities in Bouaké, Côte d'Ivoire », *African Affairs*, 98:393, pp. 485-508.

Leblanc, M.N., 2002, « Identités islamiques et mouvance transnationale: les nouveaux rôles du *Hadj* chez les jeunes musulmans de Côte d'Ivoire dans les années 90 », in Colloque international « L'Islam politique en Afrique subsaharienne d'hier à aujourd'hui. Discours, trajectoires et réseaux », Paris: Sedet, du 28 au 29 octobre.

Memel-Fotê, H., 2000, « Un mythe politique des Akan: le sens de l'État », in P.Valsecchi & F. Viti (dir.), *Mondes akan. Identité et pouvoir en Afrique occidentale*, Paris: L'Harmattan, p. 21-42.

Tirefort, A., 1999, « Octobre 1958, "l'affaire Daho-Togo": une fièvre de xénophobie en Côte d'Ivoire », Conférence internationale, *Être étranger et migrant en Afrique au XXe siècle*, 9-11 décembre, Sedet, Paris.

Touré, M., 2000, « Immigration en Côte d'Ivoire: la notion de "seuil tolérable" relève de la xénophobie », *Politique Africaine*, 78, juin, pp. 75-93 (article paru dans le journal *Le Jour*, Abidjan, n° 1285, jeudi 20 mai 1999).

Spire, A., 1999, « De l'étranger à l'immigré. la magie sociale d'une catégorie statistique », *Actes de la recherche en sciences sociales*, septembre, n°129, pp. 50-56.

World Bank, 1997, *Poverty in Ivory Coast. A Framework for Action*, June 14th, Washington.

Zanou, B., 1997, « Tendances démographiques en Côte d'Ivoire et impact sur l'emploi. Migration, urbanisation et emploi », *Séminaire Agepe-Ensea sur l'emploi en Côte d'Ivoire*, 14 février, Abidjan, 19 p.

7

L'armée dans la construction de la nation ivoirienne

Azoumana Ouattara

La Côte d'Ivoire vit une crise de son histoire qu'on peut lire, au mieux, comme la construction, dans la douleur, d'une nouvelle Nation ou, au pire, comme un processus dangereux de rétroversion et de délitement. Cette crise est triple: 1) Une crise de l'État et des structures coercitives désormais parties prenantes de la compétition politique; 2) Une crise de la formation de la Nation qui voit naître des luttes pour une renégociation de la citoyenneté; 3) Une crise de la transition démocratique qui n'est pas sans rapport avec l'essoufflement de son dynamisme économique. Le coup d'État de décembre 1999 qui porta la « classe militaire » au pouvoir en Côte d'Ivoire constitue, en lui-même, un motif suffisant pour mobiliser des instruments conceptuels afin de comprendre la rupture historico-politique ainsi produite, et qui a préparé la guerre civile en cours dans le pays depuis le 19 septembre 2002. Il y a nécessité à saisir l'armée ivoirienne, en tant qu'acteur majeur des crises qui n'ont cessé de secouer la Côte d'Ivoire, dans la logique de sa politisation progressive. La transformation de l'armée en un acteur politique actif est inséparable des usages de la force et de la violence comme instruments d'expression de revendications identitaires, d'accès aux ressources, et finalement d'accès au pouvoir. L'armée ivoirienne ne mérite pas l'excès d'indignation qu'elle suscite aujourd'hui. Elle a connu une épuration sous la transition militaire. Elle fut traumatisée par les tentatives de coup d'État à répétions, victime d'une crise qu'elle contribua, à sa manière, à créer. Le coup d'État du 24 décembre 1999 ne fut pas une thérapie à la situation de crise politique qui bloquait le pays depuis 1993 mais le symptôme de son aggravation. Sous le couvert d'une redistribution des cartes politiques, il a exacerbé les tensions politiques et ethno-nationalistes qui parcouraient, en profondeur, la société ivoirienne.

On ne peut comprendre l'histoire des FANCI (Forces Armées Nationales de Côte d'Ivoire) sans l'inscrire dans le difficile processus de construction de la nation dont la crise militaro-politique est un des moments dramatiques. En effet, l'ouverture démocratique, amorcée au début des années 1990, en autorisant la contestation de l'ordre du monopartisme et l'expression des revendications identitaires, dans un contexte de déclassement économique, a eu de sérieuses répercussions dans l'armée. Il ne faut donc pas disjoindre la question des usages légitimes ou illégitimes de la violence de celle de la crise de formation démocratique de la nation dont les prémisses apparaissent dès 1990. Notre recherche se propose sur cette base:

1) de constater l'originalité historique des FANCI en l'inscrivant dans les ruses houphouëtistes d'une méthodologie politique de la paix dont la gestion rentière des accords de défense conclus avec la puissance colonisatrice, objet aujourd'hui de vives polémiques, n'est qu'un aspect.
2) de comprendre la fragilisation progressive de cette armée à laquelle ne fut jamais fixée aucun objectif stratégique, même pas celle de la défense du territoire; situation paradoxale que trahissent des expressions souvent entendues jamais expliquées: « l'armée ivoirienne est une armée de paix », « l'armée ivoirienne est une armée de développement et non de guerre ».

La thèse qui sera défendue ici est la suivante: l'armée ivoirienne est d'autant plus travaillée par les fractures du corps social, qu'elle a du mal à assumer ses fonctions républicaines. Elle finit, du coup, par être instrumentalisée par ceux qui exercent la violence légitime au nom de l'État et par ceux qui contestent cette légitimité. Cette thèse de l'instrumentalisation ne vaut que dans la mesure où elle s'accompagne d'une réflexion sur la privatisation de la force publique au profit d'un parti, d'un groupe ethnique ou tout simplement d'une faction.

L'objectif poursuivi par ce travail est modeste: poser les bases historiques et théoriques qui permettront d'intégrer notre recherche empirique en cours sur la politisation de l'armée, son ethnicisation et sur les processus de sa recomposition citoyenne.

Neutralisation stratégique de l'armée: la paix comme méthode

Les raisons d'une marginalisation de l'Armée

L'armée ne fut jamais véritablement au cœur de la politique menée par le Président Félix Houphouët-Boigny. Bien qu'il s'en servit à certains moments de crise de l'histoire du pays (crise du Sanwi et du Guébié), il évita soigneusement de faire reposer sur elle son régime. Certains observateurs en déduisirent qu'il sous-estimait les questions de défense et se méfiait de l'armée, au point de vouloir l'affaiblir durablement pour éviter les coups d'État. D'où ce paradoxe d'une armée faible sans commune mesure avec les grandes potentialités économiques et politiques de la Côte d'Ivoire. Il aurait tourné le dos à un principe essentiel énoncé par Machiavel: le prince qui s'abstient d'entretenir et de consolider son armée fragilise son trône et met en danger la Nation. Pire, il fit le choix de confier la défense de son pays et de son trône à l'ancienne puissance colonisatrice. Une interprétation psychologisante de cette posture politique voudrait que le Président Houphouët-Boigny fût allergique à

« l'uniforme. »(« L'armée ivoirienne de la marginalisation à la prise de pouvoir ». On doit, cependant, constater qu'Houphouët-Boigny met en place progressivement une armée de format réduit, convenablement équipée sans plus et jouissant d'un statut privilégié qui la faisait appeler « l'armée suisse d'Afrique » en raison du pacifisme affiché par le chef de l'État et des conditions matérielles d'existence qui étaient les siennes.[1] À cette armée fut aussi confiées des tâches extra-militaires sous la forme d'un service civique dont le but est de faire participer les conscrits à la construction de la nation (1960-1970)[2] Progressivement les cadres militaires furent associés à la gestion de la chose publique: « L'armée et ses officiers ont vocation à participer à l'administration de la nation et à assumer des postes civils de responsabilité ».[3] Tout milite pour l'image d'une armée apolitique, multi-ethique, légaliste, soucieuse de participer, à la base comme au sommet, au développement de la nation. Cependant, une analyse des rapports entre Houphouët-Boigny et l'armée en termes de détestation de cette dernière ne nous renseigne guère sur les raisons réelles de la marginalisation de celle-ci. Ces raisons sont de trois ordres:

I   Raison historique: La marginalisation de l'armée était d'autant plus aisée que les conditions historiques et politiques de sa création n'en ont pas fait une force autonome, détentrice d'une légitimité, et donc capable de participer à la structure du pouvoir. L'armée n'est pas née de relations conflictuelles avec la puissance colonisatrice, encore moins d'une lutte de libération nationale.[4] Durant la colonisation, les révoltes furent nombreuses, sporadiques et ethniques. Elles ne permirent pas à une armée de type nationale de cristalliser. Remarquons au passage que le principe ethnique reste toujours la plaie de cette armée.

II   Raison stratégique: Le contexte de la guerre froide qui rend dérisoire d'ériger une armée forte. La Côte d'Ivoire a choisi son camp, celui de l'Occident ou plus précisément celui du capitalisme. Une critique récurrente portée contre Houphouët-boigny fait de lui le valet de l'impérialisme.[5] Un tel reproche reste extérieur à son objet tant qu'il n'envisage pas d'abord l'intelligence politique de l'articulation du triptyque armée, accords de bon voisinage et exigence de l'ordre mondial. La prise en compte de ce deuxième aspect fait apparaître qu'il s'agissait, pour Houphouët-Boigny, de mettre à profit des ressources stratégiques permettant de capter une rente aussi bien militaire qu'économique qui s'est estompée avec la chute du mur de Berlin. Ce qui est décisif, ce n'est pas l'allégeance à un camp mais la capacité à la maximiser à son profit. La tentative de renversement, malgré la présence française, du président Léon M'Bâ au Gabon en 1964 est instructif à cet égard.

III Raison politique: La marginalisation délibérée de l'armée reposait sur un motif plus fondamental encore. Elle est l'une des conditions qui a permis au pays d'échapper aux convulsions violentes qui secouaient de nombreux pays africains: Une armée divisée qui deviendrait un acteur du jeu politique constituerait un véritable danger pour la nation. Houphouët-Boigny, revenant sur l'intervention de l'armée à la cité de Yopougon (1991), et opposant un refus catégorique à d'éventuelles sanctions contre l'armée, prononça cette phrase lourde de sens:

« Mais n'attendez pas de moi que je divise les militaires, que je les dresse les uns contres les autres. C'est le pays qui en pâtira…Je ne veux pas vous livrer aux militaires… Vous tremblez ! Je les connais » (Grébalé Gavier 2001:71).[6] Une armée qui ferait irruption sur la scène politique et qui serait l'enjeu des luttes partisanes serait le signe d'une radicalisation guerrière des affrontements politiques. L'armée ne saurait être employée, sans conséquences ruineuses, comme un moyen de régulation de la compétition politique. Certes une erreur politique a été commise à la cité universitaire de Yopougon en laissant l'armée s'en prendre violemment aux étudiants. Ce n'est pas une raison d'en commettre une plus lourde encore: l'intrusion de l'armée dans les affrontements politiques.

La ruse comme substrat de l'action

Toutes les traditions ont des figures pour dire la ruse. Les Grecs l'appellent métis. En suivant les indications de Détienne et Vernant (1974), il apparaît que la ruse est celle-la même qui sert à « attraper aux filets ». Sa figure essentielle est celle de la poulpe, qui est « maître des liens ». Être rusé, c'est tromper pour prendre dans ses nœuds et filets un adversaire. Autrement dit, c'est tendre des pièges. Être rusé, c'est capturer le gibier, à la manière du chasseur Gagou qui sait que les singes, aussi malins soient-ils, qui voltigent d'arbre en arbre, finiront au sol grâce aux pièges savamment posés.[7] La ruse n'équivaut pas seulement à prendre au piège mais aussi à en éviter. Rusé est celui qui sait se dérober, éviter les pièges qui lui sont tendus.

La conception peule de la ruse est plus instructive pour notre propos. Elle donne à voir une autre dimension de la ruse, dimension structurante de l'action: que fait-on quand on est en difficulté dans une situation où la confrontation semble devoir s'imposer? Que doit faire le pasteur transhumant face à l'hostilité ? Rien ou plutôt, il doit esquiver, se dérober, trahir. Que veut-il sauver: son orgueil ou son troupeau? Pourquoi recourons-nous à la force sans réflexion alors qu'il existe des moyens plus économiques de résoudre un problème? Ce que les peuls appellent la *jamfa* est cette capacité de ne pas être pris dans la nasse d'une situation, évaluer les risques, les rapports de forces: Esquiver, ne pas subir.

Le gbrè est le mot baoulé pour dire ruse. Marc Augé parle de ce « mélange redoutable de ruse et de force qui évoque la démarche de la panthère » (Augé 1999). Samba Diarra, de son coté, fait ressortir ce point: « À côté de cela, il faut relever la démarche de panthère de Houphouët-Boigny » Des principales caractéristiques de la démarche politique de Houphouët-Boigny, on peut en relever une qui tranche par son caractère décalé: l'usage du gbrè comme instrument politique. Samba Diarra en résume le sens de la manière suivante: « Il y a d'abord le gbrè, philosophie de la dissimulation, très prisé dans le groupe baoulé, qui impose de donner le change en toutes circonstances, surtout quand on est chef » (Diarra 1997:31).

Houphouët-Boigny est *polumétis*. Mais pour bien comprendre, disons-le dans la langue qui est la sienne, le baoulé: Houphouët-Boigny est *blè*. Il est rusé. Il s'y connaît en matière de ruse. Il sait prendre au piège des mots ces adversaires qui ne croient qu'au caractère dénotatif du langage tout comme il sait les prendre au piège de la chose politique. On dit alors: Houphouët-Boigny est fort et rusé. La preuve en est la manière dont il a déjoué « les manœuvres diaboliques de l'homme blanc » pendant la colonisation (1951-1952). Au fond, Le mot *blè* signifie dans le langage courant mensonge. Mais selon le contexte de son utilisation, il a le sens de ruse. Il dit tout à la fois mensonge, malice, perfidie, dissimulation, ruse. On doit différencier *blèfouè* d'*akobofouè* qui porte approximativement le sens d'arnaqueur, tout comme on ne peut le confondre avec *nglèlèfouè* ou intelligent. Lorsqu'on réfléchit à ce qu'enveloppe le gbrè, il ressort que celui qui en est doté, sait tout sur ce qui se trame contre lui. Houphouët-Boigny utilisait cette technique lorsqu'il avançait une phrase anodine comme pour dire à ses interlocuteurs qu'il n'ignore rien de leurs intentions. Il est invincible parce qu'il a le don de prémonition. Non seulement il sait ce qui se trame contre lui, mais en plus, il sait ce qu'il faut faire selon le cas. Mais ce savoir n'empêche pas de tomber dans les pièges. Si le savoir est une dimension essentielle du pouvoir, il n'a pas de rapport avec cette intelligence abstraite qui ne nous aide en rien quand il faut agir. Un vrai chef n'est pas non plus fort au sens de la bête. Autrement, il ne serait qu'un simple gardien de la cité: un soldat. Son savoir ne consiste pas à déduire l'action politique de règles antécédentes. Bien au contraire. Le temps de son action est le *Kairos*. Il prend la bonne décision au bon moment.

On peut dire cela autrement: « Il avance à petits pas, ne révélant que par touches successives ses véritables griefs; et encore est-ce à des tiers qu'il le fait... C'est après s'être saisi de sa proie qu'il révèle ses griefs » (Diarra 1997:76). Cet art de la ruse a ses exigences: ne rien dire ou agir sous la contrainte de l'urgence, différer l'expression de ses intentions, parler comme si l'on épelait une à une les lettres d'un mot qui ne sera su qu'à la fin, mettre dans la bouche des autres ce qu'on aurait voulu dire mais qu'on pourra toujours modifier en fonction des situations sans se dédire, donner l'impression de résoudre un problème alors qu'on en profite pour en résoudre trois. Cette dernière exigence a une traduction historique concrète. L'affaire du Sanwi permet à Houphouët-Boigny en même temps de réduire la JRDACI et de limoger Mockey qu'il considère comme un rival. Retourner à son profit une situation jugée dangereuse.

Un chef, dans la production du chef autocratique africaine, est celui qui en plus d'être fort, est rusé, c'est-à-dire celui qui sait. Il sait démêler les nœuds des situations inextricables, séparer ce qui doit l'être pour éviter les effets pernicieux des mauvais mélanges. De ce point de vue, la neutralisation stratégique de l'armée aura reposé sur la ruse qui, rappelons-le, est chez Machiavel une arme politique dont le but est d'éviter la violence effective, c'est-à-dire d'atteindre au moindre coût un objectif. Dans le cas d'espèce, elle a consisté à découpler la force et la légitimité, à rendre impossible, de manière durable, la participation de l'armée au processus de légitimation de l'ordre politique. Ainsi, tous les procès hallucinants contre les « comploteurs » des années 60, qui seront embastillés à la prison d'Assabou, sont une affaire politico-politique. Les procureurs et les juges sont des hommes politiques qui en jugent d'autres pour des faits politiques, que tous cherchent à établir ou à réfuter. Les « appareils répressifs d'État », pour utiliser le langage de Louis Althusser, ne jouent aucun rôle sinon à la marge. L'armée ne participe pas à ce processus, qui apparaîtra comme le moment fondateur de l'ordre houphouëtiste, puisque la répression des complots de 1962-1963 a constitué, comme le rappelle Samba Diarra, citant Houphouët-Boigny lui-même, une manière de « tuer dans l'œuf toute velléité de contestation » de la légitimité du pouvoir (Diarra 1997:210). Du coup, elle ne fait pas partie de la structure du pouvoir. Tel est le moment de la violence fondatrice qui peut alors faire place à une autre grammaire du pouvoir: la légitimité est dans l'opinion et non dans la force. En capitalisant cette proposition essentielle formulée dans la philosophie politique de Hume, Houphouët-Boigny réoriente son pouvoir vers une idéologisation de sa légitimité.

La force ne peut que revêtir un caractère tactique. Elle permet d'engranger quelques victoires mais pas de gagner la guerre. La véritable question est la suivante: Comment faire passer la violence de son lieu naturel à celui de composante de l'action politique ? La ruse n'est pas l'autre absolu de la force. Le prince doit savoir user de l'homme et de la bête, du renard et du lion, plus du renard que du lion: savoir tromper. La ruse, selon machiavel, est l'arme des forts.[8] Comment articuler les usages de la force et la ruse qui permet de faire comme si on n'en usait point ? La reponse est claire: être constamment à la lisière du paraître et de l'être, avancer masqué, être comme Calypso, celle qui se cache et qui cache: savoir rester dans l'ombre, s'éclipser si besoin est. Tel est l'art consommé du gbrè. La dissimulation est au cœur du pouvoir qui vit de la séparation entre la conduite réelle du chef et les modes de son apparaître. C'est en cela que nous parlons de l'idéologisation de la légitimité.[9]

Cette alchimie, que seule les années 60 pouvaient encore permettre, stabilise le pouvoir sur la légitimité historique que confère la lutte pour l'abolition du travail forcé, pour ne retenir que cet exemple, et les perspectives économiques prometteuses. Cet amalgame repose, in fine, sur ce que David Apter a appelé « la routinisation du charisme », aujourd'hui disparu. Il est évident que la singularité historique d'une telle légitimité pose problème, puisqu'elle peut s'éteindre avec celui qui l'incarnait provisoirement. Le système rentre en crise lorsque le mode d'emploi par lequel on ajuste sans relâche les demandes aux capacités de les satisfaire matériellement et symboliquement, disparaît en même temps que son concepteur. Cela vaut naturellement pour l'équation complexe de la gestion de la défense nationale.

Si cette question de la légitimité est essentielle, pour la théorisation ici proposée, c'est que la légitimité incarnée par Houphouët-Boigny comme toute légitimité n'est en rien divin. Elle a un contenu et une efficacité historique dont l'épuisement signifie une incapacité à réguler le champ politique.

Le coup d'État de 1999 a justement signifié une accélération de la mutation de la légitimité déjà ouverte par l'instauration du multipartisme qui s'est accompagné d'une désacralisation du pouvoir. Moment dangereux duquel les acteurs politiques croyaient pouvoir tirer des dividendes. Le président Bédié aura recherché, dès 1993, en vain, la légitimité nécessaire à son action comme le président Gbagbo fait l'expérience que l'élection, seule, ne porte pas la charge de la légitimité. Allassane Ouattara aura vécu un processus de dé- légitimation permanente aussi bien au plan biographique que politique. L'âpreté des luttes politiques ne suffit pas pour rendre compte de cette situation. Il s'agit d'un processus objectif qui lamine les prétentions à la légitimité parce que désormais les bases politiques et économiques d'une intériorisation des normes minimum d'acceptabilité de la domination sont vermoulues. Il y a une absence de pouvoir légitimant, de toute force médiatrice y compris l'armée. Ce qui explique la férocité des affrontements politiques.

L'année 1993 marque une véritable césure. Le général R. Guei a rappelé opportunément, trois jours après le coup d'État de décembre 1999, les raisons pour lesquelles la prise du pouvoir par les militaires n'était pas illégitime. Elle l'était d'autant moins que l'armée fut la pourvoyeuse de la légitimité du pouvoir Bédié en 1993. L'intervention de Guei devant tous les partis réunis fut tout simplement un délice linguistique et sociologique (*Le Jour* 1999 n° 1468).[10]

Penser l'armée: enjeux et paradoxes d'une politique de la paix

Le discours houphouëtiste sur la paix ne doit pas nous abuser. Il n'est pas un succédané de *Pacem in terris* de Jean XXIII. La valorisation du dialogue, comme la base nécessaire pour surmonter les divergences idéologiques, religieuses, politiques et militaires, a partie liée avec un pragmatisme politique qui n'a négligé en rien les questions de défense.

Durant toute la période des années 60, le problème récurrent mais tout aussi tabou fut celui de la sécurité et de la défense. Ce problème sans faire l'objet d'un traitement intempestif, a reçu toute l'attention nécessaire: Quelle armée ? Pour quelle sécurité ? L'armée est-elle adaptée face aux enjeux sous-régionaux ? Une milice est-elle nécessaire ? La politique houphouetiste de défense est portée par un certain nombre de principes qui spécifient la place de l'armée et les exigences de la paix.

1) Premièrement, il s'agit de bâtir une armée capable d'assurer la défense du pays. Telle est la première exigence dont le manquement est tout simplement un crime (*Le Jour* 1999 n° 1468:429). Mais cette nécessité ne doit pas se retourner contre le projet global de développement: Il faut « organiser notre défense sans hâte inutile, donc sans recours à d'importantes dépenses militaires qui ruineraient notre développement économique et, du même coup, nous priveraient de tout effort social » (*Le Jour* 1999 n° 1468:430). Les raisons d'une telle option sont importantes: les dangers qui guettent la construction de la nation sont à la fois endogènes et exogènes. La faim, la maladie, l'injustice sociale sont autant de dangers pour la sécurité intérieure. Ce sont aussi des aliments pour les insurrections et les rébellions. Pour Houphouët-Boigny, l'argent doit servir au développement et non à acheter des armes: « Armons-nous contre la misère » (*Le Jour* 1999 n° 1468:349).

2) Deuxièmement, dégager les conditions de possibilité – qu'il ne faut pas confondre avec les conditions contingentes d'existence – d'une armée en afrique. Ce principe n'a pas pour but d'occulter la présence militaire française. Après les indépendances, les États se sont dotés d'armées comme instruments de

souveraineté. Mais en réalité quelle est la viabilité de ces armées ? À quoi servent-elles ? À qui servent-elles ? Quel coût et pour quel budget ? Prenant l'exemple du Ghana de Kwamé Nkrumah, Houphouët-Boigny indique que ces armées ne tiennent leur existence que de satisfaire un « faux prestige » Aucune d'entre elles n'est en mesure d'attaquer ou de défendre durablement un territoire sans ressources extérieures: « Avec ses quatre bataillons, Kwamé Nkrumah peut-il vraiment attaquer un territoire quelconque s'il en avait l'intention ? Je ne le crois pas. Avec ses quatre bataillons Kwamé Nkrumah peut-il véritablement se défendre contre une attaque venue de l'extérieur ? Non ». (*Le Jour* 1999 n° 1468:203-204). Ce type d'armée sera toujours forte pour réprimer la population mais jamais assez pour exécuter ses tâches républicaines. La réflexion contenue dans ce deuxième principe donne à penser. Aucune des armées au sud du Sahara ne peut empêcher ni les insurrections ni les rébellions. Des pans entiers du territoire sont occupés, le pouvoir renversé ou menacé de l'être comme si l'armée ne servait à rien. C'est de ce constat de carence – dont les militaires ne sont pas la cause – que naît une locution du genre: « notre armée n'était pas préparée à ce genre de situation. »

L'improvisation et la radicalisation consistant à en appeler à la résistance civile, au populisme armée ou à miliciser une part importante de la population ne peuvent que donner l'illusion de pouvoir compenser ce déficit. Tout le monde sait que ces deux ingrédients ne font pas une politique de défense. La cohésion de l'armée ne survit presque jamais à cette radicalisation. Une véritable réflexion stratégique sur le rôle de l'armée dans l'économie générale du politique en Afrique, qui ne la réduirait pas à une fonction de répression, mérite de s'inscrire dans la durée. Elle serait partie prenante d'une politique publique de sécurité qui aurait pour tâche de faire baisser le niveau de violence. En effet, dans le contexte houphouetiste, la politique de défense d'un pays repose sur sa capacité à créer le contexte pacifique de son développement.

3) Troisièmement, dans le contexte d'une récusation d'une politisation de l'armée, quelle place pour une milice d'autant qu'on retrouve, jusqu'aux détours des années 70, l'idée inchoative d'une « aptitude de toute la collectivité ivoirienne à prendre les armes pour défendre la patrie ».[11] Une tentation éphémère aura été la création d'une milice du parti qui semble constituer un accroc à la ligne de politique générale de sécurité. Dans son livre *Houphouët-Boigny et la crise ivoirienne*, Amadou Koné décrit de la manière suivante la création de la milice: « De même, ce fut à l'occasion du défilé organisé à Yamoussoukro en l'honneur du président Modibo Keita du Mali, en 1962, que les membres du bureau politique et tous ceux du gouvernement qui n'étaient dans les secrets découvrirent pour la première fois la garde prétorienne. Elle était entièrement recrutée dans la tribu du président » (Koné 2003:217-218). Ainsi Houphouët-Boigny n'hésite pas en 1963, face aux complots qui commencent, croit-il, à menacer son régime, à réduire les effectifs de l'armée qu'il fait passer de 5.500 hommes à 3.000 hommes et à créer une milice du

Parti d'environ 6.000 hommes qui ont la caractéristique d'être tous d'origine Baoulé comme lui.

Le discours prononcé par Houphouët-Boigny le 28 septembre 1963, lors d'une journée historique, porte les motivations et le contexte historique de la création de la milice du parti: se défendre contre les menées déstabilisatrices du régime: « Et comme nous ne concevons pas la liberté sans la paix, nous avons décidé d'assurer à tout prix cette paix afin que chacun de nous, en Cote d'Ivoire, puisse vivre en toute liberté ». Cette paix sera d'abord assurée par une armée bien équipée et déterminée, compétente. Son rôle: défendre le pays des dangers extérieurs. Il ne faut pas oublier que nous sommes en pleine rivalité entre la Côte-d'Ivoire et certains de ses voisins mais aussi dans une conjoncture politique détériorée par les complots des années soixante.

La Possibilité existe pour l'armée d'intervenir au plan intérieur: « si la nécessité se faisait éventuellement sentir, d'assurer l'encadrement de toute la nation en cas de danger mortel ». Mais, une fois de plus, *l'usage politique de l'armée n'est pas sans risque*. D'où l'idée de créer une milice du parti: « Notre parti doit donc veiller à la sécurité de tous nos militants; et c'est ainsi que tous seront appelés, pour une période limitée, à pratiquer le maniement des armes en vue d'être en mesure d'assurer, à tout moment, la sécurité de chacun. *Nous aurons le peuple armé*, d'où la trahison sera exclue puisque chaque membre de ce peuple devra, à tout moment, compter sur son voisin pour sa propre sécurité » (Koné 1975:145-146). Houphouët-Boigny ajoute la chose suivante: « Il ne pourrait, dans ces conditions, être fait appel à l'armée régulière pour la sécurité intérieure que si la milice nationale – car c'est d'elle qu'il s'agit – se trouvait débordée, ce qui, vous pouvez m'en croire n'arrivera jamais, compte tenu de la force dont elle disposera et de la foi qui l'animera » (Koné 1975:145-146). Phrases étonnantes, à la limite de l'apostasie. Qu'est-ce qui a provoqué cet excès de fièvre ? Il faut remarquer que la question de la milice du parti ne s'est posée qu'au regard des tensions politiques suscitées par les premières revendications pour l'instauration du multipartisme et la contestation de la légitimité du régime.[12]

4) Quatrièmement, faire apparaître l'impérieuse nécessité d'une politique de la paix. Les conflits doivent être désamorcés ou résolus par le dialogue et la négociation. Houphouët-Boigny ne croyait qu'aux vertus de la Paix: « Le chef des armées, c'est moi... je ne serai jamais dans ma vie au rendez-vous de la force mais toujours au rendez-vous de la conciliation et de la Paix ».[13] Cette position qui n'est pas seulement philosophique mais une véritable méthode de gestion des conflits était un des aspects importants de la pensée et de l'action du président Houphouët. Le Général Gaston Ouassenan Koné touche juste lorsqu'il affirme: « Vous savez, dans la conservation de la paix, l'armement est parfois secondaire. Ce qui est important pour un pays qui aspire la paix, c'est sa politique de bon voisinage ».[14] Évoquant les difficiles relations avec le Ghana dans les années soixante, il ajoute: « or la politique de bon voisinage que le Président Houphouët a mené, a fait que très souvent la Côte d'Ivoire est passée à côté de périls plus graves que celui que nous vivons actuellement ».

L'exemplarité de la politique de défense d'Houphouët-Boigny vient de ce qu'elle donne l'impression de ne jamais recourir à la force et à l'intrigue. Le cynisme n'explique pas tout. Une hiérarchisation donne la primauté à la politique parce que ce qui est établi par la seule force est ou sera contesté. Dans la politique de défense du président Houphouët-Boigny se trouvent réunis la coercition militaire au plan interne (répression de la rébellion Sanwi), les relations de bons ou de mauvais voisinage avec le Ghana, l'usage des instances sous-régionales comme instruments politiques non pas de résolution diplomatique des conflits mais de combat, le poids des rapports Est-Ouest. La manière dont Houphouët-Boigny use de ces trois instruments dans le temps indique clairement que, pour lui, la politique est auto-instituante, la force n'en étant qu'un ingrédient et pas le plus important.

Les relations entre la Côte-d'Ivoire, au prise avec une rébellion, et le Ghana furent, dans les années 60-70, aussi tendues que ne le sont aujourd'hui celles qui la lient au Burkina Faso depuis l'année 1995. On peut mettre ces deux situations historiques en parallèle sans pour autant les confondre. Il est intéressant de voir fonctionner deux politiques (celle menée par Houphouët-Boigny et celle de Gbagbo) qui n'ont pas les mêmes prémisses ni la même logique mais qui sont confrontées à la défense des intérêts vitaux de la nation. Le Ghana joua un rôle important dans la rébellion Sanwi puisqu'il hébergea les principaux instigateurs de la rébellion. En effet, le conflit de leadership qui oppose Houphouët-boigny et Kwamé Nkrumah ne fait que raviver, à chaque fois, les visées annexionnistes du Ghana sur le royaume du Sanwi situé à sa frontière Ouest. Le problème se pose dès 1959 quand le Sanwi se soulève une première fois. Un droit d'asile destiné à l'origine à tous ceux qui sont persécutés par les autorités coloniales permet d'accueillir les insurgés comme si la Côte d'Ivoire ne faisait que prolonger la domination coloniale De ce jour, Houphouët-Boigny n'aura de cesse de faire en sorte que les réfugiés sanwi soient remis aux autorités ivoiriennes. Il mène bataille sur deux fronts. Premièrement, il se sert de la question du Congo-Leopolville pour faire apparaître à tous que K. Nkrumah, qui vient de décider de mettre son armée au service du Congo, ne connaît que le langage de la force et des armes là où la sagesse préconise d'agir par la conciliation. Aucune crédibilité ne peut être accordée à un va-t-en-guerre. Deuxièmement, la découverte, à l'occasion de l'affaire de la rébellion du Sawaba au Niger, de camps d'entraînement au Ghana pour former les opposants des régimes voisins à la guérilla, constitue un motif supplémentaire pour isoler Nkrumah (boycott de la conférence interafricaine d'Accra)

Derrière les principes d'une philosophie de la paix, il y a aussi les coups de jarnac. On songe aux rencontres secrètes que l'homme d'État ivoirien a eu avec le docteur Busia à Bondoukou dans l'Est de la Côte d'Ivoire (Diarra 1997:232). Finalement Nkrumah est renversé le 23 fevrier par le colonel Kotoka. Incontestablement, Houphouët-Boigny venait de remporter provisoirement une victoire. Il pouvait à présent rétablir des relations de bon voisinage avec le Ghana qui porteront leurs fruits. Le nouveau pouvoir livre les insurgés sanwi au gouvernement ivoirien, Houphouët-Boigny, magnanime, peut dire: « Même égarés, revenez à la maison, vous êtes des frères » (Baulin, Laronce 2000). Finalement Houphouët les libéra. La Côte d'Ivoire continua de vivre en paix.

C'est parce qu'Houphouet-Boigny disposait d'une « méthode » permettant d'articuler une vigoureuse politique de bon voisinnage, qu'il ne jugeait pas utile de développer outre mesure l'armée. Des enseignements polémiques ont été tirés de cet épisode de l'histoire de la Côte d'Ivoire. Ainsi, le général Ouassenan Koné affirme: « je puis vous dire que si le PDCI était encore au pouvoir, ce qui nous arrive ne se serait pas produit. Tout aurait été fait pour que ces militaires déserteurs puissent regagner le pays en toute sécurité. Les autorités ivoiriennes auraient négocié auprès des autorités Burkinabè, leur retour ».[15]

Deux remarques finales: 1) La méthode houphouetiste de la paix valorise le dialogue comme solution pour mettre fin aux tensions politiques. Elle se défie des armes et de la violence pour dénouer les crises politiques. Prospective, elle ne fait pas de l'armée son principe. On peut toujours faire remarquer que la paix houphouëtiste est le produit d'une violence qui ne fut pas que symbolique:

> L'homme a pensé entrer dans l'histoire par sa rhétorique sur la paix…et un développement socio-économique réussi de la Côte-d'Ivoire. Il a eu le mérite incontestable d'avoir compris qu'il ne saurait avoir de véritable développement sans paix intérieure. Mais malheureusement, il n'a jamais réalisé qu'il y a paix et paix intérieure. D'une part la paix intérieure des régimes totalitaires, qui repose sur la répression, la peur, voir la terreur. De l'autre, la paix intérieure qui procède de la démocratie, c'est-à-dire du respect des droits imprescriptibles, la liberté, la justice, l'égalité. Il a fait un choix obstiné du premier type de paix (Diarra 1997:238).

Cette caractérisation pour fondée qu'elle soit, laisse de côté les résultats forcément contrastés de la politique houphouëtiste de la paix. Pour n'en prendre qu'un des résultats les plus fragiles, nous remarquons que le développement méthodique d'une idéologie de la paix, dans laquelle les ivoiriens baignaient, bien qu'ils n'en furent pas dupes, n'a pas eu pour seul effet d'anesthésier leur capacité de révolte, mais aussi de les convaincre que la paix est une valeur positive. Ce qui tranche avec la stratégie du pire qui fait de la guerre le seul langage de la politique. Il est incontestable que la violence participe de la fondation et de la continuation du système encore faut-il la différencier pour en saisir les mutations qui en modifient les usages. 2) Lorsqu'on analyse les raisons de la solidité et de la longévité du régime houphouëtiste, on s'aperçoit qu'il reposait en priorité sur une culture partagée de la tolérance et de la compétence comme base d'accès aux ressources. Le clientélisme à l'Ivoirienne était aussi fondé sur cette compétence qui neutralisait les différences ethniques.[16] C'est une erreur de considérer que le système houphouëtiste a jeté par-dessus bord le mérite et la compétence comme critères de promotion sociale et politique à partir de 1963 au profit de l'allégeance politique et ethnique. Selon nous, la compétence et le mérite sont bel et bien restés des facteurs importants du système. Simplement, ces critères coexistent désormais avec d'autres plus politiques. On laisse jouer le critère de compétence à certains niveaux du système. C'est cette méthode que le colonisateur utilisait déjà. Quand le gâteau économique se réduit, on passe de l'allégeance politique à des critères plus ethniques. Les critères deviennent d'abord cumulatifs pour finalement devenir erratiques quand le système politique dysfonctionne. Or c'est ce double socle qui se trouve finalement fissuré avec la crise économique (année 80) et la crise politique née de l'incapacité d'assumer les véritables enjeux du multipartisme.

L'armée au cœur des luttes de pouvoir (1990–1999)

De 1990 à 1999 l'armée devient un des acteurs essentiels des convulsions sociopolitiques qui n'ont cessé de secouer la Côte d'Ivoire. Elle est de plus en plus partie prenante dans les luttes politiques inhérentes aux processus de construction de la nation. Si l'armée n'est pas restée muette tout le long de son histoire, il faut remarquer que sa « prise de parole » change de nature à partir des années 90.[17] Ses premiers vrais soubresauts se produisent à ce moment là. Les soulèvements des années 60 étaient des tentatives, somme toutes circonscrites, de prise du pouvoir qui n'affectaient pas l'armée dans son existence même alors que les mutineries de 90 ont eu des effets dévastateurs à long terme. Elles étaient le signe d'une détérioration du moral dans l'armée, d'une dégradation des conditions de vie, de l'apparition d'un nouvel esprit de contestation, porté par les jeunes, qui ira crescendo. Les effets cumulés des mutineries de 90 et du boycott actif pratiqué par les partis d'opposition (FPI, RDR) que le pouvoir avait dénoncé comme ayant une dimension militaire souterraine, inscrivent l'armée dans une nouvelle économie de la violence Commence l'ère du soupçon et de la marginalisation.

Du coup, l'armée n'échappe plus au clientélisme, à la lutte des factions et aux tensions inter-ethniques qui naissent de ces luttes. Elle est donc partie prenante d'une violence qui naît de l'effritement du modèle houphouetiste.

Le temps des ruptures

Le coup d'État de 1999 intervient dans une société ayant fait l'apprentissage de la violence. Le modèle théorique proposé par Harris Memel Fotê permet d'en saisir la logique. (Memel Fotê 1991) Selon lui, il y a deux manières de rompre avec l'ordre du monopartisme qui est celui des pères fondateurs: 1) la forme militaire qui peut être soit un coup d'État militaire, soit une rébellion; 2) la forme civile qui voit la société civile contester l'ordre. Dans les deux cas, il s'agit d'un parricide. Le parricide militaire introduit, « la première et très tôt », la confiscation du pouvoir des pères fondateurs. Cependant que le parricide civile est le ferment d'une communauté politique nouvelle. Si la forme militaire du parricide lui paraît dépassée, la forme civile est la seule capable d'instaurer une vraie démocratie. Il y a passage de la forme militaire à la forme civile-populaire du parricide. Or l'examen d'un tel passage s'adosse à une théorie de la fondation. En ce sens le parricide est synonyme de démythification, de désacralisation des figures politiques anciennes qui, au passage, valorise le contestataire.

Une attention portée à la contestation militaire fait apparaître un glissement, à la faveur de l'histoire, des coups d'État qui sont le fait de la hiérarchie de l'armée à ceux exécutés par des officiers subalternes, voire de simples soldats. Il ne faut pas confondre ces deux régimes. La hiérarchie militaire peut avoir tissé des liens avec la classe politique dominante ». Elle est, en quelque sorte, composée des « dominées de la classe dominante. Les sous-officiers sont les dominés tout court dont les méthodes de prise du pouvoir puis la gestion de celle-ci peut impliquer une violence extrême et un désordre. En tout état de cause, il y a là comme une « démocratisation » militaire de l'accès au pouvoir et de la prise du pouvoir à son propre profit ou au profit d'un tiers.

Il existe une autre forme du parricide, remarquable quant à ses méthodes et ses finalités, qui comporte une dimension proprement fratricidaire. Ce sont les rébellions armées menées dans le but de renverser le régime en place ou de l'amener à « négocier une transition à une formule de démocratie réelle » Par contraste, le parricide civil et populaire est exécuté par la société civile contre les systèmes politiques organiques qu'elle déconstruit pour rendre possible le passage au pluralisme politique.

Or selon nous, il ne faut pas seulement examiner de manière successive les deux formes du parricide politique ni même les distribuer selon une logique spatiale (par pays). Malgré la force de la démonstration de Harris Memel Fôtè, elle reste tributaire de l'optimisme d'une dialectique qui oublie les ruses de la raison historique: les deux formes du parricide peuvent s'impliquer mutuellement lorsque la légitimité antérieure a été défaite sans qu'aucun référant nouveau vienne norrmer l'espace politique. Du point de vue théorique, rien n'interdit de penser leur croisement possible. Selon nous, Le coup d'État de 1999 est justement le résultat d'un double parricide, soit une crise militaro-civile: entrelacement de la monté en puissance d'une violence devenue le langage de la satisfaction des revendications politiques et identitaires et le règlement par les armes de problèmes essentiellement politiques. Pour la première fois en Côte d'Ivoire, l'année 2000 a vu s'affronter des militaires et des civils pour la poursuite des élections par d'autres moyens.

À partir du moment où les fondations de l'ordre ancien se sont érodées, la crise qui survient ne peut être autre qu'une crise militaro-civile qui voit se déliter des pans entiers de la société. Ce coup d'État est, au fond, le moment paroxystique de l'entrelacement du parricide militaire et du parricide civile auxquels il ne peut mettre fin.

Ce n'est pas un hasard si la guerre, en cours en Côte-d'Ivoire, plonge ses racines immédiates dans la prise de pouvoir de 1999 par le général Guei. Contrairement aux dénégations des auteurs du coup d'État qui voulaient faire comme si celui-ci ne correspondait pas à la rupture consommée avec l'ordre ancien (la Côte d'Ivoire d'Houphouët-Boigny), il est apparu évident qu'il ne pouvait être compris comme un approfondissement des libertés publiques en vue de consolider le multipartisme et de permettre l'organisation d'élection libre.

L'analyse du parricide militaire, tel qu'envisagé par Harris Memel Fotê, ne recherche pas les conditions économiques qui le rendent possible. Elle porte principalement sur son sens politique. Celui-ci s'inscrit dans une nouvelle économie de la violence qui en fait, désormais, le moyen de règlement des conflits politiques. S'il y a une différence axiologique entre le parricide militaire et civil, l'accélération récente de l'histoire de la Côte d'Ivoire est là pour nous montrer que le parricide militaire peut se situer dans le prolongement d'une contestation civile de l'ordre politique qu'il prend en charge sans pouvoir apporter la rénovation démocratique de la société. Autrement dit, la montée progressive de la violence, à laquelle participent des franges de plus en plus large de la population, prépare la prise du pouvoir par les armes. On admet de plus en plus l'usage de la violence ainsi que celles des armes. Les esprits ne sont plus réfractaires à la « guerre totale » qui transforme la politique en cauchemar.[18]

L'armée, un ordre brisé ?

Ce ne sont ni les armes ni les effectifs qui constituent, en premier, une armée. Ce qui fait une armée, c'est la discipline qui, selon M. Foucault, est une forme de distribution du pouvoir qui implique le dressage et l'encadrement des corps, le conditionnement des esprits par lesquels les soldats intègrent les normes d'une vie et d'une action communes. La centralité de la discipline vient de ce qu'elle n'est pas identifiable, sans plus, à l'obéissance. Elle n'est pas seulement hiérarchique mais aussi horizontale. Elle oblige à regarder en haut et surtout à coté de soi. Elle est une forme de dépendance, de soumission qui est aussi solidarité. Le principe de son exercice requiert l'altérité comme sa dimension constitutive. Sa matérialisation est cette communauté paradigmatique dans laquelle je dépends de l'autre pour ma survie et inversement. C'est la raison pour laquelle la discipline appelle les valeurs d'ordre, d'organisation, d'entraide, de dévouement, de respect de l'autre. Son travail est le rassemblement de ce qui, au départ, est hétérogène. Elle implique, certes, la force qui façonne un ordre non éphémère mais aussi la mise en rapport de singularités qu'elle arrache à la contingence de l'origine, de l'ethnie, de la religion. Seule une illusion rétrospective peut laisser croire à l'existence, dans le passé de la Côte d'Ivoire, d'une armée fondée sur cette discipline ouverte. Mais l'ébauche d'une armée nationale, dans les années 70-80, dans laquelle la multi-ethnicité, l'égalité confirmée par l'uniforme, tout comme à l'école, est incontestable. Il est tout aussi incontestable que la solidarité civique a été progressivement désapprise, supplantée par la méfiance et bientôt par la défiance. L'évolution de l'armée ivoirienne s'est fait à rebours de cette solidarité que le champ de bataille n'a pas éprouvée.

Une recherche sur l'armée ivoirienne doit prendre en charge l'histoire politique du pays depuis 1990 dans la mesure où les forces armées y ont été fortement impliquées. Cette analyse permet alors de rendre compte des fractures qui vont progressivement déstructurer l'ordre que l'armée était censée incarner. Sans une telle approche, on ne peut pas comprendre les rapports entre cette déstructuration de l'armée et les enjeux de la crise politico-militaire actuelle.

À partir de 1999, se produit une accélération dans la constitution des milices et autres gardes prétoriennes. Ce phénomène ira en s'accentuant: Des centaines de miliciens originaires de l'Ouest montagneux sont recrutés par Guei qui tente aussi de noyauter la gendarmerie. Il y a une perte de l'« esprit de corps » désormais rendu impossible par les recrutements parallèles ainsi que par l'indiscipline. L'armée se divise en factions. Pour la première fois, avec le coup d'État de 1999, apparaissent, au sein de l'armée, des groupes dont les membres se regroupent par affinité politique ou ethnique. Leur dénomination est déjà le signe d'un défi à l'ordre militaire: « CAMORA », « Brigades rouges », « Mafia », « Cosa Nostra ». Il s'agit d'un phénomène tout à fait inédit en Côte d'Ivoire, et qui va se révéler lourd de conséquences. Il y a d'abord un processus d'inversion qui voit les groupes de l'ombre composés de sous-officiers vont fonctionner comme des structures de contrôle de la hiérarchie militaire mais surtout comme des groupes de pression politique qui vont tenter de peser sur les orientations du CNSP (Comité National de Salut Public). Pire, des affrontements, à l'issue souvent dramatique, où il s'agit d'éliminer des ennemis, politiquement et ethniquement identifiés, précéderont les élections de 2000. Craints de tous, ces nouveaux types de soldats sont les adeptes du redressement de torts et d'une justice qui n'en a que le nom. Ils sont les nouvelles « Super Stars » de l'armée et de la politique. Ils se mettent au-dessus des marginaux en uniforme qui ont une vie de misère et qui sont les pillards dès qu'éclate une mutinerie. Ce qui n'exclut pas que ces militaires ou certains d'entre eux adoptent des comportements prédateurs et parfois criminels (Kieffer 2000). Certains des sous-officiers de ces groupes sont des acteurs des tentatives de coup d'État qui vont rythmer la vie politique à partir de l'année 2000. On les retrouve dans la rébellion. Certains de leurs « frères d'arme » jouent un rôle important, sur une ligne politique adverse, dans les forces dites loyalistes. Ils ont formé ensemble les troupes d'élite au camp d'Akandjé près d'abidjan. Les figures antithétiques du sergent-chef Ibrahima Coulibaly dit « IB » et du sergent-chef Boka Yapi symbolisent, mieux que tout, les affrontements militaro-politiques au sein de l'armée.

Les clivages au sein de l'armée se mesurent aujourd'hui à plusieurs faits: 1) Les partis politiques les plus importants disposent au sein de l'armée d'hommes qui leur sont loyaux, et qui sont prêts à intervenir le cas échéant. Un exemple suffit pour illustrer ces divisions. Le soir de la formation du premier gouvernement de la transition militaire, un groupe de soldats se réunit sur la place d'arme du camp d'Akouedo et tirent en l'air comme pour donner un coup de semonce aux politiques. Le colonel Doué, malade, est absent du premier conseil des ministres. Finalement, L. Gbagbo pose la question politique: « Si le coup d'État est RDR qu'on nous le dise ». Les « rumeurs » continues de coups d'État distillées par les factions rivales sont aussi les symptômes de la division et de la déliquescence de l'armée.[19] La naissance de groupes dits de « coordination des militaires patriotes » qui insistent sur le règlement des primes dues aux militaires et l'application des accords de Marcoussis, sur la prise de mesures en vue de sécuriser la population. D'autres groupes en appellent, de façon publique, à la défense de la patrie, au soutien aux institutions et à la constitution. Ainsi donc l'armée est prise dans un processus objectif et historique d'éclatements.

Conclusion

L'armée est au prise avec elle-même, tiraillée par des luttes factionnelles qui sont autant d'exemples de l'impasse dans laquelle se trouve la transition démocratique en

Côte d'Ivoire. Elle est confrontée à deux problèmes importants qui se greffent sur sa politisation: l'impunité et l'ethnicisation.

La conception libérale de l'armée, encore défendue par John Rawls, selon laquelle celle-ci a pour fonction de défendre l'État pour autant qu'elle s'engage à protéger les institutions politiques démocratiques et à préserver les libertés des citoyens, est loin de traduire l'expérience des armée africaine et en particulier celle de Côte d'Ivoire (Rawls 2000).

Il y a bien longtemps que l'armée n'exerce plus totalement sa fonction de sécurisation et de préservation de la liberté des citoyens. Le problème de l'impunité des militaires ou des rebelles ayant commis des exactions contre les populations civiles permet de mettre l'accent sur l'abandon de cette fonction. L'impunité est devenue un des problèmes qui explique les dérives de plus en plus graves observées dans le comportement de certains éléments des forces armées.

Les gendarmes impliqués dans le charnier de Yopougon sont restés impunis à la suite d'un procès raté (Lepage et Vital 1003).[20] Impossible de punir si les coupables appartiennent aux forces de défense et de sécurité. Il y a d'abord un problème d'incapacité à gérer l'ordre public et secondairement une forme de cynisme qui fait passer le droit des individus aux pertes et profits de la férocité des luttes politiques. Impossible de punir si les coupables sont des soldats en rupture de ban, acteurs de coups de force. L'Absolution doit leur être donnée parce qu'ils défendent une cause juste.

En Côte d'Ivoire les tribunaux militaires n'ont cessé de fonctionner en pure perte puisque les sanctions apparaissaient toujours comme politiques. Elles l'étaient quelquefois mais pas toujours. D'où l'impression que la justice n'est pas rendue.[21]

Cette impunité est l'indice patent d'un phénomène proprement inquiétant qui est la gangstérisation progressive de certaines fractions des forces de défense et de sécurité par un effet d'autonomisation vis-à-vis de la hiérarchie militaire. Ce phénomène est renforcé par la dissolution de la chaîne de commandement. En fait, lorsque les luttes politiques se radicalisent, et qu'il devient évident qu'il faut continuer la politique par d'autres moyens, apparaissent alors ces clans et factions souvent autonomes qui « opèrent sur le mode du crime organisé » (Ayissi 2003).

Cette impunité récurrente est un véritable danger pour la Côte d'Ivoire. Il y a danger lorsque le non-respect des règles et règlements militaires, du droit, des droits de l'homme ne prête pas à conséquence. La question qui se pose, a présent, est de savoir si l'internationalisation du droit est à la hauteur des enjeux de ces impunités dévastatrices au plan local. Il est clair qu'une refondation citoyenne de l'armée devra réintroduire le principe de la responsabilité émancipé de l'obéissance aveugle ou intéressée.

En ce qui concerne l'ethnicisation, des remarques rapides peuvent être faites. Les politiques et leurs scribes s'accusent mutuellement, hier comme aujourd'hui, de vouloir ethniciser l'armée à des fins de domination hégémonique à caractère ethnique. En fait, il faut tenir ce type de polémique, vieux serpent de mer, comme un symptôme du malaise vécu par l'armée. La tendance naturelle, quoique improductive, puisqu'elle ne fiabilise pas plus l'armée, des politiques, est à l'ethnicisation.

L'adversaire est accusé de pratiques ethnicistes dont on se défend, et que les faits et les chiffres finiront par révéler.

Derrière les fonctions idéologiques des discours sur l'ethnicisation de l'armée, se cachent des processus plus profonds dont les conséquences ne sont pas toujours mesurer à leur juste portée. Ce que nous pourrions appeler *l'ethnicisation socio-économique* est la conséquence de stratégies « géo-politiques » pour « placer » ses frères, cousins et amis dans l'armée devenue un refuge contre le chômage. *L'ethnicisation politique* viendra toujours se greffer sur elle pour maximiser ou défendre des ressources politiques acquises. En Général, ce processus de détournement échoue presque toujours. Mais ses conséquences sont redoutables puisqu'elles ne cessent de fragiliser les bases d'une armée véritable. Comment sortir de cette logique d'instrumentalisation ethnique de l'armée ? Sommes-nous condamnés à n'avoir qu'un conglomérat de forces armées ? Difficile de répondre à ces questions. Cependant, il est évident que l'option d'une formation quotataire de l'armée sera vouée à l'échec. Il suffit de regarder le type d'enrôlement pratiqué à Abidjan et à Bouaké, pendant cette guerre, pour se rendre compte qu'il recoupe la fracture nord-sud. La refonte et la refondation ne peut signifier la création de deux armées en une.

Notes

1. De nombreux enfants des quartiers populaires d'Abidjan en furent les témoins, eux qui, dans les années 70-80, mangeaient au camp Gallieni d'Adjamé, des morceaux de viande dont ils n'avaient vu la grosseur nul part ailleurs.
2. « Durant la première année, les recrues s'adonnent au service militaire, sous la forme classique, et lors de leur passage en seconde année, elles « donnent leur sueur pour…l'indépendance économique », selon le Président F. Houphouet Boigny. Cf. Bangoura 1992.
3. Phrase-clé d'un discours d'Houphouët-Boigny prononcé en 1968, et qui servit pendant longtemps de référence aux militaires.
4. Elle diffère en cela de l'armée burkinadé et encore plus de l'armée algerienne qui est née d'une lutte acharnée pour l'indépendance. Sur la naissance de l'armée burkinabé, cf. Guissou 1995: 55-75. Sur l'histoire et les trajectoires des armées au Magreb, on consultera avec profit *Confluences Méditéranée*, n° 29, 1999.
5. La réponse du président ivoirien mérite d'être notée: « Si je n'ai pas une âme d'esclave, et je n'ai pas une âme d'esclave, je n'ai pas non plus une âme d'aventurier, une âme de maître-chanteur » (Houphouët-Boigny 1978:290).
6. (Grébalé Gavier 2001:71). L'opposant historique Laurent Gbagbo fut alors le seul à proposer pour la Côte d'Ivoire une armée qui soit véritablement républicaine. Il n'a cessé de fustiger l'instrumentalisation politique de l'armée.
7. Les Gagou sont une composante du peuple ivoirien qui habitent le centre-ouest du pays. Ils sont des chasseurs rusés.
8. (Augé 1999:31). Cela n'est pas sans rappeler le Gbrè ou la ruse des Baoulé. L'écrivain Bandama Maurice faisait remarquer que la ruse chez les Baoulé a une racine historique. Elle serait née de l'expérience historique de l'exil qui les a conduits du Ghana en Côte

d'Ivoire. Elle serait faite de prudence, d'attentisme. Cette manière de qualifier la ruse comme prudence circonstancielle ne suffit pas pour en comprendre tous les aspects.
9. Il y a ici une différence par rapport à Hobbes qui considérait la ruse comme l'arme par excellence du faible. Le faible sera toujours assez fort, par la ruse, pour vaincre le plus fort. Conception négative et réactive de la ruse. La conception machiavélienne est plus dynamique, plus productive aussi.
10. C'est ce qui explique le décalage entre le discours et les pratiques houphouëtistes de la paix et les usages multiples de la violence et de l'intimidation tout le long du règne du « vieux ». Samba Diarra ne retient, au total, que l'image d'un Houphouët « Coléreux et violent, dissimulateur, machiavélique, fabulateur, et têtu » Cf., p. 132. Mais les choses sont-elles aussi simples?
11. *Le Jour* n° 1468 du mardi 28 décembre 1999. Le général Guei déclare: « Mais nous dans l'ombre, on pouvait vous écarter comme certains de nos frères d'armes dans d'autres pays. Nous étions quatre: Bédié, Léon Konan Koffi, Josèphe Ehui Tanny et moi-même. Le président Bédié m'a appelé à deux heures du matin pour me dire que M. Allassane Ouattara ne voulait pas obeir à ses ordres. Je lui ai dit d'engager, avec lui, le dialogue parce que Allassane est son jeune frère. Il a répliqué: « Oui, mais, il ne veut rien entendre »... J'ai demandé séance tenante à Léon Konan Koffi d'aller vers le grand chancelier, Coffi Gadeau et lui dire que son fils, le chef d'État-major – au nom de l'amour que les uns et les autres ont eu pour le président Houphouët-Boigny – te demander de rencontrer A.D.O et lui demander de nous aider à appliquer la loi de la république ... ils ont actionné M. Allassane Ouattara qui a rendu la démission du gouvernement ».
12. Interview du ministre M'Bahia Blé Kouadio, *Fraternité-Hebdo*, 1 août 1975.
13. Il existe une autre forme de privatisation partisane de la violence qui, bien que non institutionnelle, mérite d'être soulignée au passage: la loubardisation d'une frange de la jeunesse qui n'est pas sans évoquer, de loin, la crise actuelle. « Les loubards » sont les groupes de jeunes, étudiants ou pas, qui intervenaient, dans les années 90 au plus fort de la contestation du régime dans la rue, par la violence lors des manifestations pour défendre l'ordre. La bande à Zébié regroupe les plus connus. Ils forment des comités de vigilance dans le but de réduire les mouvements des étudiants. Dissuasion, surveillance, répression, telles étaient ses finalités opératoires.
14. Déclaration du président Houphouët-Boigny devant la commission d'enquête, à la suite de répression des étudiants de la cité universitaire de Yopougon en mai 1991. Cf. Grébalé Gavier 2001:70
15. *Le Nouveau Réveil*, n°340, 30 décembre 2002.
16. Il ne s'agit pas ici d'occulter le déficit démocratique du système houphouetiste ni les effets corrosifs de la corruption illustrée par la métaphore du « grilleur d'arachide ».
17. Malgré cette marginalisation, l'armée ne restera pas totalement muette comme l'attestent les tentatives de coups de force et les mutineries qui eurent lieu en 1963, 1973, 1975, 1977, 1980 et finalement 1990, 1992, 1995, 1999.

1) Le complot de 1963 se produit dans le cadre de deux présumés complots contre le pouvoir. Un certain nombre d'officiers sont arrêtés en même temps que le ministre de la défense d'alors.

2) 1973, Nouveau « complot » dans l'armée. De jeunes officiers se soulèvent conduits par le capitaine Sio, ils tentent de fomenter un coup d'État.

3) En juin 1977, a lieu ce qu'il est convenu d'appeler le complot des jeunes officiers. Une douzaine d'officiers sont arrêtés en juin, jugés et condamnés à de lourdes peines dont

des condamnations à mort pour atteinte à la sûreté de l'État. Bien que les peines de mort ne furent pas appliquées, ces officiers seront radiés des rangs de l'armée.

4) En 1980, cmmence l'affaire Oulai du nom d'un officier de police qui aurait été la partie visible d'une tentative de rébellion associant une partie importante du personnel politique. Cette affaire fut jugée pour ce qu'elle était, à savoir un coup monté.

5) Mutinerie de 1990. Elle fut sérieuse, un millier de conscrits descendent dans la rue. Le motif avancé est strictement catégoriel ce qui ne veut pas dire sans conséquence: ils refusent d'être rendus à la vie civile. Ils exigeaient engagement dans l'armée, solde et retraite à 55 ans. Le président Houphouët-boigny leur céda.

6) 1992, la garde présidentielle se mutine. Les caves du palais sont pillées.

7) 1995. L'armée est accusée d'avoir cherché à renverser le régime. Des officiers sont radiés de l'armée. Le général Guei est limogé de son poste de chef d'État-major.

18. Dans cette crise militaro-civile où la violence semble être le stade ultime du règlement des questions politiques par les armes, et dans laquelle les armes semble s'être imposées à tous, il n'est pas inutile de rappeler que les modes de légitimation de la violence s'adossent à des référents moraux. Ce qui explique qu'on y frôle en permanence la justification religieuse. Le monopôle de la violence légitime, qu'elles supplantent, fonctionne sur un registre plus instrumental.

19. cf. *Notre voie* du vendredi 14 mars 2003.

20. cf. Lepape et Vital 2003. Cette impunité remonte au temps du président Houphouët-Boigny qui, après la répression des étudiants de Yopougon par l'armée, eut cette phrase devenue célèbre: « N'attendez pas d'Houphouët des sanctions (...) Quand le couteau vous blesse, vous ne le jetez pas ».

21. C'est ainsi que le sergent chef Ibrahim Coulibaly dit « IB », déserteur de l'armée ivoirienne, homme clé du coup d'État de 1999, déclare sur RFI: « La plupart des militaires et gendarmes qui sont en prison en Côte d'Ivoire sont originaires du nord. Est-ce que c'est normal » RFI. 12 octobre 2002.

Bibliographie

Amondji, Marcel, 1984, *Félix houphouët-Boigny et la Côte d'Ivoire: l'envers d'une légende*, Paris: Karthala.

« L'armée ivoirienne de la marginalisation à la prise de pouvoir », *Afrique contemporaine*, n°193.

Augé, Marc, 1999, « Ultime mise en scène de l'ancien régime ivoirien », *Le Monde diplomatique*, mai.

Ayissi, Anatole, 2003, « Ordre militaire et désordre politiques en Afrique », *Le Monde diplomatique*, janvier.

Bangoura, Dominique, 1992, *Les armées africaines (1960-1990)*, Paris: CHEAM.

Baulin, Jacques, 1980, *La politique Africaine de Houphouët-Boigny*, Paris: Eurafor-Press.

Bédié, Henry Konan, 1997, *Discours et messages à la nation ivoirienne*, La documentation ivoirienne, Abidjan.

Bédié Konan, Henri, 1999, *Les chemins de ma vie*, Plon: Paris.

Contamin, Bernard et Memel-Fotê, Harris, 1997, *Le modèle ivoirien en question*, Paris: Karthala-Orstom, Paris.

CURDIPHE, 1996, « L'ivoirité ou l'esprit du nouveau contrat social du président Henri Konan Bédié », *Ethics* n°1, octobre, Abidjan, PUCI. (Actes du forum CURDIPHE du 20 au 23 mars 1996, Abidjan).

Détienne, Marcel, et Vernant, Jean Pierre, 1974, *Les ruses de l'intelligence ou la métis des Grecs*, Paris: Flammarion.

Diarra, Samba, 1997, *Les faux complots d'Houphouët-Boigny*, Karthala, Paris.

Foucault, Michel, 2001, *Dits et écrits* II, 1976-1988, Paris: Gallimard.

Fergusson, Adam, 1992, *Essais sur l'histoire de la société civile*, Paris: PUF.

Grébalé Gavier, T., 2001, *Intrigues politiques de 1990 à 1993. Le dernier coup du vieux*, Abidjan. SNEPCI.

Guissou, Basile, 1995, « Militaires et militarisme en Afrique: cas du Burkina Faso », *Africa Development*, vol. XX, n° 2, pp. 55-75.

Houphouët-Boigny, Félix, 1978, *Anthologie des discours. 1946-1978*, Abidjan: CEDA.

Hutchful, Eboe, Bathily, Abdoulaye (eds), 1998, *The Military and Militarism in Africa*, Codesria: Dakar.

Le pape, Marc et Vidal, Claudine, 2003, *Côte d'Ivoire, l'année terrible, 1999-2000,* Paris: Karthala.

Kieffer, Guy André, 2000, « Armée ivoirienne: le refus du déclassement », *Politique Africaine*, juin n° 78.

Koné, Amadou, 2003, *Houphouët-Boigny et la crise ivoirienne*, Paris: Karthala, p .117-118

Koné, Amadou, 1975, *Le président Houphouët-Boigny et la nation ivoirienne*, Abidjan: NEA, 145-146.

Laronce, Cécile, 2000, Nkrumah, *le panafricanisme et les États-Unis*, Paris: Karthala.

Lepape, Marc et Vital, Claudine, 2003, « L'état de guerre s'installe en Côte d'Ivoire », *Le Monde* du 15 janvier.

Loucou, Jean Noel, 1992, *Le multipartisme en Côte d'Ivoire*, Abidjan: Editions Neter.

Machiavel, Nicolas, 1952, *Œuvres complètes*, Paris: Gallimard.

Politique Africaine 2000, n° 78. *Côte d'Ivoire, la tentation nationaliste*, Paris: Karthala.

Politique Africaine 2003, n° 89. « La Côte d'Ivoire en Guerre: Dynamique du dedans et du dehors », Paris: Karthala.

Memel Fotê, Harris, 1991, « Des ancêtres fondateurs aux pères de la nation », *Cahiers d'études africaines*, 123, XXXI-31.

Rawls, J., 2000, *Leçons sur l'histoire de la philosophie morale*, Paris: Ed. La découverte.

Siriex, Paul-Henri, 1975, *Félix Houphouët-Boigny, l'homme de la paix*, Abidjan, NEA, Abidjan.

8

La brutalisation du champ politique ivoirien, 1990–2003

Claudine Vidal

Qui eut prédit qu'en octobre 2002, dans le cimetière de Williamsville, un commando abattrait deux hommes qui refermaient la tombe d'un parent, et qu'un mois plus tard, à Gagnoa, lors des obsèques du docteur Benoît Dacoury-Tabley, assassiné par un « escadron de la mort », une foule arrêterait le corbillard, menacerait de profaner le cercueil, molesterait le cortège?[1] Il serait passé pour délirant celui qui aurait annoncé que des gens du pays pourraient commettre une telle offense aux morts, pourraient, en violant aussi gravement l'ordre sacré des funérailles, se conduire, selon l'ethos ivoirien, de façon inhumaine, retourner à l'état de sauvagerie. Et pourtant, ces transgressions ont bien eu lieu moins de dix ans après les extraordinaires cérémonies funéraires à la gloire d'Houphouët-Boigny, cérémonies qui avaient donné au monde l'image d'un pays capable de surmonter ses divisions.

Il n'y a pas si longtemps, on pouvait entendre des Ivoiriens s'enorgueillir de leur pacifisme, accepter ironiquement de passer pour lâches auprès de voisins en proie à des coups d'État et à des luttes fratricides pour le pouvoir. La culture de paix était devenue, dans le discours public, le symbole même de la Côte d'Ivoire si bien que la stabilité politique qui avait suivi l'indépendance semblait acquise. Cependant, le coup d'État manqué du 19 septembre 2002 a eu pour conséquences deux camps en armes, des combats, des cruautés contre les civils, la peur.

Au départ de la catastrophe, la difficile succession du Président Houphouët-Boigny (mort en décembre 1993) qui déchaîna les ambitions des prétendants au pouvoir présidentiel: cas de figure classique en Afrique où la fin des longs règnes a fréquemment suscité des interventions armées. Il reste qu'en Côte d'Ivoire l'usage de la force armée comme moyen politique ne survint pas immédiatement, loin de là puisque le premier coup d'État militaire eut lieu six ans plus tard, en décembre 1999. Encore faut-il rappeler qu'en peu de jours ce putsch avait rallié l'assentiment quasi unanime des partis et des populations.

C'est que la violence envahissant désormais la quotidienneté ivoirienne ne date pas de septembre 2002, ni même de décembre 1999. La brutalisation[2] des rapports de force politique a commencé, ou plus exactement recommencé, au début des années 90, du vivant d'Houphouët-Boigny, et les transgressions de ce qui semblait inacceptable se multipliant, le pire est advenu: des fractions de la population ont fini par tolérer que des actes de guerre civile soient commis par des groupes armés censés défendre leurs intérêts, ont accepté que les rapports de force politiques entraînent l'élimination physique d'individus appartenant à des catégories sociales considérées comme adversaires.

Lorsque sont en cause des violences politiques extrêmes, une représentation a souvent cours: celle d'un engrenage d'épisodes produisant quasi mécaniquement le chaos. Dans le présent stupéfiant des catastrophes provoquées par la guerre civile, les observateurs sont tentés par des lectures « rétrodictives » qui consistent à désigner des événements fondateurs et leur affecter le pouvoir d'engendrer fatalement la catastrophe. Une telle optique conduit à retracer, depuis l'événement originel, une généalogie « harmonieuse » du pire, généalogie de causalités abstraites (l'affaiblissement de l'État, la récession économique, le contexte politique international, etc.) où disparaissent les rôles effectifs des acteurs. Je m'attacherai plutôt à repérer des ruptures dans le répertoire des actions politiques, à situer les moments où des hommes et des groupes franchissent des seuils de violence jusque là inconnus, alors qu'ils auraient pu choisir d'autres formes d'action. Le repérage de ces moments n'est que le premier pas d'une histoire de la brutalisation du champ politique ivoirien. Cependant, dans le cadre de cet article, nous nous en tiendrons là. La continuation de cette histoire devrait consister à déterminer comment et à la faveur de quelles circonstances des acteurs engagés dans le conflit politique ont agi et réagi en recourant systématiquement à la violence (sous une modalité légale ou illégale), en transgressant à chaque fois les normes de ce qui était jusqu'alors considéré comme tolérable en politique. Pour ce faire, il existe des éléments d'enquête, mais de nombreuses interrogations demeurent auxquelles il n'est pas facile de répondre dans le contexte actuel d'une guerre civile qui, pour ne plus être ouverte au moment où ces lignes sont écrites, n'en reste pas moins larvée.

La fin du règne d'Houphouët-Boigny et la rupture du « dialogue à l'ivoirienne »

L'ère houphouëtienne ne fut pas aussi apaisée que le voudrait la légende, mais il est vrai que les crises furent contenues par la force, par l'argent, par l'habileté politique d'Houphouët-Boigny, et aussi dans le contexte d'une situation économique favorable jusqu'à la fin des années 70. Plusieurs traits du règne d'Houphouët-Boigny sont à retenir parce qu'ils ont lourdement pesé sur la décennie suivant sa mort. Le plus déterminant fut l'extraordinaire capacité de ce Président à occulter le passé, celui d'une décolonisation dont il profita pour forger son pouvoir personnel en brisant tout ce qui pouvait le contester, celui des premières années de l'indépendance pendant lesquelles, recourant à la tactique des faux complots, il fit emprisonner et torturer ceux qu'il pouvait suspecter de non-soumission absolue: fonctionnaires, membres de son entourage, notables, parents des accusés, et réprima dans le sang deux révoltes régionales.[3] Sur cette amnésie efficacement contrôlée, il construisit un culte de la personnalité où, héros de la lutte contre le colonisateur, il revêtait les attributs de la « sagesse africaine », de la tolérance, de l'art du dialogue venant à bout de tous les conflits. Une partie de ses victimes politiques furent réhabilitées, exercèrent des fonctions prestigieuses et gardèrent le silence. Ainsi, la stabilité fut-elle acquise au prix d'une « pacification » violente de la Côte d'Ivoire, tandis que le mot d'ordre « enrichissez-vous » ralliait les cadres du régime.

Le Président mit à profit la domestication de la société politique pour se montrer omniprésent dans le pays (pas un village qu'il n'ait visité, disait-on), sur la scène politique nationale mais aussi sur les scènes régionales à la faveur des nombreuses cérémonies funéraires consacrées aux grands hommes et notables locaux, moments privilégiés pour donner l'évidence physique, car abondamment photographiée et télévisée, d'une harmonie nationale fondée sur le lien organique entre toutes les élites du pays et Houphouët-Boigny. Avec le temps, le « Président planteur » réussit à gagner une indéniable popularité. Popularité spontanément exprimée, j'en ai souvent été témoin.

Jusqu'au début des années 80, tandis que progressait l'urbanisation du pays, j'ai été impressionnée par la frénésie économique d'Ivoiriens et d'Ivoiriennes « cherchant l'argent » de toutes les manières, se lançant dans d'innombrables spéculations, reconnaissant que la capacité de dépense manifestée par l'exhibition de richesse mesurait exactement la réussite et la puissance sociale des individus. Chacun, à sa mesure, tentait de réussir ce que l'on peut appeler des investissements de stabilité, matériels évidemment mais aussi sociaux et symboliques. En bref, ceux qui étaient parvenus à ne plus vivre dans la précarité, que leur situation fut dorée ou modeste, avaient quelque chose à perdre en cas de troubles politiques.[4] La récession économique s'aggravant lourdement durant les années 80, l'échec du modèle houphouétiste devint patent tandis que le Président devait colmater des conflits politiques, étouffer des revendications sociales, affronter les revendications du monde enseignant, réprimer une opposition s'organisant dans la clandestinité. À Abidjan, la capitale économique, l'incertitude du lendemain gagnait désormais de larges couches de la population frappées par une paupérisation croissante (Vidal 1990).

L'imagerie officielle qui identifiait la Côte d'Ivoire à sa « tradition de paix » s'effrita en 1990. Obligé d'accepter le multipartisme (avril 1990), subissant l'humiliation de voir Laurent Gbagbo, son premier rival à l'élection présidentielle, remporter 18% des voix en dépit de conditions électorales pour le moins désavantageuses, contraint par la maladie à de longs séjours à l'étranger, Houphouët-Boigny fit d'Alassane Dramane Ouattara (directeur général de la Banque centrale d'Afrique de l'Ouest) son Premier ministre et renoua (ou laissa son Premier ministre renouer) avec les pratiques brutales de répression politique. Assassinat de personnalités supposées trop en savoir sur la corruption gouvernementale par de mystérieux escadrons de la mort, rumeurs de coups d'État préparés par l'opposition, lourdes violences (tabassages, viols) à l'encontre des étudiants (mai 1991), interdiction de leur nouveau syndicat et emprisonnement de leur leader, enrôlement de nervis (les « loubards ») par le pouvoir, arrestation, en février 1992, des organisateurs d'une marche de protestation, parmi lesquels Laurent Gbagbo et le président de la Ligue ivoirienne des droits de l'homme, tandis qu'une loi anti-casseur était votée à leur encontre.[5] Le multipartisme, la libéralisation des syndicats et de la presse avaient quasi-immédiatement entraîné la rupture de la paix civile. Or ces violations du « dialogue à l'ivoirienne », ainsi était surnommée la méthode de résolution des conflits qui conférait à Houphouët-Boigny sa stature de Sage, furent perpétrées sous son autorité. Le « Père de la nation », habile à se montrer homme de modération, conciliateur et réconciliateur, transgressa (ou laissa transgresser) la ligne de conduite qu'il avait si souvent répétée dans ses discours: ne pas verser le sang, ne pas recourir à la force nue. Il rouvrit, à la fin de son règne, une ère de brutalisation de la vie politique et dilapida lui-même ce qui aurait pu être l'essentiel de son héritage, l'évitement de la violence.

Loin d'être perçues comme des épisodes passagers, les violences d'État commises en 1991 et 1992 furent le plus souvent comprises comme le signal des graves dangers que les affrontements politiques feraient désormais courir au pays. C'est ainsi, en tout cas, que j'interprète le phénomène de peur intense qui, à Abidjan, suivit l'annonce, le 7 décembre 1993, de la mort du Président.

Il est vrai que la période précédant le décès fut dominée par la question de la succession au mandat présidentiel en cours. La guerre de succession tant redoutée n'eut finalement pas lieu mais il restait clair qu'aucun des trois prétendants au pouvoir présidentiel, Henri Konan Bédié, Laurent Gbagbo et Alassane Ouattara ne désarmerait et que chacun se préparerait pour le combat électoral de 1995. Respecteraient-ils les modalités démocratiques ? Fonderaient-ils les mobilisations politiques sur les dissensions régionales que la poigne et la « géopolitique » du Président défunt avaient fait taire ? La bataille serait-elle immédiatement engagée et les différentes composantes sociales, territoriales et politiques prendraient-elles parti jusqu'à rendre la Côte d'Ivoire ingouvernable ? Lié à ces incertitudes politiques, le climat de grande peur, suscité par l'annonce du décès d'Houphouët-Boigny, aurait pu devenir de plus en plus oppressant, jusqu'à susciter de dangereuses méfiances entre personnes et entre groupes supposés prêts à l'offensive. Là encore, rien de tel ne se passa et la peur aiguë se dissipa. Non parce que Henri Konan Bédié était devenu Président sans coup férir mais parce que la Côte d'Ivoire toute entière s'engagea dans la communauté des participants aux funérailles d'Houphouët-Boigny (Vidal 1995).

Deux mois de deuil national furent décrétés, deux mois durant lesquels les Ivoiriens contribuèrent à un immense rituel funéraire. Les gouvernants prirent le parti du faste, réussirent à maintenir une discipline acceptable par les collectifs aussi nombreux que divers qui, d'une façon ou d'une autre, avaient un rôle à jouer dans une représentation impliquant la nation toute entière. Le 7 février 1994, chefs d'État et délégations venus du monde entier emplirent la basilique de Yamoussoukro pour la messe de requiem. Tous reconnurent, y compris les partis d'opposition, que le Président « avait été bien enterré ». Ces funérailles extraordinaires avaient suscité une conscience d'unité nationale, une unité pas seulement symbolique, mais aussi pratique car les mobilisations avaient concerné tous les secteurs de la société, toutes les parties du territoire.

J'ai évoqué brièvement l'épisode des funérailles présidentielles car il permet de mesurer combien une société est mal défendue contre la violence politique pour peu que des leaders, leurs appareils et leurs propagandes décident d'y recourir comme à un moyen d'action légitime: six ans après la démonstration symbolique de son unité nationale, le premier coup d'État de son histoire inaugurait une ère de bouleversements dramatiques pour la Côte d'Ivoire. Il reste que la première mobilisation de pratiques brutales qui transgressèrent les normes de paix civile, paix revendiquée par le régime houphouétiste comme son emblème, fut bien le fait du Président Houphouët et de son gouvernement. D'autres transgressions suivirent qui engagèrent des acteurs de plus en plus nombreux et divers à franchir de nouveaux seuils de violence.

Le recours politique à l'émeute militante en 1995

Les élections présidentielles eurent lieu le 23 octobre 1995, un peu moins de deux années après les funérailles d'Houphouët-Boigny. Leur déroulement inaugura, pour l'opposition, le recours politique à l'usage illégal de la force. Ce recours constitua une rupture essentielle des modalités de la confrontation politique qui avaient jusqu'alors existé. Cette confrontation n'avait jamais été exempte de violence, une violence cependant exercée par le pouvoir en place et visant essentiellement des opposants politiques déclarés (ou certaines catégories sociales, telles la population estudiantine, des journalistes). Elle mobilisait des corps spécialisés: forces de l'ordre, personnel judiciaire, et plus rarement hommes de main.

Le président Henri Konan Bédié, durant les vingt-trois mois de sa présidence, ne se priva pas des moyens de coercition dont il disposait et le slogan de « démocratie apaisée » qu'il lança, en août 1995, à la convention de son parti, le PDCI-RDA, relevait de l'incantation. Ce même parti, que son long passé de parti unique, dominé par un aréopage de « barons », n'avait guère préparé à la compétition ouverte, venait d'imploser: une dissidence avait quitté ses rangs pour rejoindre Alassane Ouattara dans une nouvelle formation politique, le RDR (Rassemblement des Républicains). Le RDR s'allia au FPI dans un Front Républicain qui regroupait l'opposition. L'anathème devenu l'ordinaire des accusations entre le parti de gouvernement et l'opposition, la plupart des discours politiques et des médias nationaux diabolisèrent l'adversaire. Cependant, Henri Konan Bédié, qui ne lâcha rien ou presque rien, notamment en matière de transparence des élections, bénéficia d'un effet heureux de la dévaluation et put tenir un long discours programme favorablement reçu par la population. Bien des signes montraient qu'il serait le vainqueur des élections présidentielles.

En 1995, l'initiative de la violence fut reprise par les adversaires du pouvoir en place qui déclenchèrent, en octobre, un « boycott actif » des élections présidentielles, engagèrent les militants dans le combat de rue, provoquant ainsi destructions de biens, pillages et morts. Le slogan du boycott actif lancé par le Front républicain tenait en une formule: « empêcher la tenue des élections par tous les moyens possibles ».[6] Les répercussions les plus graves se produisirent dans l'Ouest où les communautés baoulé « allogènes » furent victimes d'exactions de la part des « autochtones ». Dans certains quartiers d'Abidjan, les manifestants se livrèrent à toutes sortes de brutalités et terrorisèrent ceux qui auraient souhaité voter.

L'ordre fut rétabli. Cependant, pour la première fois, depuis l'établissement du multipartisme, une organisation politique avait volontairement suscité un climat d'émeute qui aurait pu dégénérer en affrontements beaucoup plus meurtriers. Cet épisode fit émerger deux formes de violence: les affrontements ouverts entre communautés rurales « autochtones » et « allochtones », la mobilisation de jeunesses urbaines défavorisées espérant qu'elles auraient plus à gagner qu'à perdre dans ces désordres. De fait, les dirigeants politiques du Front républicain avaient pris une décision qui n'eut peut-être pas, sur le coup, des conséquences tragiques pour l'ensemble de la nation, mais qui rendit pensable en tant que moyen politique le recours à la force nue de leurs partisans. L'histoire de cette décision n'a toujours pas été reconstituée.

La virulence des discours politiques

Dès que la presse fut libre, à l'exception de quelques parutions où des intellectuels cherchaient à nourrir le débat par des discussions de fond, la plupart des journaux adoptèrent immédiatement un ton virulent, se livrèrent à des « révélations » sur la vie privée de leurs cibles, lancèrent des accusations de plus en plus graves. L'adversaire politique fut de plus en plus stigmatisé comme un ennemi de la nation, comme celui qui menaçait son intégrité, tendance qui devint systématique après le coup d'État de décembre 1999. Durant la décennie 90, les medias ivoiriens ont devancé la tendance à pratiquer la politique comme une bataille devant aboutir à la reddition totale de l'adversaire. Certes, il ne s'agissait que de brutalités verbales, cependant cette presse est influente dans les villes. Les accusations les plus outrancières, les manchettes les plus violentes étaient reprises et commentées par les lecteurs tant et si bien qu'elles étaient diffusées dans un large public n'accédant pas à la presse, que ce soit par illettrisme ou par manque d'argent. C'est une expérience souvent faite, à Abidjan, que d'entendre des interlocuteurs ne lisant jamais un journal tenir un discours reproduisant tel ou tel article haineux à l'encontre d'un homme ou d'un groupe politique, mais sans le savoir et tenant pour véridique leur « information ».

De nombreux intellectuels, durant cette décennie, loin de chercher à modérer les hostilités, à penser un traitement politique des divisions, donnèrent à leurs engagements des expressions radicales. Ainsi, acteurs à part entière de la brutalisation du champ politique, ils mirent en mots des pulsions agressives jusqu'alors plus ou moins tacites, et notamment, sous le drapeau de l'ivoirité, offrirent une légitimation au rejet des étrangers.

Simultanément, des syndicalistes enseignants et étudiants transformèrent leurs rivalités en affrontements physiques. En réaction à un pouvoir qui n'apporta d'autre réponse à la contestation étudiante que l'usage de la force, les syndicalistes durcirent leurs ripostes mais retournèrent leur propre violence contre eux-mêmes, allant jusqu'au maniement de la machette au moment des élections syndicales.[7]

Les instances religieuses, qui eurent longtemps un rôle efficace d'apaisement, finirent par se retrouver divisées, comme jamais auparavant, et selon les mêmes lignes que le champ politique. Depuis le coup d'État de décembre 1999, la réaffirmation constitutionnelle du principe de la laïcité de l'État ivoirien n'a guère empêché les religieux d'attendre des politiques qu'ils engagent leur religion d'appartenance dans l' « excommunication » de l'adversaire. Après le décès d'Houphouët-Boigny, ou durant la période du boycott actif, les sentiments collectifs de peur s'exprimaient dans la prière pour la paix de fidèles conviés par les hommes de Dieu, qui dans sa mosquée, qui dans son église, qui dans son mouvement religieux. Si des appels à la tolérance et des condamnations des agissements meurtriers se font encore entendre dans des réunions de fidèles, d'autres prêches (et pas seulement religieux) font plus clairement appel à la guerre contre « les forces du mal » telle cette prédication entendue dans une Église évangélique: « Ce soir, c'est la guerre ! Celui qui veut me tuer, je le tue, je l'extermine » (et la foule de répéter).[8]

Ainsi, à l'extérieur des appareils politiques, les pratiques de brutalisation gagnèrent les milieux journalistiques, intellectuels, étudiants, religieux. Elles n'étaient le fait que de minorités extrémistes mais elles contribuèrent au durcissement du débat public, si bien que ces minorités, sans être contredites, purent dénoncer comme traîtrise à l'égard du groupe, du parti, du pays, l'expression d'attitudes plus tolérantes. Une approche chronologique fine le montrerait, les discours violents ne se produisent dans ces différents milieux ni aux mêmes moments, ni avec des succès comparables: des résistances leur sont efficacement opposées dans certaines circonstances.[9] La tentative de coup d'État de septembre 2002 et le déclenchement de la guerre civile balayèrent les obstacles à la fanatisation de milieux et de catégories sociales de plus en plus larges si bien que les divers groupes politiques purent enrôler des troupes prêtes à toutes sortes de violences contre l' « ennemi ».[10]

Pogroms et nettoyages « fonciers »: le modèle de Tabou

Depuis les années trente et après l'indépendance, des manifestations collectives xénophobes ont eu lieu en Côte d'Ivoire. Premier trait: elles étaient essentiellement le fait de populations urbaines. Crises violentes, tournées contre une catégorie déterminée d'étrangers (des Béninois, des Burkinabè, des Nigérians, des Mauritaniens, des Ghanéens), elles dégénéraient en meurtres et en pillages.[11] Deuxième trait: les pouvoirs publics se sont opposés aux exactions, ont déployé des forces suffisantes pour les faire cesser et ont dénoncé les violences populaires xénophobes.[12]

En novembre 1999, quatre décennies après l'expulsion violente des Dahoméens d'Abidjan (1958), les Kroumen, habitants « autochtones » de la région de Tabou, suite à un litige entre l'un d'entre eux et un Burkinabè qui provoqua la mort d'un homme dans chaque camp, attaquèrent les paysans burkinabè, les chassèrent, brûlèrent leurs maisons sans que les autorités tentent de rétablir le calme: des milliers de

Burkinabè durent ainsi prendre la fuite en abandonnant leurs biens, immédiatement pillés. Des Ivoiriens, originaires du Nord, furent eux aussi spoliés et chassés.

La presse d'opposition rappela que des épisodes analogues s'étaient déroulés déjà en 1995 (dans l'Ouest, à Guibéroua et à Duékoué), mais les communautés visées par les originaires de la région étaient ivoiriennes: des planteurs Baoulé. Le pouvoir intervint aussitôt et exigea que des réparations soient versées aux victimes des spoliations.[13] Rien de tel ne se produisit pour la chasse à l'homme qui dura presque trois semaines à Tabou. Les autorités réagirent mollement: le député de la région, déjà connu pour ses positions explicitement xénophobes, déclara que les étrangers n'avaient qu'à « rentrer chez eux », de même que les Ivoiriens du Nord « puisqu'on ne pouvait les distinguer des Burkinabè »,[14] le ministre de l'Intérieur ne vint que douze jours après le début des violences, lança des appels au calme mais ne prit pas de mesures particulières pour le rétablir, le président Bédié non plus que le Conseil des ministres jugèrent utiles de se prononcer sur ces événements. Des milliers de Burkinabè durent revenir précipitamment dans leurs pays: ils avaient tout perdu.

L'épisode de Tabou marqua une rupture significative dans les relations entre Ivoiriens et étrangers: ces derniers, que ce soit dans les villes, que ce soit en milieu rural, risquaient désormais de subir toutes sortes de brutalités sans que leurs persécuteurs soient inquiétés. Et depuis cette date, attisées par les discours politiques stigmatisant les étrangers, spontanées ou organisées, du racket au massacre, les exactions à leur égard ne cessèrent de se multiplier, perpétrées individuellement ou collectivement par des agents des « corps habillés » (armée, police, gendarmerie), par des factions « patriotes », par des éléments de communautés ethniques.[15]

Le passage de la manipulation des sentiments anti-étrangers latents par des politiciens longtemps minoritaires à une xénophobie d'État grandissante n'a pas été seulement un élément significatif de la brutalisation du champ politique:[16] dans certaines circonstances, un tel passage ouvrit la voie à une brutalisation de la société toute entière.[17]

L'extension de la « miliciarisation »

Le coup d'État militaire du 24 décembre 1999, qui tourna en faveur du général Gueï, mit au premier plan des acteurs jusque-là discrets: les soldats. Ce putsch, le premier de l'histoire ivoirienne, fut condamné par la Ligue ivoirienne des droits de l'homme (LIDHO) qui exigea un retour rapide à la vie constitutionnelle, mais la majeure partie de la classe politique et des élites intellectuelles se montra convaincue par les discours du Général affirmant son désintéressement et promettant de se retirer après l'organisation d'élections libres et transparentes.[18] Une telle acceptation d'un acte qui, seulement quelques années auparavant, était explicitement honni par l'ensemble des représentants de la société ivoirienne, montra combien les organisations politiques avaient reculé les limites de ce qui leur avait jusqu'alors paru tolérable en matière de lutte pour la conquête du pouvoir.

Des groupes de soldats se livrèrent à toutes sortes de brutalités sur la population, particulièrement à Abidjan. S'érigeant en « justiciers » sous les noms de Camora,

Brigade rouge, PC crise, etc., ils pillèrent, torturèrent, violèrent, effectuèrent des opérations de « police » aboutissant à des exécutions sommaires, tabassèrent des journalistes. Ces soldats se comportèrent de fait en milices qui s'autorisaient tout et n'agissaient que pour conserver les acquis d'une situation qui leur avait apporté des avantages inespérés. Ce processus de miliciarisation gagna également des éléments de la police et de la gendarmerie qui, notamment à Abidjan, agirent en nervis à l'encontre des étrangers et des Ivoiriens du Nord. Les années suivantes, la criminalité propre aux forces armées d'État ne fit que s'aggraver: elle est demeurée impunie jusqu'à présent.[19]

La tentative de coup d'État du 19 septembre 2002 survint dans ce contexte de dégradation de la puissance publique. Dès lors la dynamique de miliciarisation, encouragée dans la zone « loyaliste » par le pouvoir, suscita des organisations « patriotes » agissant en ville comme dans les villages.[20] Quant à la zone « rebelle », elle fut conquise par les membres des anciennes milices militaires qui avaient, en 2000, terrorisé les populations abidjanaises, et auxquelles vinrent se joindre diverses factions armées. Dans les deux zones, la guerre civile entra dans la vie quotidienne et donna lieu à des violences extrêmes qui, il n'y a pas si longtemps, auraient paru impensables en Côte d'Ivoire.[21]

Cette « miliciarisation » de certaines fractions de la jeunesse ivoirienne ainsi que d'éléments appartenant aux forces armées d'État est lourde de conséquences en matière d'exactions à l'égard des populations. Elle est sans doute la séquelle la plus redoutable des coups de force de décembre 1999 et septembre 2002, car il est à craindre que ces organisations, qu'elles soient d'origine civile ou militaire, n'entretiennent plus d'autre projet que celui de durer et continuer à rançonner des populations otages. Or, si l'on commence à être informé sur les modalités de formation et d'action de ces organisations, l'on ignore tout des principaux organisateurs et commanditaires de ces deux coups de force qui ont puissamment contribué à l'extension de la violence politique dans la société ivoirienne. Se préoccuper de savoir qui en sont les initiateurs ne relève pas d'une curiosité qui traiterait le politique à la manière du fait divers, qui s'intéresserait plus au récit de l'immédiat qu'à la recherche des causes profondes.[22] La pratique politique n'est-elle pas à la fois une cause profonde et une cause immédiate?

George Mosse a voulu montrer comment la Première Guerre mondiale, par sa violence jusqu'alors inconnue en Europe, a « rendu brutaux » une partie de ceux qui y ont participé et a été à l'origine de la brutalisation du champ politique allemand jusqu'à la victoire du nazisme. Ainsi introduisait-il son chapitre sur la brutalisation du champ politique allemand: « La poursuite, dans la paix, des attitudes agressives de la guerre entraîna une "brutalisation" de la vie politique et accentua l'indifférence à l'égard de la vie humaine » (Mosse 1999:181). Si ce concept de « paix brutalisation » m'a été d'une grande aide pour réfléchir sur les transformations du champ politique ivoirien, c'est toutefois en le dissociant de l'hypothèse qui sous-tendait le travail de George Mosse. En effet, les générations des plus jeunes et des moins jeunes qui ont contribué à radicaliser le conflit politique ne se sont pas endurcies sur des champs de bataille. Cependant la tendance à considérer l'adversaire politique comme un ennemi (à faire emprisonner, à exclure de la compétition légale, à stigmatiser comme traître à la nation, etc.) est immédiatement présente dès que le multipartisme fut autorisé, et cette tendance fut exacerbée par des pratiques de plus en plus violentes, de plus en plus meurtrières. De nombreuses nations africaines ont connu et continuent de connaître ce processus, tout particulièrement depuis la dernière décennie du XXe siècle, mais il créa d'autant plus la surprise en Côte d'Ivoire qu'il survint après une ère de stabilité politique particulièrement longue en Afrique. En réalité, qu'il s'agisse de la longue « paix coloniale » (instantanément brisée dès que naquirent les mouvements indépendantistes), qu'il s'agisse des « règnes » durables que certains leaders africains ont pu maintenir après l'indépendance grâce à leur habileté politique et aussi grâce au soutien actif de puissances étrangères, ces périodes de stabilité ne doivent pas faire illusion: elles étaient consolidées par le recours toujours possible à l'usage d'une violence armée, elles n'ont jamais rien eu d'un pacte démocratique. Il y a certainement une relation à explorer entre le fait que ces paix de longue durée furent armées et la facilité, l'aisance avec lesquelles des hommes politiques, en Afrique, ont recours à la brutalité armée pour gagner du pouvoir.

Notes

1. AFP, « Deux hommes tués aux obsèques d'un proche d'un dirigeant du RDR », 19 octobre 2003; AFP, « Le cercueil du Dr Dacoury-Tabley profané par une foule hostile », 22 novembre 2003.
2. Ce néologisme en français est calqué sur le terme américain (*brutalization*), notion utilisée par George Mosse pour rendre compte de la violence qui envahit le champ politique allemand après la première Guerre mondiale (Mosse 1999).
3. Sur cette période sombre des années Houphouët-Boigny, voir les témoignages de Diarra (1997) et Koné (2003).
4. Marc Le Pape a étudié l'importance, pour les fractions sociales moyennes, de ces « investissements de stabilité » à Abidjan en économie de récession depuis les années 80 (Le Pape 1997).
5. Cette arrestation des leaders de l'opposition préfigure celle des principaux cadres du RDR le 27 octobre 1999 sous la présidence de Henri Konan Bédié. Alassane Ouattara, chef de ce parti, s'était récemment déclaré candidat à la présidence de la République.
6. L'interview que Louis Dacoury-Tabley, à l'époque membre éminent du FPI, donna à *La Voie*, du 21/22 oct. 1995, la veille des élections présidentielles, est éclairante: « [...] Bédié est en train de réaliser un coup d'État civil. Il a fabriqué un code électoral qui l'arrange. [...] Il appelle l'armée pour imposer ce code [...] . C'est un coup d'État en bonne et due forme. [...] Vous me demandez ce que doivent faire les démocrates et les républicains ? Je les regarde dans les yeux et je leur dis: " Vous devez empêcher les élections ! Vous devez empêcher ceux qui veulent vous empêcher d'agir ! Et soyez prêts pour le pays. Ne vous laissez pas berner par les prétendus préfets et sous-préfets gentils [...]. Notre objectif à nous c'est d'empêcher les élections. [...] Votre objectif c'est de cibler les bureaux de vote et d'empêcher que les élections se déroulent. L'essentiel pour vous doit être le résultat [...]".

7. Sur la culture de violence qui a investi l'Université depuis 1990 et sur les « chefs de guerre » qui y firent leurs premières armes, voir Konaté 2003:89.
8. Cette citation provient d'un article d'André Mary (2002).
9. Citons, par exemple, dans le domaine de la presse, les quatre premiers (et seuls) numéros du journal *Sentiers*, un mensuel d'informations et d'analyses, publié à Abidjan de juillet à octobre 2000. Il avait pour but explicite de créer un « espace de liberté [offert] à tous ceux qui voudront bien "oser" prendre la parole pour faire vivre la démocratie en Cote d'Ivoire et en Afrique ». Diégou Bailly, Éditorial, *Sentiers*, n°1, juillet 2000.
10. Sur la « fanatisation » et dans la perspective d'un comparatisme historique contrôlé, cet article stimulant de Claude Gautier (2002).
11. Ces violences sont le plus souvent parties d'un incident donnant lieu à des rumeurs qui déclenchaient les brutalités populaires. Il faut excepter les chasses meurtrières aux Béninois et aux Togolais qui eurent lieu, à Abidjan, en octobre 1958: ces dernières furent excitées par la LOCI (Ligue des originaires de la Côte d'Ivoire). Félix Houphouët-Boigny, alors député de Côte d'Ivoire, fit indemniser les victimes.
12. Il est vrai qu'également une partie de la presse quotidienne ivoirienne a régulièrement orienté l'opinion vers une interprétation xénophobe de la criminalité et des violences citadines, visant principalement les Burkinabè et les Maliens. Sur la dégradation des relations entre Ivoiriens et étrangers, l'article de Ousmane Dembélé, « La construction économique et politique de la catégorie "étranger" en Côte d'Ivoire », in Le Pape et Vidal (ed.) 2002.
13. Un éditorial de *Notre Voie*, du 25 novembre 1999, dénonçait l'influence déterminante du thème de l'ivoirité développé par le pouvoir à ce moment: « Certes le fond de tous ces affrontements reste le problème foncier, mais il faut dire que les populations qui accueillent leurs frères ont commencé à être de plus en plus intransigeantes dès lors que le stupide concept d'ivoirité est venu donner un regain de vitalité à la xénophobie, au tribalisme rampant inhérents à l'espèce humaine ».
14. La presse d'opposition, il faut le rappeler, protesta vigoureusement contre les événements de Tabou: il y eut des articles dans *Notre Voie*, *Le Jour*, *Le Patriote*.
15. Entre autres exemples, l'assemblée des jeunes de Bonoua afficha un procès-verbal de sa réunion du 22 janvier 2001, interdisant toute activité commerciale aux étrangers, les mariages mixtes, etc. (Konaté 2002:259-261).
16. Les déclarations gouvernementales publiques, dénonçant la participation d'étrangers à des complots contre la Côte d'Ivoire, ont déclenché des violences immédiates contre les étrangers vivant en Côte d'Ivoire. Ainsi, le 8 janvier 2001, lorsqu'eut lieu une tentative de putsch, le gouvernement déclara que des étrangers figuraient parmi les assaillants et que « certains pays voisins » avaient appuyé cette attaque. Suivirent des exactions dans plusieurs quartiers d'Abidjan contre les étrangers, il y eut des morts. Sommés de partir par des bandes de jeunes étudiants et par des habitants des quartiers, de nombreux étrangers durent fuir précipitamment. Par exemple, AFP, 15 janvier 2001, « Moussa, Burkinabè, doit fuir la Côte d'Ivoire après une vie de labeur ». Après la sédition du 19 septembre 2002, le pouvoir multiplia les déclarations contre les étrangers infiltrés, lança des appels à délation, fit détruire des quartiers précaires d'Abidjan majoritairement peuplés par des étrangers. Ainsi, le 22 septembre, les forces de l'ordre incendiaient des maisons habitées par des immigrés burkinabè, ce qui ne pouvait qu'exciter des violences xénophobes. AFP, « Côte d'Ivoire: Amnesty craint règlements de comptes et dérives xénophobes », 23 septembre 2002.

17. J'ai enregistré, en janvier 2001, des témoignages relatant l'extension de la violence entre habitants de quartiers abidjanais (Vidal 2002).
18. Sur les réactions de la société politique au coup d'État du général Gueï, les études de Kouamé N'Guessan, « Le coup d'État de décembre 1999: espoirs et désenchantements » et de Pierre Kipré, « Les discours politiques de décembre 1999 à l'élection présidentielle d'octobre 2000: thèmes, enjeux et confrontations », in Marc Le Pape et Claudine Vidal, op. cit.
19. Sur cette criminalité, des enquêtes menées par des organisations indépendantes ont été publiées. Voir notamment Human Rights Watch 2000 ; Fédération internationale des ligues des droits de l'homme (FIDH) 2000 ; Nations Unies 2001.
20. La formation et les pratiques d'organisations de « jeunes patriotes » en milieu rural ont été étudiées par Chauveau et Bobo 2003.
21. Entre autres, deux enquêtes importantes sur les massacres perpétrés par les forces rebelles et les forces gouvernementales depuis septembre 2002: Amnesty International, « Côte d'Ivoire: une suite de crimes impunis. Du massacre des gendarmes à Bouaké aux charniers de Daloa, de Monoko-Zohi et de Man », 27 février 2003; Human Rights Watch, « Prise entre deux guerres: violence contre les civils dans l'ouest de la Côte d'Ivoire », août 2003, vol. 15, n° 14 (A).
22. Sur l'acceptation du « pari de la guerre » par une partie de la société politique ivoirienne et ses conséquences, un article de Le Pape, 2003.

Références

Chauveau, Jean-Pierre et Bobo, Koffi Samuel, 2003 « La situation de guerre dans l'arène villageoise. Un exemple dans le Centre-Ouest africain », *Politique Africaine*, 89.

Diarra, Samba, 1997, *Les faux complots d'Houphouët-Boigny. Fracture dans le destin d'une nation*, 1997, Paris: Karthala.

Fédération internationale des ligues des droits de l'homme (FIDH) et Reporters sans frontières, 2000, « Enquêtes sur le charnier de Yopougon », Paris, 22 décembre.

Gautier, Claude, 2002, « Quelques problèmes de définition de la violence en politique: l'exemple de la fanatisation », *Revue internationale des sciences sociales*, 174.

Human Rights Watch, 2000, « Election Violence in Abidjan: October 24-26 2000 », New York, 20 décembre.

Kipré, Pierre, 2002 « Les discours politiques de décembre 1999 à l'élection présidentielle d'octobre 2000: thèmes, enjeux et confrontations », in Le Pape, Marc et Vidal, Claudine (ed.), *Côte d'Ivoire, l'année terrible, 1999-2000*, Paris: Karthala.

Konaté, Yacouba, 2002, « Le destin d'Alassane Dramane Ouattara », in Le Pape, Marc et Vidal, Claudine (ed.), *Côte d'Ivoire, l'année terrible, 1999-2000*, Paris: Karthala, pp. 259-261.

Konaté, Yacouba, 2003, « Les enfants de la balle. De la Fesci aux mouvements de patriotes », *Politique Africaine*.

Koné, Amadou, 2003, *Houphouët-Boigny et la crise ivoirienne*, Paris: Karthala.

Le Pape, Marc, 1997, *L'énergie sociale à Abidjan. Économie politique de la ville en Afrique noire, 1930-1995*, Paris: Karthala.

Le Pape, Marc, 2003, « Les politiques d'affrontemen en Côte d'Ivoire, 1999-2003 », *Afrique contemporaine*, Dosssier Côte d'Ivoire, 206.

Le Pape, Marc et Vidal, Claudine (ed.), 2002, *Côte d'Ivoire, l'année terrible, 1999-2000*, Paris: Karthala.

Mary, André, 2002, « Prophètes pasteurs. La politique de la délivrance en Côte d'Ivoire », *Politique Africaine*, 87.

Mosse, George L., 1999, *De la Grande Guerre au totalitarisme. La brutalisation des sociétés européennes*, Paris: Hachette.

Nations Unies, 2001, « Rapport de la Commisssion d'enquête internationale pour la Côte d'Ivoire », New York, 20 juin.

N'Guessan, Kouamé, 2002, « Le coup d'État de décembre 1999: espoirs et désenchantements », in Le Pape, Marc et Vidal, Claudine (ed.), *Côte d'Ivoire, l'année terrible, 1999-2000*, Paris: Karthala.

Smith, Stephen, 1999, « 20 000 immigrés, victimes d'un "nettoyage foncier" dans le Sud », *Libération*, 25 novembre.

Vidal, Claudine, 1990, « Abidjan: quand les "petits" deviennent des pauvres », *Politique Africaine*, 39.

Vidal, Claudine, 1995, « Côte d'Ivoire: funérailles présidentielles et dévaluation entre décembre 1993 et mars 1994 », *L'Afrique politique 1995*.

Vidal, Claudine, 2002, « Du conflit politique aux menaces entre voisins. Deux témoignages abidjanais », in Le Pape, Marc et Vidal, Claudine (ed.), *Côte d'Ivoire, l'année terrible, 1999-2000*, Paris: Karthala.

9

Un Africain à Paris: Retour sur l'exil politique de Laurent Gbagbo dans les années 80

Pascal Bianchini

> Comme tout évolue. Hier, on nous accusait d'être l'avant-garde avancée du communisme en Afrique avec le RDA. Il ne s'agit pas de la stabilité d'Houphouët au pouvoir. Il s'agit de la stabilité de la Côte d'Ivoire, du régime ivoirien.
>
> Félix Houphouët-Boigny, 1982.

> Une explication historique ne se fonde pas sur des déductions directes des lois de la nature, mais sur une séquence imprévisible d'états antécédents, séquence au cours de laquelle n'importe quelle étape aurait abouti à modifier le résultat final. Ce résultat est donc dépendant ou contingent, de tout ce qui l'a précédé – l'ineffaçable et déterminante signature de l'histoire.
>
> Stephen Jay Gould

L'arrivée au pouvoir de Laurent Gbagbo en octobre 2000 et la succession d'événements tragiques qui l'ont accompagnée ont suscité une série de portraits journalistiques. Ces récits, qu'ils soient plutôt critiques[1] ou plutôt apologétiques[2] ont ceci de commun qu'ils sacrifient inévitablement au principe de « l'illusion biographique » (Bourdieu 1986). Il s'agit alors de répondre à la question pressante que l'on peut énoncer ainsi: « Mais qui est vraiment Laurent Gbagbo? ». Étant un peu sociologue et ... ayant un peu connu le personnage lors de son exil parisien, je pense que cette question – qui n'est sans doute pas sans intérêt surtout pour ceux qui sont directement en prise avec la crise ivoirienne actuelle – mérite un peu plus d'attention et de patience. Au risque de décevoir, je ne prétends pas percer le « mystère Gbagbo » en dévoilant des aspects véritablement inconnus de sa personnalité et de son action.

Pour autant, cette contribution n'est sans doute pas très « académique » à plus d'un titre. D'abord, elle est en partie fondée sur des souvenirs personnels, avec le risque d'altération de la mémoire, non négligeable une quinzaine d'années plus tard, sans qu'il s'agisse pour autant d'esquisser une oeuvre de mémorialiste. Ensuite, elle implique un « rôle contradictoire » au sens goffmanien, puisqu'ayant fait partie d'une « équipe » en compagnie de celui qui n'était pas encore l'actuel chef de l'État ivoirien, je peux aujourd'hui produire une information qui renvoie à la catégorie du « secret » – entendue au sens large, toujours selon ce même cadre analytique – dans la mesure où les propos dont j'ai gardé le souvenir n'étaient pas destinés à donner de la matière à un « papier » diffusé dans un cadre universitaire.[3] Enfin, je dois avouer qu'il s'agit aussi de me situer par rapport à cette histoire un peu étrange, notamment pour moi qui n'ai jamais particulièrement recherché la fréquentation des hommes de pouvoir, surtout lorsqu'ils finissent par avoir pas mal de sang sur les mains pour y accéder et s'y maintenir...

L'hypothèse qui me paraît intéressante à développer est que l'exil de Laurent Gbagbo est une phase critique, pour comprendre sa trajectoire en tant qu'« entrepreneur politique ». Lui-même juste après son retour au pays, a d'ailleurs affirmé que cet exil s'inscrivait dans un véritable plan stratégique dont il ne pouvait livrer tous les tenants et aboutissants.[4] Mais, si effectivement à posteriori, on peut se dire que Laurent Gbagbo avait dès cette époque un véritable « agenda caché », il nous paraît encore plus important d'éclairer le contexte qui a pu, durant ces années charnières, déterminer la pente de sa trajectoire au-delà de ce qu'a pu être son penchant personnel.

S'il est surtout question d'évoquer cette période d'exil politique vécue à Paris de 1982 à 1988, il faut cependant rappeler brièvement les antécédents de la trajectoire politique et intellectuelle de Laurent Gbagbo (cf. notamment: Gbagbo 1983, Kokora 1999). Son entrée en politique est celle de toute une génération militante que l'on retrouve dans les différentes capitales africaines où sont implantées les universités de la première génération, celles de la construction nationale et de l'atmosphère anticolonialiste et anti-impérialiste des années 60. Le mouvement étudiant ivoirien issu de la Fédération des étudiants d'Afrique noire en France (FEANF) a été durant les années 60, une cible privilégiée de la répression exercée dans le cadre du système monopartisan mis en place sous la férule d'Houphouët-Boigny. Plus précisément, faute de pouvoir la contrôler, le régime a dissous en 1968, l'Union nationale des élèves et étudiants de Côte d'Ivoire (UNEECI) et mis en place le Mouvement des élèves et étudiants de Côte d'Ivoire (MEECI) affilié au parti unique. En 1969, les étudiants ne l'entendaient pas ainsi et refusaient d'être mis au pas. L'armée est alors intervenue sur le campus.

Laurent Gbagbo était parmi les 400 étudiants internés au camp d'Akouédo et plus précisément parmi les sept que l'on a contraints à demander le « pardon » du chef de l'État au nom de tous les autres. Il faisait donc déjà partie des leaders de la « contestation éduquée ».[5] De même, alors qu'il était devenu enseignant en 1971, au lycée classique d'Abidjan, il est arrêté en même temps que d'autres syndicalistes et d'étudiants à la suite d'une nouvelle grève étudiante. Il a ainsi passé 22 mois en détention administrative au camp de Séguela, qui, aux dires d'un autre « fondateur » du Front populaire ivoirien « a servi, au niveau idéologique de creuset à la première évolution socio-politique de la Côte d'Ivoire dont l'indépendance n'avait qu'une dizaine d'années d'âge en mars 1971 » (Kokora 1999:29).

À cela, il faut sans doute ajouter un rapport étroit noué avec la France, non seulement à travers sa formation académique poursuivie en France (une licence de lettres, puis une maîtrise d'histoire en 1970 à la Sorbonne, et enfin une thèse de troisième cycle en histoire à Paris VII en 1979), mais également un premier mariage avec une enseignante française expulsée de la Côte d'Ivoire alors qu'il est arrêté en 1971.[6] De même, on a pu souligner que sa socialisation politique a été marquée par l'arrestation de son père victime d'un des « faux complots » organisés par Houphouët au début des années 60 pour asseoir son autorité sur le Parti démocratique de Côte d'Ivoire et l'État ivoirien naissant (*Notre Voie* 2000).

Il faut également rappeler l'épisode qui l'a conduit en 1982 à s'exiler alors qu'il était devenu directeur de l'Institut d'histoire, d'archéologie et d'architecture (IHAA).[7] Il s'agit de l'interdiction d'une conférence dont le thème était « Jeunesse et politique » où il devait intervenir à l'invitation d'étudiants. Mais surtout, cet incident s'inscrit dans le contexte du conflit engagé cette année là, entre le mouvement syndical enseignant et le pouvoir à la suite de la suppression de l'indemnité de logement.[8] En bref, jusqu'à son exil conçu comme un acte « pédagogique » afin de « signifier qu'en Côte d'Ivoire malgré les discours et les incantations sur la paix, nul n'est en sécurité dès lors qu'il veut dire autre chose que le PDCI » (Gbagbo 1989:16), Laurent Gbagbo apparaît comme une personnification de ce que j'ai appelé les « acteurs contre-hégémoniques » caractéristiques du jeu socio-politique de l'Afrique des décennies post-coloniales, à savoir des acteurs sociaux, plutôt « intellectuels », souvent en devenir, qui tentent de s'opposer au moyen de leur capital culturel, voire organisationnel, au nom d'idéologies révolutionnaires ou progressistes mais plus encore méritocratiques, à la mainmise de la classe dirigeante (et de ses soutiens extérieurs) sur l'appareil d'État (cf. Bianchini 2003).

Si Laurent Gbagbo a présenté par la suite son exil français comme une sorte d'étape stratégique victorieuse et que les média ont semblé reprendre cette version de l'histoire, il me semble déjà nécessaire de relativiser cette image: durant son séjour en France dans les années 80, la figure de Laurent Gbagbo ne drainait pas les foules et il n'avait sans doute pas toujours accès à des cercles influents comme le suppose, après coup, une certaine vision de la politique « françafricaine ».[9]

Pour envisager les relations qu'a pu nouer l'exilé Laurent Gbagbo en France, il importe de se replacer dans le contexte politique et idéologique de l'époque. L'année 1982 fait suite à celle de l'arrivée de la gauche au pouvoir. Durant quelques mois encore on peut s'illusionner sur le « tiers-mondiste » de cette gauche française, symbolisé par le discours de Mitterrand à Cancun, relayé par le propos du ministre de la Coopération, Jean Pierre Cot, jusqu'en novembre 1982. Mais ceci ne va pas durer très longtemps. De même que sur le plan de la politique économique, on assiste en 1982-83 au « tournant de la rigueur », un virage similaire, au nom d'un « réalisme » comparable s'opère en matière de relations internationales. Dans le domaine du « pré carré » africain, ce virage est symbolisé par le départ de Jean Pierre Cot dont les projets pouvaient remettre en cause le clientélisme traditionnel entre l'Élysée et les chefs de l'État africains. Un autre événement qui a marqué ce revirement, est l'intervention armée au Tchad durant l'été 1983 (baptisée « Opération Manta ») visant à protéger le pouvoir de Hissène Habré de ses opposants armés aidés de la Libye. Il s'est alors trouvé des intellectuels de « gauche » pour réclamer que cette intervention française aille encore plus loin, au nom d'une vision bipolaire de la géopolitique internationale.[10] C'est durant ces années que le tiers-mondisme, l'anti-impérialisme, dont bien des intellectuels et des universitaires de gauche se réclamaient quelques années auparavant, sont devenues des idéologies déclassées, discréditées, dénigrées, au point qu'il devenait alors difficile de s'en réclamer sans passer pour un attardé n'ayant pas vu le train passer pour monter dans l'un des derniers wagons. Ce retournement des idées s'est produit sans doute ailleurs mais il a connu une accélération spécifique en France du fait de la coïncidence avec l'accès de la gauche au pouvoir. En outre, il a pris une résonance encore plus particulière dans le cas des relations franco-africaines.[11]

Une autre porte qui s'est trouvée fermée à l'exilé Laurent Gbagbo, c'est celle de l'Université française. Nanti de son titre de directeur de l'Institut d'histoire, d'art et d'architecture, formé dans des universités françaises,[12] il a sans doute cru au départ qu'il pourrait, sinon trouver un emploi, du moins une certaine reconnaissance auprès de ses collègues français. Il y a sans doute un aspect structurel qui est en cause ici, concernant les difficultés d'intégration pour un intellectuel africain en France. Le problème peut être examiné sur un plan statutaire et a depuis fait l'objet de controverses nourries (cf. Guèye 2001).

Mais à travers le cas de Gbagbo on comprend aussi que la question est clairement politique.[13] Il a vite vu que, contrairement à ce qu'il pouvait peut-être espérer à l'origine, l'étiquette d'« opposant démocratique » au régime d'Houphouët-Boigny n'était pas la meilleure carte de visite pour pénétrer les cercles universitaires africanistes français, même réputés de gauche, voire d'extrême gauche. Il est clair qu'accueillir au grand jour un opposant à un régime qui était un pilier traditionnel de la politique française en Afrique, c'était prendre un certain risque que ceux qu'il a sollicités devaient bien avoir à l'esprit...

Mais, de plus, pour une grande majorité de ces « spécialistes », cette « revendication démocratique » ne paraissait pas très crédible et pas vraiment à l'ordre du jour. Au début des années 80, l'horizon qui allait être celui de la vague démocratique en Afrique portée par les mouvements sociaux urbains quelques années plus tard, ne figurait guère sur l'agenda des politistes africanistes.[14] On peut s'en étonner si l'on se réfère en ce domaine au renouveau qui a abouti en 1980 à la création de « Politique Africaine » avec notamment la fameuse thématique des « modes populaires d'actions politiques ». Mais une lecture attentive des textes originels indique déjà clairement qu'il s'agissait surtout de s'intéresser aux comportements « escapistes » ne remettant pas directement en cause les détenteurs du pouvoir politique et n'envisageant pas sérieusement la question de l'alternative aux régimes de parti unique.[15] Il y a plus – et c'est particulièrement sensible dans le cas de la Côte d'Ivoire – non seulement la revendication de la démocratisation des opposants politiques africains n'était guère entendue,[16] mais, c'est la nature répressive des régimes qui était niée, du moins relativisée.[17] Dans ces conditions, le peu d'intelligentsia africaine qui existait en France dans les années 80 et qui s'exprimait en termes politiques, ne pouvait que porter un jugement globalement négatif sur cette littérature universitaire qui leur apparaissait comme une dénégation de la violence qu'ils avaient subie et de la résistance qu'ils s'efforçaient de mener en exil.[18]

Ce n'est donc guère vers les institutions universitaires, ni vers les grands partis politiques français que Laurent Gbagbo a pu se tourner durant ces années d'exil, notamment pas vers le parti socialiste, alors que le virage vers la "realpolitik" françafricaine était bien amorcé.[19] Il ne faut pas oublier que c'est sous ce gouvernement de gauche qu'il s'est pendant longtemps vu refuser un statut de réfugié par l'Office de protection de réfugiés et apatrides (OFPRA). Ce n'est qu'en septembre 1985, devant la commission des recours de l'OFPRA qu'il a pu obtenir ce statut.[20] Même lorsque Jacques Chirac devenu premier ministre se rendait en Afrique à la rencontre d'Houphouët, les socialistes français alors revenus dans l'opposition pouvaient quelque peu critiquer son régime mais semblaient ignorer encore totalement l'opposition ivoirienne et notamment Laurent Gbagbo (*L'Unité* 651 1986). Le retour de la droite aux affaires a d'ailleurs valu à Gbagbo de nouveaux déboires puisqu'un commissaire des renseignements généraux français lui faisait alors savoir qu'il courait certains risques (« une nouvelle affaire Ben Barka ») en persistant dans cette posture d'opposant à Houphouët (cf. *Libération* 06/06/86).

C'est donc ailleurs, dans des lieux plus marginaux que l'on a bien voulu l'accueillir. C'est par l'entremise de relations personnelles qu'il a connu Guy Labertit et qu'il a fréquenté la « rue de Nanteuil », un immeuble aujourd'hui démoli qui était situé dans le XVe arrondissement. Ce lieu était le siège du Centre d'études anti-impérialistes (CEDETIM). Le CEDETIM est né à la fin des années 60 de plusieurs initiatives de soutien à des luttes de libération nationale menées dans le Tiers Monde (Vietnam mais aussi en Afrique). Dans les années 70, il a développé une réflexion critique notamment en direction de la coopération française en Afrique (cf. CEDETIM 1980). Les sensibilités politiques de ses membres étaient alors ouvertement marxistes-léninistes, autrement dit celles du maoïsme français de l'époque, ce qui s'est traduit par des liens avec des personnalités comme Samir Amin ou Bernard Lambert, le fondateur des « Paysans travailleurs » ou encore des militants de la Gauche ouvrière et paysanne (GOP) qui se retrouvaient au sein du Parti socialiste unifié (PSU). Cela dit, même au sein de l'extrême gauche française, l'anti-impérialisme durant cette décennie 70 n'a pas été un véritable mouvement de masse.[21] Le militantisme anti-impérialiste en France a été, même dans cette période plus euphorique, un militantisme de réseau réservé à des initiés, ayant eu le plus souvent une expérience personnelle avec les pays du Sud et les situations de domination coloniale. C'est dire que durant la décennie suivante, les effectifs étaient plutôt réduits!

Cependant, ces années 80 auront aussi connu quelques luttes qui mobilisaient ces militants tiers-mondistes et anti-impérialistes: il s'agit notamment des mobilisations autour de l'enjeu de l'immigration (avec la marche des « beurs » de 1983) ou encore celles concernant les « dernières colonies françaises »: la Nouvelle Calédonie et à un degré moindre les Antilles où se développaient alors des revendications indépendantistes. Avec le recul, ces luttes peuvent apparaître comme une sorte de ressac de la décennie précédente mais à l'époque, leurs perspectives pouvaient apparaître différentes. Ainsi la rue de Nanteuil abritait un grand nombre d'associations et de collectifs, dont les plus importants étaient l'Association médicale franco-palestinienne, le Comité de soutien au Nicaragua, l'Association d'information et de soutien aux droits du peuple kanak ou encore l'Association de solidarité avec les travailleurs immigrés du XV ème arrondissement.

C'est à l'initiative du CEDETIM qu'avait été créé la revue *Libération Afrique* en 1972. La première version sous une forme simplement ronéotée était destinée à être le porte-voix des mouvements de libération nationale en lutte sur le continent africain (Angola, Afrique du Sud, Guinée et Cap Vert, Namibie et Mozambique). À partir de 1979, la revue paraissait trimestriellement, sous une forme rénovée, plus magazine, centrée le plus souvent autour d'un dossier thématique et avec une ambition plus élargie géographiquement, d'où le changement de titre *Libération Afrique Caraïbes Pacifique* en 1981. À partir de 1983, c'est Guy Labertit qui devint le directeur de publication. Il succédait à Jean Yves Barrère qui fait partie du noyau fondateur du CEDETIM. Guy Labertit était alors militant au PSU, en charge du secteur international de ce parti. Cependant, il n'appartenait pas à la génération ayant fondé le CEDETIM. C'est par lui que Laurent Gbagbo est venu fréquenter la rue de Nanteuil. L'association qu'il a créée, le Mouvement ivoirien pour les droits démocratiques (MIDD), s'est alors installée à cette adresse.

À ce stade, il faut dire un mot sur le personnage de Guy Labertit qui a joué un rôle clé dans la trajectoire de Laurent Gbagbo: professeur d'espagnol dans un collège de la banlieue parisienne, venu comme moi du Sud-Ouest de la France, c'était un "VRP" infatigable du militantisme! Il vivait alors pour la politique ... avant quelques années plus tard de parvenir à vivre de la politique ! Son atout majeur était son carnet d'adresses issu à l'origine du militantisme estudiantin qu'il avait su entretenir et prolonger grâce à sa présence au sein du PSU, un parti qui était déjà moribond à l'époque mais qui conservait un certain prestige tiers-mondiste, ce qui facilitait les contacts internationaux.[22] C'est certainement ce carnet d'adresses africain qu'il avait mis de nombreuses années à se constituer qui peut expliquer son adhésion au parti socialiste et son accès immédiat au poste de responsable du secteur « Afrique » au début de la décennie 90, en pleine « vague démocratique ». Mais au sein du CEDETIM, c'était alors un « outsider »: il n'était pas un universitaire ni un cadre supérieur parisien comme l'étaient la plupart des « historiques » du CEDETIM. Il n'avait pas leur formation académique, notamment axée sur l'économie, tant sur le plan théorique (le marxisme dépendantiste dans la perspective de Samir Amin) qu'empirique (la connaissance des firmes françaises implantées en Afrique), comme on peut le voir à la lecture comparée de l'ouvrage du CEDETIM sur l'impérialisme français et des derniers numéros de Libération Afrique Caraïbes Pacifique, qui étaient plus centrés sur l'actualité politique (le Tchad, le Burkina Faso, la Kanaky notamment).

Et Laurent Gbagbo dans ce milieu, quelle était sa situation ? Certes, il avait été accueilli comme un militant africain en exil. Mais d'une part, le CEDETIM était déjà dans une phase de déclin. C'était en fait une sorte d'état-major sans troupes.[23] Et surtout, il y était considéré comme un exilé comme un autre et non pas comme le futur leader de l'opposition ivoirienne qu'il aspirait déjà à être.[24] Par ailleurs, Laurent Gbagbo fréquentait d'autres exilés africains comme Bernard Doza[25] avec lequel il avait fondé le MIDD. Il avait également collaboré à la revue de Mongo Beti: *Peuples noirs. Peuples africains* en coordonnant en 1984 un numéro « spécial Côte d'Ivoire » (cf. bibliographie). Mais il s'agissait d'un milieu intellectuel et politique doté d'une faible visibilité et d'un faible impact en France.[26] En outre, le panafricanisme qui regroupait les intellectuels ou les étudiants africains durant l'époque glorieuse de « Présence africaine » ou encore de la FEANF, avait déjà plus ou moins disparu.[27] En fait, le vrai « travail » de Laurent Gbagbo pour le compte du Front populaire ivoirien (FPI) – créé par seulement cinq personnes en 1982 réunies à Abidjan dans une clandestinité qui se voulait totale (Kokora 1999) – a été de rencontrer Guy Labertit et de faire en sorte qu'il devienne chargé du secteur « Afrique » au Parti socialiste. Et le fait que ce dernier ait occupé si rapidement ce poste quelques années plus tard, ne peut qu'être une illustration de la crise contemporaine de la représentation politique: les grands partis qui sont censés représentés la majorité des électeurs tendent de plus en plus à être des sortes de coquilles vides que toutes sortes de « troglodytes » peuvent occuper à la faveur de circonstances particulières...[28] Sans la faveur de ces circonstances particulières, il n'est pas du tout sûr que la carrière de Laurent Gbagbo aurait été ce qu'elle est devenue par la suite.

Tout ceci ne revient pas à dire que ce dernier avait alors le visage d'un « homme sans qualités ». Ce qui demeure encore, c'est le fait qu'il ait été le premier à tordre le cou ouvertement au mythe de la « sagesse » houphouëtiste – construite autour de la figure du père qui pardonne à ses enfants égarés – en mettant au grand jour l'histoire oubliée de la répression menée à certaines occasions par le régime ivoirien, en particulier les faux « complots » ou encore la répression de 1970 menée dans la région de Gagnoa (Gbagbo 1983).

Mais en même temps, il faut dire que cette révélation par rapport aux décennies antérieures s'accompagnait aussi d'une certaine dénégation voire une occultation des enjeux qui allaient devenir visibles dans la décennie suivante, autour des questions d'identité ethnique et de nationalité. Dans ses écrits et ses interventions orales de l'époque, Gbagbo a toujours affirmé que l'ethnicisation de la vie politique était le seul fait de la politique menée par le PDCI. La thèse qu'il voulait alors à tout prix défendre était que le multipartisme livré à lui-même ne coïnciderait pas avec des lignes de fractures ethniques. C'est pourquoi afin d'apporter la preuve de la viabilité d'un jeu démocratique en Côte d'Ivoire, il cherchait à faire de la vie politique dans les années 50 une sorte de « modèle »… ce qui était par ailleurs pour le moins contradictoire avec sa position d'intellectuel anticolonialiste.[29] En ce qui concerne son positionnement d'opposant par rapport au régime, il s'agissait à tout prix d'éviter d'être catalogué comme « intellectuel bété », ce qui était manifestement la stratégie d'Houphouët au sujet du « complot des enseignants » de 1982 qu'il tentait de présenter comme l'œuvre d'intellectuels bété frustrés, afin de pouvoir ensuite se présenter comme un « rassembleur » en tant que « père de la Nation ».

Enfin l'occultation était encore plus totale par rapport à la question des étrangers africains en Côte d'Ivoire. Dans ses écrits d'historien et de militant, Gbagbo a abordé la question de l'immigration en rappelant notamment que cette main d'oeuvre a été amenée par la colonisation avec la construction de la voie ferrée, puis la mise en place du Syndicat interprofessionnel pour l'acheminement gratuit de la main d'oeuvre (SIAMO) (Gbagbo 1982:116-122; *LACP* 21 1984). Mais curieusement, il n'y avait pas de place dans son discours sur la revendication démocratique, pour la question des étrangers, de leur intégration et de celle des générations suivantes, dans une Côte d'Ivoire avec des compétitions électorales ouvertes. Jamais à l'époque, je ne l'ai entendu prononcer un mot sur le fameux « bétail électoral » acquis au PDCI. On peut remarquer aussi qu'il est demeuré très discret, pour ne pas dire plus, au sujet des pogromes anti-étrangers qui ont eu lieu à plusieurs reprises dans l'histoire de la Côte d'Ivoire, des événements qu'il lui était difficile d'ignorer.[30] À l'évidence, il s'agissait d'un pan de l'histoire interne ivoirienne qui ne cadrait pas avec la geste héroïque de la construction de la nation ivoirienne dont il se faisait le héraut. C'est d'autant plus significatif que le programme du FPI qu'il a rédigé à cette époque se situait dans la perspective de la construction d'un fédéralisme ouest-africain (FPI 1987). Mais là encore, de manière finalement très bureaucratique, Gbagbo concevait cette intégration ouest-africaine par le « haut », dans un cadre étatique voire purement diplomatique, et non à travers les liens concrets noués entre populations « autochtones » et « allogènes ».

A posteriori, on peut se dire que, dès cette époque, il aurait fallu avoir plus de vigilance ou en tout cas, plus de curiosité par rapport à ces ambiguïtés. Pour cela, il aurait été nécessaire d'en savoir un peu plus sur ces « histoires parallèles » voire « souterraines » de la Côte d'Ivoire, ce qui n'était pas le cas de ceux qui l'entouraient dans le milieu qu'il fréquentait. Et de plus, le moins que l'on puisse dire, c'est que les ouvrages les plus en vue des « spécialistes » de la Côte d'Ivoire (Fauré & Médard 1982; Vidal 1991) ne nous ont guère éclairés sur ces questions, jusqu'à ce que l'« ivoirité » devienne la thématique dominante du débat politique dans les années 90.

En outre, c'était déjà à l'évidence un grand acteur, en ce sens qu'il avait une puissance de « jeu » telle qu'il pouvait paraître persuasif alors que le contenu de ces arguments l'était beaucoup moins, autant de qualités utiles pour devenir un bon politicien![31] Il est probable que ces dispositions personnelles ne dataient pas de cet exil parisien. Néanmoins, le contexte dans lequel il a évolué durant ces années ont à mon sens favorisé cette aptitude à jouer en permanence un « double jeu ». Une telle situation existentielle est d'abord liée à la condition de tout migrant ou exilé vivant en permanence avec deux univers de référence (Sayad 1999:93-94).

Mais dans le cas de Laurent Gbagbo, il y a eu d'autres phénomènes qui ont pu accroître cette sorte d'ubiquité intellectuelle. D'abord, il s'agissait de se positionner dans un contexte en forte évolution sur le plan idéologique. Il ne faut pas oublier qu'une bonne partie de sa génération politique se réclamait encore de l'instauration d'un modèle socialiste par le biais d'une avant-garde révolutionnaire – voir notamment ce qui se passait dans le Burkina Faso de Sankara – tandis que lui avait choisi dès le début des années 80 de se battre prioritairement voire exclusivement autour de l'idée du multipartisme – avec toutes les ambiguïtés que cela peut également supposer, puisqu'un processus électoral n'est qu'un moyen et non la finalité d'une action politique. Dès cette époque mais plus clairement ensuite, il s'est situé dans le cadre d'un changement politique de type institutionnel et non dans l'optique – sans doute purement verbale selon lui – d'une révolution sociale, telle que la revendiquaient les militants de la FEANF des années 70 avec le fameux mot d'ordre de « l'intégration aux masses ».[32] Néanmoins malgré ce « recentrage » idéologique, il est demeuré un paria en France, autant sur le plan politique qu'universitaire sans parler de la surveillance policière qui l'entourait à l'époque. Il a ainsi fait l'expérience d'une situation où les « grands principes » ont pu se révéler comme de la pure phraséologie même ceux qui sont pourtant les plus « politiquement corrects »,[33] tandis qu'il semblait davantage gratifiant de présenter une « façade » qui puisse convenir pour des « représentations » destinées à des « publics » différents, au-delà de ceux qu'il côtoyait à la rue de Nanteuil, un microcosme manifestement un peu étroit pour ses ambitions politiques.

De plus, si selon mon hypothèse, cette période constitue un moment critique dans la carrière de Laurent Gbagbo, elle n'est qu'une étape dans sa trajectoire. Il ne fait donc pas de doute qu'à travers ce papier, je n'ai pu donner qu'un aperçu limité du véritable « jeu » qui a pu être le sien dès cette époque.[34] C'est pourquoi, il doit être compris comme une simple contribution qui pourra éventuellement entraîner d'autres témoignages complémentaires ou contradictoires, en réaction à cette première tentative d'éclairage sociologique d'un intellectuel africain entré en politique…

Notes

1. « Depuis toujours, Laurent a dû se débrouiller, d'où son côté voyou "affirme un témoin de l'époque" » (*Le Monde*, 25/01/03).
2. « Tel un guerrier qui va au front, il part à la conquête de la dimension humaine » (*Notre Voie*, 30/10/00).
3. Pour être plus précis, j'ai effectué durant deux années un service civil en tant qu'objecteur de conscience dans une association tiers-mondiste parisienne; en réalité pendant un peu plus d'une année, j'ai été le « permanent » du journal *Libération Afrique* auquel participaient Laurent Gbagbo et Guy Labertit. Du fait de mon rôle plutôt subalterne (la gestion des abonnements, la prise en charge des aspects techniques du journal, etc.), ma

position se rapprochait sans doute le plus de celle que Goffmann désigne sous le terme de « non personne »... ce qui est évidemment une position idéale pour l'observation sociologique!

« Ceux qui jouent ce rôle sont présents durant l'interaction, mais à certains égards ils n'assument ni le rôle d'acteur ni le rôle de public, pas plus qu'ils ne prétendent être ce qu'ils ne sont pas (comme le font les délateurs, comparses et contrôleurs). Peut être le type classique de la non-personne, dans notre société, est-il le domestique » (Goffmann 1973:146).

L'équipe en question comportait sur le papier une quinzaine de personnes (le nom des collaborateurs figurait au début de chaque numéro). En réalité la plupart des réunions de travail se faisaient dans un petit bureau ne pouvant contenir au maximum que quatre à cinq personnes (Guy Labertit, Laurent Gbagbo, Jean Yves Barrère, Gabriel Desneiges le « pseudo » d'une personne devenue depuis chercheur africaniste sous son vrai nom... et moi-même).

4. Dans un ouvrage d'entretien paru pour expliquer « l'histoire d'un retour », Gbagbo nous livre lui-même une typologie des exilés:
   - « ceux qui ne reviennent pas dans leur pays d'origine » ;
   - « ceux qui attendent que les conditions changent pour revenir » ;
   - « ceux qui rentrent dans le silence ou dans le rang » ;
   - et un dernier cas de figure le sien, « ceux qui ne sont pas partis pour faire une carrière d'exilé et brader les idées auxquelles ils croient ».

   Il insiste sur ce point en ajoutant, « Je ne suis pas parti pour faire une carrière d'exilé (je pensais d'ailleurs être de retour au bout de deux ans ou trois): je suis parti pour faire du travail ». Mais, quant au contenu de ce « travail » il refuse de donner des précisions avec la justification suivante: « Je n'en parlerai pas pour ne pas entraver le travail que le Front populaire ivoirien fait sur le terrain; il est important qu'une grande partie du travail qui a été fait là-bas ne soit pas mis sur la place publique maintenant » (Gbagbo 1989:20).

5. Selon ses dires, il dirige à partir de 1969, un groupe clandestin: la « cellule Patrice Lumumba » (cité, in: Kokora 1999:50).

6. Le cas de L. Gbagbo illustre plutôt bien la catégorie de l'« émigré politique » décrite par A Sayad: « (...) curieux de connaître leur nouvel environnement, qu'ils ont le souci d'investir et de comprendre – comme en témoigne leur bonne volonté culturelle, leur soif d'apprendre, leurs grands efforts d'autodidaxie; et leur engagement politique lui-même qui n'est, dans une large mesure, qu'une autre manifestation de ces mêmes dispositions intellectuelles –, ils ont fini par nouer de solides relations et même des amitiés (politiques, syndicales, etc.) dans la société française, et ils ont souvent épousé ou eu comme compagnes des femmes françaises et, parfois pris la nationalité française » (Sayad 1999:149).

7. Son recrutement à l'IHAA qui s'effectue en 1974 à la suite de son internement à Seguéla demeure mal éclairé alors qu'il n'a que 29 ans et n'est pas encore diplômé de troisième cycle: autonomie de l'institution académique, ce qui est peu probable étant donné le contexte ivoirien, ou déjà manifestation d'un jeu ambigu entre le pouvoir et l'un de ses contestataires déjà fortement repéré et qu'il s'agissait de ramener dans le giron patrimonial ?

8. Les enseignants du secondaire et du supérieur depuis 1970 avaient pu créer leurs propres syndicats en dehors du cadre du parti unique: le Syndicat national des enseignants de Côte d'Ivoire (SYNESCI) et le Syndicat national de la recherche et de l'enseignement supérieur (SYNARES).

9. À titre d'illustration de la prudence qu'il convient d'avoir vis-à-vis des propos actuellement rapportés dans la presse cette juxtaposition d'extraits pour le moins contradictoires saisis dans deux quotidiens réputés pour leur « sérieux ». Dans un portrait, il est dit qu'au cours de ce séjour en France, « il se rapproche d'Henri Emmanuelli, de Michel Rocard, fréquente les milieux franc-maçons » (*Le Figaro* 31/01/03); dans un autre, paru au même moment, on veut nous faire savoir qu' « au PS, il n'y a que Guy Labertit qui connaisse 'Laurent' » (*Le Monde* 25/01/03).

    Le journaliste, Pierre Haski, qui lui avait consacré un des très rares articles de presse écrit à son propos durant son séjour en France était sans doute plus proche de la réalité du moment lorsqu'il relatait les démêlés de l'exilé politique Gbagbo avec les autorités françaises et ivoiriennes:

    « Pourquoi un tel acharnement pour "récupérer" cet homme robuste de 41 ans qui, à part quelques articles et un livre, n'a que peu fait parler de lui depuis quatre ans qu'il est en France ? » (*Libération* 06/06/86).

10. « La politique française en Afrique s'encombre encore, et c'est bien naturel, d'états d'âme et de remords coloniaux. Au Tchad aujourd'hui, on n'en n'est plus à choisir entre l'Afrique de Foccard et celle rêvée de Jean Pierre Cot; les blindés soviétiques de Kadhafi ont simplifié les enjeux ».

    Cette tribune martialement intitulée: « Tchad: l'engagement à reculons » était signée de Yves Montand, André Glucksmann, Bernard Kouchner, Jacques Lebas et Jean Paul Escande (*Libération* 12/08/83).

11. Pour s'en persuader, il suffit de relire les propos de celui qui était en train de devenir le chef de file des politistes africanistes français qui couvrait alors de son mépris ce qu'il qualifiait de « paléogauche africaniste »: « face au continent, l'extrême gauche s'est cantonnée dans un discours anti-impérialiste sclérosé et ne répond à aucun des problèmes du jour; l'inanité de sa démarche est apparue au plus fort de la crise tchadienne, dans sa critique de l'opération Manta » (Bayart 1985:125-126) Un jugement qui est à rapprocher de celui formulé à l'endroit de la politique tchadienne de Mitterrand (« Reconnaissant au président de la République le mérite de la mesure dans le règlement de ce conflit épineux », (...) (ibidem 84).

12. Quelques mois encore avant son arrivée en France il était invité à présenter une communication en décembre 1981 pour le colloque « Entreprises et entrepreneurs en Afrique » (Coquery-Vidrovitch & Forest 1983:477-486).

13. Les deux aspects sont évidemment toujours liés et on ne trouvera guère d'universitaires ou de chercheurs français pour s'étendre sur les raisons pour lesquelles ils ont préféré ne pas voir le Laurent Gbagbo des années 80 s'afficher au sein de leur institution. En tout cas, une sorte de "testing" nous est fourni avec le cas de Pascal Dago Kokora, maître assistant de linguistique, qui a du interrompre sa carrière universitaire à Abidjan pour des raisons politiques comparables: exilé aux États-Unis en 1988, il a pu poursuivre là-bas une carrière universitaire et mener de pair ses activités de propagandiste du FPI...

    Ce contraste entre les probabilités de carrière pour des intellectuels africains de part et d'autre de l'Atlantique est révélé aussi par les trajectoires d'universitaires francophones – comme celle de Valentin Mudimbe – recrutés par des institutions prestigieuses ou devenu chefs de département dans des universités nord américaines (Kom 1993:61-68).

14. Comme l'explique alors un auteur britannique qui publie alors souvent en France, dans le cas du Sénégal, les vrais défenseurs des intérêts populaires, ce sont les marabouts et plus généralement les « intellectuels traditionnels » et non ceux qu'il qualifie de « gauchis-

tes des villes » (O'Brien 1984:36). En fait même lorsqu'ils avaient opéré leur reconversion idéologique en abandonnant leurs références marxistes-léninistes, aux yeux des « africanistes » occidentaux, les opposants africains de cette décennie 80 demeuraient toujours des « gauchistes des villes » !

15. Voir par exemple les propos tenus dans un article intitulé étrangement « La revanche des sociétés africaines »: « (...) il serait vain de dissimuler le consentement des dominés à leur domination (...) et de même que la religion populaire n'est pas forcément hétérodoxe, les modes populaires d'action politique ne contredisent pas nécessairement le pouvoir; au risque de choquer, allons jusqu'à dire que la pénétration de l'État, du Capital ou de leurs appareils idéologiques peut être vécue comme partiellement libératrice ou avantageuse et qu'à vouloir se le cacher, l'on se condamne à ne pas comprendre pourquoi les paysanneries étatiques déploient plus d'ingéniosité à subvertir les rouages de l'économie étatique ou à s'urbaniser qu'à entreprendre une révolution. » (Bayart 1983:112).

16. Dans une livraison consacrée au thème « Quelle démocratie pour l'Afrique? » l'éditorial de la même revue signale que, sur cette question il y a bien « des réflexions neuves menées par des Africains en Afrique même » mais que « à notre grand regret, pour des raisons matérielles d'espace et surtout de délai de publication », il n'a pas été possible d'en faire état ... (*Politique Africaine* 11, 1983:5).

17. On peut toujours revenir au même auteur qui parle d' "une pratique de la répression que l'on pourrait qualifier intimiste, tantôt relativement bonhomme et paternaliste (le Président admoneste lui-même ceux qui se sont rendus coupables d'indocilité politique comme cela semble s'être fait en Côte d'Ivoire ou au Cameroun) (Bayart, ibidem:113). Mais c'est surtout l'ouvrage *État et bourgeoisie en Côte d'Ivoire* écrit comme une sorte de réhabilitation du modèle ivoirien (à l'encontre des thèses dépendantistes de Samir Amin) qui est encore plus significatif sur ce plan: « La coercition: fermeté et modération. Les autorités n'hésitent pas à recourir à la coercition avec fermeté et détermination quand cela paraît nécessaire. Mais ceci admis, la coercition ne tient pas lieu de politique, elle reste modérée si l'on veut bien se situer dans une perspective comparative. La meilleure preuve de cette modération se trouve dans la liberté de parole qui règne au sein de la population et qui surprend quiconque a l'expérience d'autres pays africains » (Fauré et Médard 1982:71).

18. Cette critique véhémente s'exprimait notamment durant cette décennie dans les colonnes de *Peuples noirs Peuples africains*, une revue politique et littéraire dirigée par Mongo Beti. Dans le cas de la Côte d'Ivoire cette dénégation de la répression en France faisait écho à celle du régime ivoirien lui même, puisqu'officiellement, il n'y avait pas de prisonniers politiques en Côte d'Ivoire même lorsque Gbagbo et ses camarades sont demeurés pendant près de deux années, internés dans un camp militaire à Seguela.

19. Une anecdote véhiculée dans la presse avec beaucoup de sérieux m'apparaît presque comme un canular qui prête plutôt à sourire: il est dit que Laurent Gbagbo aurait assisté en 1983 au congrès de Bourg en Bresse du Parti socialiste, grâce à un « badge de journaliste de Libération Afrique ». Même si cette scène a pu avoir lieu en ces termes – ce dont je doute un peu – il paraît étonnant que le journal militant en question ait pu alors avoir une telle notoriété au point de fournir l'équivalent d'une carte de presse ! Si c'est bien le cas, cela montre que l'on peut très facilement abuser de l'identité journalistique et alors des journalistes professionnels n'ont peut-être pas intérêt à mettre en relief ce type d' « information destructive » pour leur propre légitimité ...

20. Il avait fait savoir dans ces circonstances que dans le cas où ce statut lui serait refusé il ferait appel devant le Conseil d'État en produisant les discours d'Houphouët où celui-ci le mettait en cause personnellement.
21. Gus Massiah raconte que le CEDETIM s'est rendu compte de la difficulté à mobiliser sur cette question lorsqu'il s'est agi en 1971 d'organiser une manifestation de soutien à l'Union des populations du Cameroun (*Vacarme* 2001).
22. Je me souviens en particulier qu'à ce titre, en 1986, il avait été invité au Xe anniversaire de la création de la République arabe saharouie et démocratique.
23. Les « comités anti-impérialistes » des années 70 avaient alors presque tous disparu. On assistait alors à une reconversion vers l'expertise professionnelle avec l'Association internationale des techniciens experts et chercheurs (AITEC) où se retrouvaient des membres du CEDETIM désormais plus « experts » que « rouges ». Une telle reconversion ne pouvait intéresser des « politiques » comme l'étaient Labertit et Gbagbo...
24. À ce propos, j'ai encore en mémoire une confidence de Guy Labertit, dont à l'époque je ne pouvais saisir toute la portée: « Ce que les gens n'ont pas compris ici, c'est que Laurent c'est une vraie bête politique! ». Lui l'avait compris avant tout le monde, d'où une sorte de pacte faustien qui s'est noué entre les deux personnages...
25. Bernard Doza était un autre opposant ivoirien à Paris. Il animait une émission intitulée « Exil » sur une radio libre parisienne, Media Soleil, qui constituait un des rares lieux où des opposants africains de l'époque pouvaient s'exprimer (*LACP* 21, 1984:8).
26. Ce phénomène n'est pas conjoncturel: des intellectuels africains francophones importants comme Cheikh Anta Diop, Mongo Beti ou antillais comme Frantz Fanon sont finalement davantage reconnus post mortem outre-Atlantique que de leur vivant en France.
27. On assiste aussi parmi les intellectuels exilés à des regroupements par nationalités, même lorsque ces intellectuels se revendiquent du panafricanisme. Voir l'exemple du groupe « Jonction » puis de « Diaspora africaine » qui regroupait surtout des Sénégalais (Gueye 2001:98-114). Et encore, ces groupes ne pouvaient exister pour toutes les nationalités. Dans le cas des Ivoiriens, une telle communauté intellectuelle n'existait pas vraiment au cours des années 80.
28. Et ce d'autant plus qu'il s'agit de responsabilités ayant trait à des sujets qui sont particulièrement négligés ou maltraités par le débat public comme c'est le cas de la politique française en Afrique.
29. « Entre 1946 et 1957, la Côte d'Ivoire a connu le multipartisme. Je montre dans ce livre qu'à cette époque aucun parti n'a été créé sur des bases tribales » (Gbagbo 1983:9). Or, par ailleurs Gbagbo nous dit que jusqu'en 1960, ce jeu partisan ne mettait pas en scène de véritables partis politiques mais de « simples groupes de pression » puisque ces formations ne réclamaient pas l'indépendance (ibidem:60).
30. « Signalons enfin qu'en octobre 1958, une "Ligue des originaires de Côte d'Ivoire" formée de jeunes Ivoiriens, s'en était pris violemment aux Togolais et aux Dahoméens, les accusant "d'accaparer les bonnes places" » (Gbagbo 1983:29). C'est la seule mention qui figure dans cet ouvrage sans autre commentaire de la part de Laurent Gbagbo sur la validité de ce grief adressé aux étrangers. Il n'est pas mentionné non plus que cette ligue avait été créé par un certain Pepe Paul qui aurait été financé par Houphouët (*Le Grand Soir Info* 2002).

Lorsqu'une question lui a été posée explicitement sur les réactions anti-étrangers que l'on a pu observer dans son pays comme ailleurs, ce qui pourrait faire obstacle à son projet fédéraliste ouest-africain, il élude la question en des termes qui prennent une connotation particulièrement troublante a posteriori: « Ce qui est sûr ce que c'est un combat. Nous ne reculons pas devant les combats » (Gbagbo 1988:70).

31. J'ai en particulier le souvenir d'une conférence qu'il avait donné au CEDETIM – en présence à peine d'une douzaine de personnes! – qui reprenait les principaux arguments de son ouvrage *Côte d'Ivoire: pour une alternative démocratique*. À une intervention qui l'invitait à trouver quelque mérite à la stratégie économique du régime d'Houphouët relativement à d'autres régimes africains, autrement dit à une question sur les causes du « miracle ivoirien », il avait répondu que, dans son pays il suffisait de semer du cacao ou du café pour que cela pousse. Ainsi écrit, cet argument paraît très inconsistant mais sur le coup, il me semble qu'il avait convaincu son public...

32. À la fin des années 80, il pouvait critiquer ouvertement ceux qui étaient demeurés marxistes-léninistes et se réclamaient encore de la « dictature du prolétariat » en y ajoutant une précision révélatrice du « contenu de classe » de sa « revendication démocratique »: « partout dans le monde, la gestion réelle du pouvoir est entre les mains de ce qu'il est convenu d'appeler la petite bourgeoisie » (Gbagbo 1988:54).

33. Gbagbo avait bien noté ce « double standard » dans les pays occidentaux, entre l'intérêt porté aux « dissidents » des pays de l'Est et l'invisibilité de ceux des pays du Sud, en particulier les « dissidents » africains: « Non ce qu'il faut dire, c'est qu'en Europe (plus précisément en France puisque c'est le pays européen que je connais le mieux) on juge de façon différente les événements, selon qu'ils se passent en Europe de l'Est ou en Afrique noire (...).

    J'ai subi cette attitude comme une agression contre nous, parce que tous les combats que mènent les amis, les camarades de l'Europe de l'Est contre les partis uniques, ces combats nous les soutenons et popularisons ici, ces combats ont des échos formidables en Occident » (ibidem:59).

34. En disant cela je pense en particulier à ses rapports avec le régime d'Houphouët et même la personne d'Houphouët qui semblent avoir été, depuis longtemps, au vu de ses propres déclarations ultérieures, pour le moins ambiguës (Gbagbo 1988; ou encore plus clairement: *Jeune Afrique Économie* 2003).

Bibliographie

Amin, Samir, 1993, *Itinéraire intellectuel*, Paris: L'Harmattan.

Amondji, Marcel, 1984, *Félix Houphouët-Boigny et la Côte d'Ivoire: l'envers d'une légende*, Paris: Karthala.

Amondji, Marcel, 1986, *Le PDCI et la vie politique de 1944 à 1985*, Paris: Karthala.

Bayart, Jean François, 1983, « La revanche des sociétés africaines », *Politique Africaine*, n° 11, septembre, pp. 95-127.

Bayart, Jean François, 1985, *La politique africaine de François Mitterrand*, Paris: Karthala.

Becker, Howard S., 2002, *Les ficelles du métier*, Paris: La Découverte.

Bianchini, Pascal, 2004, *École et politique en Afrique noire. Sociologie des crises et des réformes du système d'enseignement au Sénégal et au Burkina Faso (1960-2000)* (préface de Pierre Fougeyrollas), Paris : Karthala, 286 p.

Bourdieu, Pierre, 1986, « L'illusion biographique », *Actes de la recherche en sciences sociales*, 62-63.
Coquery-Vidrovitch, Catherine & Alain Forest, 1983, *Entreprises et entrepreneurs en Afrique*, (tome I), Paris: L'Harmattan.
CEDETIM (Centre d'études anti-impérialistes), 1980), *L'impérialisme français*, Paris: Maspero.
Falola, Toyin, 2001, *Nationalism and African Intellectuals*, Rochester Press. Fauré, Yves André & Jean François Médard, 1982, *État et bourgeoisie en Côte d'Ivoire*, Paris: Karthala.
FPI, Introduction de Laurent Gbagbo, 1987, *Propositions pour gouverner la Côte d'Ivoire*. Paris: L'Harmattan.
Gbagbo, Laurent, 1982, *Côte d'Ivoire, économie et société à la veille de l'indépendance*, Paris: L'Harmattan.
Gbagbo, Laurent, 1983, *Côte d'Ivoire. Pour une alternative démocratique*, Paris: L'Harmattan.
Gbagbo, Laurent, 1989, *Côte d'Ivoire. Histoire d'un retour*, Paris: L'Harmattan.
Gere, Stephen, 1986, « La France préférée d'Houphouët », *L'Unité* 651, avril, pp. 14-15.
Goffmann, Erving, 1973, « La mise en scène de la vie quotidienne. 1. », *La présentation de soi*, Paris, Minuit.
Gueye, Abdoulaye, 2001, *Les intellectuels africains en France*, Paris: L'Harmattan.
Haski, Pierre, 1986, « L'Ivoirien n'a pas la côte », *Libération*, 6 juin.
Kokora, D. Pascal, 1999, *Le Front Populaire Ivoirien de la clandestinité à la légalité. Le vécu d'un fondateur*, Paris: L'Harmattan.
Kom, Ambroise, 1993, « Intellectuels africains et enjeux de la démocratie: misère, répression et exil », *Politique Africaine*, 51, octobre, pp. 61-68.
O'Brien, Donald Cruise, 1984, « Des bienfaits de l'inégalité. L'État et l'économie rurale au Sénégal », *Politique Africaine*, 14, pp. 34-73.
Sayad, Abdelmalek, 1999, *La double absence. Des illusions de l'émigré aux souffrances de l'immigré*, Paris: Seuil.
Smith, Stephen, 2003, « Laurent Gbagbo: l'élu du peuple », *Le Monde*, 25 janvier.
Vidal, Claudine, 1991, *Sociologie des passions (Côte d'Ivoire, Rwanda)*, Paris: Karthala.

Articles de périodiques

Libération-Afrique, nouvelle série, numéros 1 à 30 (1978-1986).
« Spécial Côte d'Ivoire 1960-1984 », *Peuples noirs Peuples africains*, 41-42, novembre-décembre 1984.
Libération Afrique Caraïbes Pacifique, nouvelle série, numéros 1 à 30 (1979-1986).
« Le vrai visage de Laurent Gbagbo », *Jeune Afrique Économie*, 348, du 20 janvier au 2 mars 2003.
« La prison, l'exil, le pouvoir », *Notre Voie*, 30 octobre, 2002, 737. « Interview de M. Bernard Doza », *Le Grand Soir Info*, 7 novembre 2002.
« Le CEDETIM, une histoire opiniâtre. Entretien avec Gus Massiah », *Vacarme*, Juin 2001.
Le Figaro, 31/ 01/03
Le Grand Soir Info, 2002
Le Monde, 25/01/03
Libération, 06/06/86
Libération, 12/08/83
L'Unité, 651, 1986
Notre Voie, 30/10/00
Notre Voie, 2000

10

À propos du rôle des médias dans le conflit ivoirien

Lori-Anne Théroux-Bénoni et Aghi Auguste Bahi

Introduction

Depuis le début de la crise ivoirienne, acteurs et observateurs nationaux et internationaux ont accusé les médias et les journalistes ivoiriens d'avoir, au mieux, mis de l'huile sur le feu, au pire, fomenté le conflit. L'objectif de cet article exploratoire est de transcender cette réflexion en allant au-delà des textes médiatiques et de leurs « dérives », afin d'appréhender le contexte d'émergence, le mode de fonctionnement et l'action des idéologies et de leur propagande (et contre propagande). Nous récusons les propositions théoriques tendant à établir une relation de causalité directe entre médias et conflits (stimulus effets), avatar insidieux du modèle des effets directs et illimités des médias de masse. Il s'agit, dans cette étude de cas, de proposer une approche tenant compte de la complexité des processus de production, de réception et de diffusion des messages mass-médiatiques. La déconstruction de la rhétorique de dénonciation du rôle des médias nous aidera à lever le voile sur un certain nombre de logiques à l'œuvre dans l'arène politique. Nous posons en effet comme nécessaire l'articulation complexe des champs politique et journalistique (Neveu 2001) et la fragmentation de la masse comprise dans l'expression *mass-media* (Ginsburg 1994). C'est pourquoi nous tentons, à partir de données ethnographiques et bibliographiques, de faire émerger les visages et les voix d'acteurs ivoiriens, tant du coté des rédactions de journaux, que du côté des espaces de discussion de rue (*agoras et grins*), avant de situer ces acteurs/actants au sein de réseaux tissés pour ou par des entrepreneurs politiques et d'esquisser des pistes de réflexions.[1]

Du côté des rédactions...[2]

Dans cet aperçu synthétique et nécessairement limité de l'économie politique de la presse ivoirienne, nous ne concentrerons notre regard que sur les organes de la presse écrite couvrant la politique nationale et, plus particulièrement, sur les acteurs impliqués dans son traitement et son interprétation. Sont éliminées de l'analyse les périodiques,[3] la Radio-Télévision Ivoirienne[4] (RTI), les radios commerciales privées, de proximité[5] et confessionnelles ainsi que web journalisme.[6]

Les quotidiens d'opinions et d'information

Comme toute tentative de classification, la nôtre comporte des limites et ne rend pas nécessairement compte des nuances éditoriales de certains titres. De plus, les catégories esquissées plus loin n'ont de sens que si elles sont situées dans le contexte politique du moment. Il est donc impératif de rappeler que le parti au pouvoir depuis le 26 octobre 2000, le Front Populaire Ivoirien (FPI), fait actuellement face à sept entités. Quatre sont politiques et se regroupent sous l'appellation du *Rassemblement des Houphouëtistes pour la Paix et la Démocratie*: le *Rassemblement Des Républicains* (RDR), le *Parti Démocratique de Côte d'Ivoire* (PDCI), l'*Union pour la Démocratie et la Paix en Côte d'Ivoire* (UDPCI), et le *Mouvement des Forces de l'Avenir* (MFA). Trois sont militaires et se regroupent sous l'appelation *Forces Nouvelles (FN)*. Il s'agit d'une coalition des ex-rebelles comprenant le *Mouvement Patriotique de Côte d'Ivoire* (MPCI), le *Mouvement pour la Justice et la Paix* (MJP) et le *Mouvement Populaire Ivoirien du Grand Ouest* (MPIGO). Ces entités militaires ou politiques sont elles-mêmes traversées de courants divers – les rénovateurs du PDCI et les tendances pro-IB ou pro-Soro des Forces Nouvelles –, qui entraînent parfois des modifications de lignes éditoriales. Un changement de configuration politique entraînera donc logiquement un changement des coalitions et des prises de position qui auront un impact sur d'éventuelles tentatives de classification des tendances de la presse.[7] Notons finalement que le mot financement doit être entendu au sens large d'apport matériel ou symbolique, qu'il s'agisse de soutien financier, d'accès privilégié à des sources d'information ou de l'aura qu'une figure charismatique donnera au journal qui s'en réclame. En date du mois de décembre 2005, 16 quotidiens d'opinion et d'information occupent le paysage de la presse ivoirienne. Ils peuvent être classés en 3 catégories: les journaux bleus, les journaux du G7, et les équilibristes.

Les journaux « bleus »

Les titres dits « bleus » reprennent la couleur de l'emblème du parti qui leur est proche, le Front Populaire Ivoirien (FPI). Représentants de la galaxie patriotique, ces journaux se réclament républicains, prônent la légalité constitutionnelle et le respect des institutions. Pour eux, la crise ivoirienne se situe dans un contexte de néo-décolonisation face à la « France Chiraquienne ». Les révélations de complots contre la république, ourdis par « les ennemis de la Côte d'Ivoire, les grandes puissances, les media étrangers et les chefs d'État africains », forment le corps de leur rhétorique journalistique. Les opposants nationaux (militaires et politiques) de la crise ne seraient, selon eux, que les marionnettes des créateurs de ce « vaste et funeste complots contre la nation assiégée ».

On dit des journaux bleus qu'ils seraient financés directement ou indirectement par de hauts cadres du FPI, par ses bénéficiaires ou encore par des cadres de la filière café-cacao. Alors que certains titres auraient été suscités par le leader des « jeunes patriotes », Blé Goudé, d'autres seraient dirigés par les « femmes » du président ou le président de l'Assemblée Nationale. Mi-légendes urbaines, mi-faits confirmés, il n'en demeure pas moins que ces journaux soutiennent, de près ou de loin la cause dite patriotique.[8] Si des gestionnaires de journaux ne nient pas recevoir de l'aide du FPI en période de vache maigre, d'autres affirment que leur quotidien fonctionne sur fonds propres et que s'ils supportent le pouvoir en place, c'est par conviction idéologique, et non par collusion économico-idéologique.

Les journaux du « G7 »

Dans cette catégorie, péjorativement appelée « pro-rebelles » on retrouve indifféremment des titres pro-RDR, pro-PDCI, pro-IB, pro-Soro ou plus simplement anti-FPI ou anti-Gbagbo. Certains titres auraient touché des subventions directement des dirigeants ou des barons des partis d'opposition. Pour ces journaux, le combat n'a pas lieu sur le front de l'émancipation postcoloniale mais sur celui de la dignité humaine et du droit à la citoyenneté qui passe par une redéfinition des contours de la nation, des modes d'accès à la nationalité et des prérogatives des citoyens.

Les équilibristes

On classe dans cette catégorie les journaux qui se disent « neutres et objectif », et « tapent un jour à gauche, l'autre jour à droite ». Les équilibristes ne parviennent cependant pas toujours à se maintenir sur le fil... Certains d'entre eux sont régulièrement taxés d'être « bleu comme le ciel » tandis que d'autres sont invariablement accusés de suivre le mouvement » c'est-à-dire le financement.

Vu et entendu

On accuse les rédactions proches du FPI de comporter une forte composante démographique issue du groupe Krou[9] et à celles proches du G7, plus précisément du RDR, d'être composées surtout de Dioula (Bouquet 2003). Si le coefficient ethnique se remarque dans les rédactions comme dans la politique, on retrouve, et ce même à des postes de responsabilités, des journalistes issus de groupes présupposés non sympathisants aux causes défendus par les journaux. Faut-il le répéter, une lecture ethnique de la crise ivoirienne ne peut rendre compte de toutes les subtilités inhérentes au conflit, indications que les « moules médiatiques » appliqués à la situation sont réducteurs (Bassett 2003). Certains liens idéologiques, économiques, familiaux ou historiques transcendent en effet ces appartenances ethniques. Pour les journalistes « bleus », qui avaient entre 10 et 15 ans au moment du passage au multipartisme, Laurent Gbagbo représente un leader charismatique qui incarne les idéaux démocratiques et développementalistes auxquels ils adhèrent. Même du coté des rédacteurs « G7 » il n'est pas rare d'entendre: « Quand j'étais au lycée, j'étais fasciné par le combat que menait Laurent Gbagbo alors qu'il était dans l'opposition. Mais ce monsieur m'a déçu. Il est prêt à tout pour obtenir le pouvoir et n'a pas de parole ». L'image du leader charismatique qui vaut pour Laurent Gbagbo vaut aussi pour certains journalistes qui voient en Alassane Ouattara le président idéal,« le seul qui puisse remettre la Côte d'Ivoire sur le rail ». Quant aux plus âgés, ceux qui ont entre 30 et 50 ans, ils ont tous été plus ou moins actifs sinon au sein de la FESCI,[10] du moins dans la mouvance des demandeurs du passage au multipartisme (Diégou 1995; N'Da 1999). La plupart voient leur travail comme une occasion de *lutter contre les injustices* dont ils disent avoir eux-mêmes été victimes et qui s'expriment différemment en fonction des tendances politiques. Dans un journal favorable au FPI, un journaliste évoque par exemple la répression du Guébié[11] (Dozon 1985; Gadji Dagbo 2002), un autre, le fait d'avoir été injustement recalé à un examen d'entrée à la fonction publique ou encore d'avoir été refusé à l'université malgré ses bonnes notes. De façon générale, ces journalistes ont un fort ressentiment envers l'ancien parti unique, le PDCI, et par extension envers le RDR qui en est issu. Depuis le 19 septembre 2002, le ressentiment envers le RDR est d'autant plus fort que pour les journalistes « bleus », ce parti cautionne la rébellion: « C'est le RDR qui est derrière la partition du pays. Quand on était dans l'opposition, nous, on n'a jamais pris les armes. Jamais ! Nous on est démocrate !». Tout comme leurs adversaires éditoriaux bleus, la plupart des journalistes du G7 perçoivent leur travail comme une chance de *redresser les torts*: « On nous harcèle sur notre nationalité parce que nous avons un nom Dioula, et même lorsque nos papiers son en règle, on nous rackette ». « En ce qui me concerne», rappelle un journaliste, « Je dois dire que même si je ne me considère pas militant du RDR, depuis le charnier de Yopougon, j'ai la conviction que la cause politique que le journal défend est juste ».

Mais il serait également faux de croire que tous les journalistes supportent avec conviction la ligne éditoriale du journal. « J'aime mon travail et je souhaite continuer à faire du journalisme. Si je quitte ce journal, c'est pour aller dans un autre, qui aura des prises de position tout aussi extrémistes en faveur d'une autre tendance. À quoi bon ? », se demande avec résignation un journaliste. Afin d'éviter d'avoir à prendre position sur la situation politique ivoirienne, un autre journaliste confie: « On a le choix. C'est vrai que les pages politiques représentent la majorité du journal,[12] mais pour éviter tout problème, on peut écrire en culture, en société ou en économie. Moi, je me suis réfugié dans la page culture ».

Certains journalistes revendiquent leur indépendance: « Les financiers et les gestionnaires sont certes dans les hautes instances du parti. Mais ils ne mettent jamais les pieds ici », assène un des responsables. « Nous sommes libres d'écrire ce que nous voulons et on ne vient jamais nous dire d'enlever ou de changer un article ». Faut-il y voir de l'autocensure ou une sélection naturelle amenant seulement les convaincus par la cause à écrire dans le journal qui la défend ? En outre, si certains journaux revendiquent distinctement leurs appartenances politiques, d'autres contestent la catégorie dans laquelle on les aurait injustement enfermés et estiment être victimes de délits de patronyme ou de faciès: « Parce qu'on a un nom Dioula ou qu'on porte un boubou les vendredis, les gens croient que nous sommes RDR », se défendent certains responsables de rédactions. D'aucuns se seraient fait cataloguer car un membre de l'équipe éditoriale serait également membre de la famille d'un personnage influant d'un parti d'opposition. Accès privilégié à l'information ou collusion réelle entre ligne du parti et ligne éditoriale ? Difficile d'y voir clair.

Dans les rédactions des « équilibristes » où l'on retrouve des journalistes de toutes les tendances, l'articulation des sphères journalistique et politique complexifie singulièrement les conférences de rédaction: « Parfois, je vois des journalistes aveuglément pro-Gbagbo ou autre, accourir avec ce qu'ils appellent des scoops et qui ne sont, en fait, que de grossiers faux. Si je refuse de passer l'info, on m'accuse d'être alassaniste ou autre. C'est pas simple! », déplore un des responsables du journal. Un autre chef de rédaction regrette une situation à laquelle il est trop souvent confronté: « C'est vrai, je suis un chef, et j'ai donc théoriquement le pouvoir de demander à un journaliste de recadrer ou de modifier un papier si je le trouve tendancieux. Mais dans les faits, je ne suis qu'un chef de façade. Le vrai chef du journaliste, il est ailleurs... au siège du parti! ».

Les accusations auxquelles les journalistes politiques doivent faire face quant à leur rôle dans la crise les laissent perplexes. Deux types de réactions se dégagent. D'une part, ils acceptent les accusations portées à la profession mais ne se lancent que rarement dans une autocritique et dénoncent plutôt les « dérives » de leurs homologues d'autres rédactions ou/et des journalistes plus jeunes, surpolitisés, et accusés d'être mal formés. Du côté des journaux bleus, on s'empresse d'accuser les médias internationaux et français en particulier de désinformation, d'intoxication et de manipulation, et on rappelle au passage cette Une d'un journal du G7 qui a, 2 ans avant le soulèvement du 19 septembre 2002, coupé la Côte d'Ivoire en deux. Quant aux journalistes du G7, ils s'érigent en redresseurs de la vérité contre « les journaux du FPI » qu'ils qualifient de « médias de la haine ». D'autre part, certains journalistes affirment qu'ils n'y sont pour rien dans la situation de crise actuelle: « Nous ne nous auto-interviewons pas! Les propos que nous mettons dans les journaux, nous ne les inventons pas. Est-ce qu'on y est pour quelque chose si les hommes politiques tiennent des propos incendiaires? » On pourrait facilement remettre cette affirmation en question dans le cas de certains journaux qui se transforme parfois en fabrique de faux; elle a cependant le mérite de guider notre regard du côté de la classe politique qui, elle-même, est souvent la première à incriminer les journalistes.

Si certains journalistes trempent leurs plumes dans leurs idéaux politiques, tous les journalistes ne sont cependant pas « aux ordres » et la presse est un terrain fertile pour de nouvelles stratégies individuelles et de groupe (Frère 2000, 2005). La vie quotidienne au sein des rédactions montre que ces instances de production des nouvelles constituent aussi des lieux de contestation et de lutte de pouvoir où les enjeux et les intérêts ne sont pas exclusivement journalistiques ou éditoriaux. Les événements prenant place dans l'arène journalistique ne diffèrent d'ailleurs en rien de ceux qui caractérisent l'arène politique: règlements de comptes, détournements de fonds, scissions partisanes, conflits de leadership, etc. On saisit mieux le caractère sinueux de certaines lignes éditoriales qui, en fonction de l'actualité, se transformeront parfois en ligne de front, voire, en ligne de mire. Ce serait donc ces journaux et ces journalistes qui *entretiendraient quotidiennement le feu de la stigmatisation, auraient fo-*

menté le conflit, divisé les Ivoiriens, fait le lit de la xénophobie et semé la haine dans les esprits. Mais cette dynamique d'accusation des médias ne concerne pas que les médias nationaux. Avant d'examiner ce jeu de renvoi du blâme, il importe de se pencher sur certains aspects des médias internationaux.

Les médias « internationaux »

Ces médias constituent une part importante de la consommation mass-médiatique en matière d'information sur l'Afrique et la situation ivoirienne. Pendant le parti unique et ce jusqu'au putsch de décembre 1999, c'est vers la presse étrangère, journaux, puis radios et télévisions facilitées par l'introduction des antennes paraboliques,[13] que les gens qui en avaient les moyens se tournaient, et se tournent encore, pour être informés (Koné 1989; Bahi 1998). Il est d'ailleurs fréquent de trouver dans les médias nationaux des « copier-coller » d'articles de la presse étrangère et des retranscriptions de propos repris de radios ou télévisions occidentales. Ainsi, les médias étrangers et internationaux, quoi qu'ayant une audience restreinte, étaient considérés comme des médias de substitution. Les décennies de monopartisme politique leur ont conféré un statut d'autorité en matière d'information tant chez les lecteurs que chez les journalistes. Actuellement, les anciens médias de substitution sont frappés de suspicion et sont accusés, surtout chez les gens favorables au pouvoir en place, le FPI, de faire le jeu de l'ennemi, d'être favorables aux rebelles et, à tout le moins, d'être contre la Côte d'Ivoire.

Ce bref aperçu du paysage médiatique de Côte d'Ivoire permet de relever les tensions et contradictions caractérisant la situation des médias et de leurs acteurs qui s'inscrivent dans une logique d'affrontement politique. Volontairement ou non, les journaux sont souvent liés à des intérêts politiques nécessairement partisans. En effet, les journaux sont perçus comme des instruments de conquête et de conservation du pouvoir politique (Nyamnjoh 2000).

Du côté de la rue…

Une tentative d'évaluation d'impact de la presse pourrait commencer par une analyse des chiffres concernant le tirage et les ventes des journaux. Ces derniers sont conservés comme de véritables secrets d'État que nous perpétuerons en disant simplement qu'en divisant par deux le tirage annoncé, on obtient souvent le tirage réel, et que les taux d'invendus oscillent entre 30 et 70%.[14] Dans un tel contexte, on comprendra que divulguer les chiffres réels des tirages et des ventes risque de freiner l'enthousiasme des annonceurs. Mais le faible taux de vente combiné à un niveau d'analphabétisme élevé,[15] ne remettent pas en question l'importance de la presse dans l'information des citadins.

Dans les villes, lieu de changements profonds de la société ivoirienne (Leimdorfer 2003:151), le nombre élevé de lecteurs pour un journal constitue certes une partie de l'explication de ce phénomène. Mais plus important encore, des modes insoupçonnés de consommation de la presse dans les villes gagneraient à être pris en compte. En effet, des phénomènes urbains comme celui des « titrologues » (Bahi

2001), liés à celui des « Sorbonne », « agoras », « parlements » et « *grins* », tendent à relativiser l'importance des chiffres et pose un rapport particulier à la presse dans sa fonction de narration de la politique. Les espaces de discussions de rues, « politisants » et politisés,[16] peuvent être partagés en deux groupes: les agoras et parlements d'une part et les grins d'autre part.

Dans les « agoras et parlements »

L'expression « agoras et parlements » désigne des espaces de discussions de rues organisés par des jeunes dans pratiquement toutes les communes d'Abidjan et certaines villes de l'intérieur du pays. La « matrice » de ces espaces de discussion est la Sorbonne du Plateau qui a répandu l'idée des « intellectuels de la rue » (Bahi 2003, 2004a). Ces espaces, informels et spontanés au départ, aujourd'hui constitués en fédération,[17] sont composés essentiellement de jeunes hommes issus du petit prolétariat des villes[18] qui se répartissent notamment entre les groupes *Krou* et *Akan*, et se déclarent principalement chrétiens ou animistes (Bahi 2003:4). À la faveur de la crise actuelle, la plupart d'entre eux se déclarent sinon militants ou sympathisants du FPI, du moins loyalistes, patriotes ou « gbagboistes ».[19]

Dans ces espaces de discussion de rues, les animateurs, de véritables tribuns, donnent leur lecture et leur interprétation de l'information et filtrent ainsi les actualités tout en leur donnant un sens. Les journaux bleus, et des articles photocopiés, si ce n'est leurs propres journaux (La Chronique du Sorbonnien, Le Sorbonnard), sont vendus dans ces espaces de discussion. Le kiosque à journaux qui borde la Sorbonne n'arbore d'ailleurs pas les titres du G7.

La presse du « G7 » sous haute surveillance

Dans les agoras et parlements, la presse du « G7 » est celle qu'il faut avoir à l'œil. C'est la presse pro-rebelle, animée par de « soi-disant journalistes », faisant « l'apologie de la rébellion ». L'idée de vigile semble caractériser le travail des leaders et meneurs qui souhaitent défendre « la patrie en danger ». La presse du « G7 » est houspillée symboliquement et réellement par les jeunes des agoras. En effet, ce rejet est allé jusqu'à des autodafés (kiosques incendiés, quand ce ne sont pas les sièges des rédactions qui sont saccagés et incendiés) et des passages à tabac des vendeurs à la criée.

Stigmatisation des médias occidentaux

Le climat d'opinion dans les « Sorbonnes » est marqué par une perte de confiance et une remise en cause de l'« autorité » des médias internationaux qui, depuis le début de l'année 2000, ont mis fin à l'état de grâce du Général Guéï perçu jusque là comme le « père Noël en treillis ».[20] Pour les agoras, ceux-ci n'ont plus l'apanage ni du « professionnalisme », ni de la vérité. Ils ne sont plus une référence en matière d'information puisqu'ils peuvent désinformer. Ils sont même vomis par les « agoras » et « parlements » ainsi que, de façon globale, par « les patriotes», jeunes et vieux, depuis septembre 2002.[21] Ces médias internationaux sont même accusés de « faire le lit de la rébellion » et « le jeu de l'ennemi ». En diverses occasions, les mouvements, collectifs et associations de la société civile, qui aujourd'hui constituent « la galaxie patriotique », ont organisé des marches de protestation contre les « I3P », les « Informations Partisane, Partielle et Partiale » sur le pays par les médias étrangers « souillant l'image de la Côte d'Ivoire ».

« La faute aux français »

Ces « jeunes patriotes », marchant et manifestant bruyamment, parfois même violemment dans les rues, illustrent l'effervescence d'une partie de la population des villes et témoignent de la complexité des réseaux associatifs de l'espace urbain. Ces jeunes, acculturés depuis une quinzaine d'années dans l'idée de l'État démocratique comme société irénique et des médias pluriels comme gage de transparence, se sentent investis d'une culture démocratique. Ceux qui aujourd'hui ont une trentaine d'années, font partie de cette génération qui, dans les années 1990, alors qu'elle était adolescente, a conspué Félix Houphouët-Boigny, démiurge de la nation ivoirienne, renversant en même temps le totem du parti unique. En 2000, c'est le mythe des grands médias internationaux qui tombe. Aujourd'hui, c'est un autre totem qui est renversé: la France elle-même, hier modèle de démocratie dans la conscience collective, aujourd'hui soupçonnée d'être caution morale sinon politique et même militaire de la rébellion. Il faut même craindre que cette incompréhension ne laisse des traces durables dans la mémoire collective.

La position de la France n'est donc pas perçue positivement dans l'opinion ivoirienne côté loyaliste.[22] Dans les agoras et parlements, il lui est reproché de n'avoir « pas pris clairement position en faveur de la démocratie ».[23] Cette position ambiguë a été interprétée par toutes les agoras, les organisations de la société civile ayant la même sensibilité, les groupes de patriotes, comme un refus du gouvernement français de porter assistance au gouvernement légal. Pour eux, la position des autorités françaises est ambiguë ... plus tard, l'accusation sera très nette: la France cautionne et soutient les rebelles. Dans ces milieux où le nationalisme sourcilleux va de soi, la différence entre la diplomatie française (ou étrangère), les médias français et l'Armée française, inconsciemment ou consciemment, involontairement ou volontairement, n'est pas toujours faite. Tout cela c'est la France.

Toutes ces allégations viennent alimenter l'hypothèse du complot ourdi par la France elle-même afin de mettre en place un régime qui lui serait plus favorable et cela se répercute défavorablement sur la perception même des médias français. De là provient le fameux « sentiment anti-français » dont on peut se demander s'il est spontané ou stratégique.

Dans les grins...

Le terme utilisé couramment en langue *dioula* renvoie au « lieu où les gens se rassemblent ». Des origines multiples de ce vocable, on peut au moins retenir qu'il évoque le « lieu de la discussion » (Vuarin 2000), désignant des causeries autour du thé vert à la menthe, élément culturel essentiel,[24] accompagnée de viande braisée (*choukouya*). Présente dans toute la sous-région, la pratique du *grin* est, en Côte d'Ivoire, effective où on retrouve les communautés originaires du Nord et celles issues de l'immigration malienne, guinéenne et burkinabé.

D'une manière générale, les *grins,* qui ne portent pas de noms particuliers, sont constitués de personnes qui se réunissent « selon l'âge, la classe sociale, le sexe et certaines affinités » (Atchoua 2004:34). La population dominante des *grins* est masculine et une certaine fraternité est à la base de ces regroupements et se construirait également davantage au sein de ces regroupements. La causerie est régulée par le *kôrô*, « grand-frère » et modérateur, qui essaie d'éviter les débordements des débats contradictoires.

Toutefois, depuis février 2003, en Côte d'Ivoire, les *grins* se sont constitués en association dont le nom, le *Rassemblement des grins,*[25] évoque celui du Rassemblement des Républicains (RDR). Le journal Nord-Sud a même été consacré « journal officiel » (Kossou, 12/09/05). Il existe à présent des *grins* dans les diverses communes d'Abidjan dont les appellations font échos de la situation politique ivoirienne et réfèrent aux espaces de discussion de la galaxie patriotique. On retrouve les *grins* « Le parlement », « L'ONU » « Linas-Marcoussis », « Fraternité », etc. On parle même d'un espace de discussion à Bouaké appelé le « Sénat », qui aurait le même mode de fonctionnement que la « Sorbonne » du Plateau.

Il y aurait des *grins* faisant parti du Rassemblement à Sinfra, Odienné, Daloa, Bouaflé, à Saoukro (Aboisso) et bien sûr à Abidjan surtout dans « les quartiers à prédominance Dioula ». Même avant leur institutionnalisation, les *grins* étaient loin d'être des entités autarciques et de nombreuses connexions existaient entre eux. A Abobo, on en aurait enregistré 476, à Yopougon 382, à Koumassi, 227 et à Adjamé, 410, etc. (Kossou 11/09/05). Il s'agit donc de susciter la création des nouveaux *grins* en plus de ceux qui existaient déjà et la diffusion d'information est d'autant plus efficace qu'elle est traditionnelle et repose sur des liens sociaux préexistant. « Tout se passe donc comme dans les Parlements à la seule différence que dans les *grins*, tout se fait par affinité et sans mégaphone. (...) Les animateurs appelés messagers profitent de ces groupes d'amis pour expliquer le projet de société « Vivre ensemble » du président du RDR mais aussi pour décrier la gestion des Refondateurs avec à leur tête le président Laurent Gbagbo » (Kouamé 01/06/05).

L'« ouverture », le partage, la fraternité, la solidarité, l'ethnicité (« populations dites du Nord »), la langue (le *dioula* en particulier) ajoutés aux liants idéologiques, tels que la religion (islam dominant) et l'appartenance politique (RDR dominant), indiquent la piste des réseaux. « Les informations circulent de grin à grin. Ceux qui ont une information font vite de la divulguer. Il y en a un (membre) chez nous (dans notre grin) qui est très informé. On l'a d'ailleurs surnommé Yao Yao Jules,[26] Toujours surinformé, il consomme TV5 et divulgue des informations. D'ailleurs il y a toujours un journal qui traîne dans le grin». Compte tenu du fait que les réunions politiques classiques ne peuvent être convoquées tout le temps, le *grin* qui est un lieu permanent de rassemblement s'avère être un relais efficace pour passer des messages, des informations. « Les mots d'ordre, les décisions et autres recommandations des partis sont donnés à travers les grins. Les partis peuvent recueillir des informations à travers les grins. Par un effet de feed-back les partis peuvent prendre le pouls de la population en analysant les réactions des membres des grins lorsqu'une information est donnée ».[27]

Mépris de la presse bleue

La presse dite du « G7 », et plus encore la presse favorable au RDR, a l'assentiment des grins. A côté des journaux du G7, Radio Côte d'Ivoire est suivie en fond sonore. Mais l'heure du journal sur RFI, actuellement accessible uniquement en modulation d'amplitude, est un rendez-vous incontournable (18 h 30 pour le journal Afrique). « Quand il y a un débat télévisé, on peut sortir le poste de télévision ». La presse bleue est considérée comme étant pro-Gbagbo, sympathisante du FPI, donc anti-ADO, xénophobe, exclusionniste, ivoiritaire, bref « haineuse » et mensongère.

Exaltation des médias internationaux

Dans les grins, l'on considère les médias internationaux tels que RFI, BBC etc. comme des médias informant véritablement sur la situation en Côte d'Ivoire. Cette position ressemble à celle qui avait cours dans les années du parti unique où la presse écrite française et, un peu plus tard RFI, informaient les catégories supérieures et moyennes de la population ainsi que les Ivoiriens de la diaspora. Les médias internationaux restent des références en matière d'information. Plus qu'un gage de neutralité ils représentent ceux qui peuvent les aider à changer la situation.

Des opinions politiques se forgent ou se raffermissent dans ces interactions et il est concevable qu'une idéologie dominante (« politiquement correcte ») se dégage et qu'elle circule dans le réseau de *grins*. Dans les grins, on n'aime pas le FPI et ses leaders, ainsi que les « sorbonnards », les agoras et parlements car les prises de positions contre les rebelles, les leaders du RDR, contre Alassane Ouattara en particulier ne leur plaisent pas. Les Leaders politiques du FPI en particulier ne sont pas appréciés. Le Président de la République en particulier n'est pas épargné. Quant au PDCI, ce ne serait « pas trop négatif mais on n'aime pas trop Bédié ».

Des réseaux de propagande

Nombre d'informations révélées dans ces espaces de discussion sont reprises dans la presse bleue du lendemain comme si les leaders des agoras et ces journalistes avaient les mêmes sources d'informations des mêmes milieux autorisés. Cette « circulation circulaire » de l'information tend à crédibiliser les espaces de discussion et à transformer l'idéologie en un mode de réflexion (Bourdieu 1996). Cela semble confirmer une théorie de la conspiration qui s'exprime par la mise en œuvre par les bleus d'une propagande (Ellul 1962) soigneusement pensée. Elle viserait à confirmer les auditeurs dans leur choix de journaux ou d'espace de discussion. On peut logiquement s'attendre au même phénomène du côté des journaux du G7.

Autant les leaders de la « Sorbonne » et des agoras (de façon générale) s'enorgueillissent d'être infiltrés par des indicateurs de la police et des renseignements généraux (Bahi 2003, 2004a), autant ceux des *grins* ressentent « un climat de méfiance et de suspicion entre les membres » dû à la présence des « espions politiques ». Tous sont particulièrement fiers de la présence, dans leurs auditoires, de journalistes qui viendraient prendre le pouls de l'opinion ou mieux recueillir des informations à traiter dans leurs journaux. Dans les agoras et les *grins*, le politique se parle et se vit au quotidien, ordinairement. Et dans cette spontanéité caractéristique de la rue, la presse joue un rôle important et nécessaire en ce sens que plus qu'informer (au sens de donner des nouvelles) elle est une instance de médiation et par là même représente (donne forme), interprète et oriente (donne un sens) les nouvelles, participant ainsi à la vie de la Cité. Les conversations et les débats sont déclenchés par l'actualité politique du moment, et particulièrement par les titres de la presse écrite eux-mêmes « rumorigènes » (Bahi 2001, 2003). La propagation des idées et rumeurs est facilitée par l'affluence grandissante des participants, la création de nouveaux espaces, et des interconnexions entre *grins* ou agoras dues à la mobilité de leurs populations. Ces espaces de discussion s'inscrivent dans une logique de réseaux, facilitant la propagation d'idées de toutes sortes et constituant de formidables machines à informer ou/et à désinformer et bien sûr à mobiliser. Dès lors, en raison de telles capacités, il est admissible que ces espaces attirent la convoitise des politiciens. Il nous semble aussi raisonnable de penser que des espaces de discussion aient été créés par de jeunes entrepreneurs politiques dans le but d'être récupérés politiquement ou de connivence avec des pouvoirs politiques, comme le notent Banégas et Marshall-Fratani:

On objectera avec raison que ces mouvements de patriotes sont à la solde du pouvoir, instrumentalisés par la présidence dans une stratégie de mobilisation populaire nationaliste. Mais le rôle que tiennent désormais leur leaders – C. Blé Goudé, E. Djué, J.Y. Dibopieu – dans le jeu politique montrent qu'ils ont aussi gagné une influence considérable sur la conduite des affaires publiques (2003:7).

De fait, les gens viennent là pour s'informer, sans nécessairement avoir lu les journaux ou suivi la radio… point n'en est besoin puisque les membres influents « racontent » les informations mais, plus encore, ces espaces re-situent les événements et ce faisant re-/co-construisent de l'imaginaire qui, au plan idéologique, va assurer la cohérence des communautés politiques auxquelles ils appartiennent (Anderson 1983; Gellner 1983). Cela explique que les gens fréquentent ces espaces tant pour se faire une opinion que pour se rassurer. Il reste que ces espaces activent une socialisation politique des individus qui investissent leur attention, leur temps et leur énergie dans la vie politique.

En l'absence de mesures « fiables » des opinions, les mouvements collectifs constituent des indicateurs du climat d'opinion qui prévaut dans la ville par rapport à une situation ou un problème donnés. Tout comme les sondages manipulent et travestissent l'opinion publique (Lazar 1995; Champagne 2004; Bourdieu 1984), ces mouvements peuvent faire l'objet de manipulations. De fait, les mouvements,[28] « spontanés » ou « suscités » par des entrepreneurs politiques ténors, tendent à montrer que, dans cette situation particulière, les hommes politiques ont une certaine capacité à mobiliser des foules sans rémunération financière particulière si ce n'est essentiellement symbolique, sauf pour les leaders de ces mouvements. Ces derniers en effet, au-delà des subsides qu'ils peuvent tirer de cet entreprenariat, investissent surtout dans un capital symbolique à utiliser dans la construction de leur carrière politique.

Dynamique du blâme

La rhétorique de dénonciation du rôle incendiaire des médias dans le champ politique ivoirien débute peu après l'instauration du multipartisme, en avril 1990 est marquée par des anathèmes: « brûlot », « presse poubelle », « radio dix mille collines », « radio mille lagunes », etc. L'expression « médias de la haine » et ses connotations génocidaires sert à présent à caractériser les médias ivoiriens.

À travers leurs écrits, nombre d'acteurs, d'ONG, de chercheurs, d'observateurs, de journalistes et de politiciens, se sont constitués en forces d'accusation et les journalistes eux-mêmes ont non seulement accepté le blâme en tant que professionnel, mais se sont même en quelque sorte « autoflagellés ». Une convention tacite a ainsi transposé en Côte d'Ivoire la conception du rôle joué par les médias au Rwanda et l'a érigée en véritable paradigme (Kuhn 1983).[29] Il ne s'agit pas de remettre en cause les diverses actions de terrain des organisations d'appui à la presse, ni de dédouaner les médias ivoiriens. Nous croyons simplement, comme Nyamnjoh que,

> Contrary to the popular understanding of the media as *magic multipliers* capable of stimulating or dulling the senses of those who receive them like a hypodermic syringe, media effects are neither direct, simple, nor immediate. [...] Media effects are usually gradual and cumulative, and dependent on other, accompanying factors (Nyamnjoh 2005:1).

Ce que nous pourrions appeler le « paradigme rwandais » désigne la crainte du rôle attribué aux médias dans la tragédie rwandaise et qui, en définitive, serait une potentialité de tout média des pays en développement. Fort de son origine intellectuelle et de l'audience de ses zélateurs, ce paradigme s'institutionnalise et, *via* entre autres les médias eux-mêmes, envahit la rue citoyenne où il devient un savoir ordinaire autorisé.

L'expression « médias de la haine » focalise alors l'attention sur les textes (procédés discursifs) plutôt que sur les procédés idéologiques à l'œuvre dans le champ politico-journalistique. L'accusation systématique des médias constitue ainsi un paravent qui dissimule les logiques des acteurs politiques et journalistiques, co-construisant une situation dans laquelle les médias produisent l'actualité politique et notamment travaillent à la spectacularisation du conflit. Il importe de situer les médias et leurs acteurs, tant au niveau de la production que de celui de la réception, dans des réseaux d'entrepreneurs politiques (Bahi 2004b:253).

Il reste que ce paradigme a le mérite de mettre l'accent sur le rôle idéologique des médias locaux. L'idéologie est ici saisie au sens *gramscien* de la genèse d'une fausse conscience afin de masquer les intérêts de la classe dominante en les dissimulant sous une apparence d'intérêts communs (Gramsci 1978). Elle sert donc d'instrument de domination et de légitimation. Il convient sinon de reconsidérer les médias en tant qu'appareils idéologiques (Althusser 1976:97) du moins comme agents de médiation des idéologies et donc comme instrument de légitimation du pouvoir. Or ce phénomène tend à être brouillé par la transition en cours depuis le passage au multipartisme avec la pluralité des émetteurs d'opinions, la pluralité des publics « récepteurs », le mythe de la « société de l'information » et le « désenchantement » du monde.

L'exercice démocratique table sur une loi de la majorité (Touraine 1994:215). Le corps électoral a une ressemblance politiquement construite avec l'opinion publique, et l'expression du suffrage avec la pratique du sondage (Wolton 1989:34). Or, en Côte d'Ivoire, comme souvent en Afrique, en dehors des périodes électorales, règne une absence d'indicateurs numériques fiables, qui nonobstant leurs limites, donneraient une représentation des tendances et des forces politiques en présence. La manifestation de rue, démonstration publique, mode d'action politique (Champagne 1990), est la mise en branle de ces réseaux « incontrôlés ». Objet de surenchères, moyen de propagation d'idéologies, elle fonctionne pour les acteurs politiques ivoiriens comme un substitut parfait de l'opinion publique, et *ipso facto*, comme un mode de légitimation politique.[30]

Conclusion

En Côte d'Ivoire, les médias sont perçus comme des moyens de conquête du pouvoir et comme des instruments pour s'y maintenir. Les politiciens sont bel et bien les maîtres du jeu politique, convaincus non que « le pouvoir est dans la rue » mais que sa conquête passe par la rue et que l'on « vote [aussi] avec les pieds » (Koulibaly 2001:13). Les journaux devraient donc être appréhendés comme des journaux de combat et ce type de journalisme n'a de sens que si l'on tente de comprendre la nature du combat politique mené en Côte d'Ivoire depuis l'instauration du multipartisme. Depuis ses débuts, la démocratisation en Afrique s'accompagne d'une lutte acharnée entre partis politiques en lice dans la mesure où le contrôle de l'État « permet l'accès aux richesses et à des positions sociales et stratégiques » (Perret 2005:196), comme l'illustre bien la figure du « grilleur d'arachides » (Akindès 2004:13). Le piège dans lequel de nombreuses études sur les médias tombent est celui qui consiste à appliquer une grille de lecture normative afin d'appréhender la distance qui sépare le rôle que les médias jouent de celui qu'ils devraient jouer. De ce fait, sont passés sous silence nombre de processus, d'enjeux, de contradictions et de potentiels inhérents à la conception du rôle que la presse joue véritablement dans la société ivoirienne. En outre, une conception fonctionnaliste du rôle spéculaire des médias amène nombre d'observateurs à dire que la Côte d'Ivoire n'a que les médias qu'elle mérite. A notre sens, plus qu'un reflet du social, acteurs et institutions médiatiques suivent une logique s'inscrivant dans des processus, des dynamiques et des enjeux spécifiques. Ainsi les acteurs du champ politique et du champ journalistique considèrent la communication journalistique comme une stratégie de domination. Ils construisent donc l'action au sein d'une logique d'affrontement dans laquelle les médias sont considérés comme des armes et les informations comme des munitions distribuées par leurs réseaux. Pourquoi alors devrait-on s'attendre à ce que des médias qui, depuis au moins le retour au multipartisme, ont fait le jeu des pouvoirs en s'inscrivant dans des logiques de violence symbolique (Bourdieu 1997) poussées à l'extrême au point de devenir de l'armement symbolique, des médias qui s'inscrivent dans des logiques de faire l'opinion (Champagne 2004) et d'*audience making* (Ettema et Whitney 1994) changent brutalement ces pratiques pour devenir des « médias de paix » ?

Dans la crise ivoirienne, une section de la classe politique a érigé l'autochtonie en facteur de légitimation de l'exercice politique. Une autre section demande une redéfinition de l'identité nationale dans un contexte mondialisation et de migration où les frontières déjà floues et contestée du continent risquent de le devenir davantage. Une autre section de la classe politique développe un discours de néo-décolonisation, conforté par l'histoire coloniale et l'implication de la France dans la société ivoirienne. Idéologies devenues vérités,[31] ces deux postures tragiquement post-modernes et post-coloniales, offrent, sur fond de lutte pour le pouvoir, le spectacle de deux adversaires qui se heurtent l'un l'autre avec un bout de modernité. Les demandes de repositionnement de la Côte d'Ivoire sur l'échiquier économique mondial combinées à une redéfinition de la citoyenneté sont-elles exclusives ? Ces questions sont d'autant plus importantes que, dans un contexte de globalisation et de médiation des idées, les notions de subjectivité, de lieux géographiques, d'identification politique et d'imagination sociale sont inévitablement appelées à être remise en question.

Notes

1. Résidant à Abidjan et observant la situation depuis ce lieu, nous n'avons pas enquêté en zone sous contrôle des Forces Nouvelles. Cela nous oblige à évacuer les médias qui s'y sont développés. Seules quelques allusions circonspectes pourront être faites à leur sujet. Le PDCI aurait mérité plus d'attention dans cet article. Nous avons focalisé de façon peut-être disproportionnée sur le FPI et le RDR. Les raisons de ce choix proviennent de la présence limitée du PDCI sur le plan médiatique et dans la rue depuis le coup d'État de 1999. Rappelons que pendant près de 40 ans, le PDCI a eu accès au média d'État pour relayer ses messages et n'a pas l'expertise militante d'un parti comme le FPI. « Le bon militant du PDCI est en costard cravate et il tient ses réunions dans un bureau climatisé. Pas question d'aller s'égosiller sous le soleil! », nous explique un militant du PDCI. Si cette donne tend actuellement à changer, reste que le PDCI prône un 'militantisme responsable. Il ne faudrait cependant pas confondre leur relative absence médiatique à une absence sur le terrain. Ce parti fortement hiérarchisé possède toujours un réseau de communication solidement implanté sur tout le territoire.
2. Pour cette section, nous nous appuyons sur de l'observation participante et des entretiens conduits d'octobre 2004 à octobre 2005 au sein de diverses rédactions, dans le cadre de la recherche de terrain pour une thèse de doctorat intitulée *Manufacturing Conflict: An Ethnographic Study of the News Community in Abidjan* (cf. Références).
3. Satiriques (Gbich), sportifs (Mimosas, Africa Sports….), dédiés à la culture (Top Visages, Star Magazine) ou aux femmes (Go Magazine, Mousso), ils ne traitent pas à propre-

ment parler de l'actualité politique. Quant aux périodiques (hebdomadaires, mensuels, etc.) politiques, il est rare qu'ils s'inscrivent durablement dans le paysage médiatique ivoirien.
4. La radio (*Radio Côte d'Ivoire, Fréquence 2*) et la télévision (*La Première, TV21*) nationales restent toujours des médias d'État. Leur implication dans les violences de novembre 2004 a été dénoncée par le Conseil de sécurité des Nations Unies et Reporters Sans Frontières. Nous renvoyons le lecteur à l'article de Konaté Yacouba (2005) qui a traité cette période en abordant le rôle des médias.
5. Les « radios de proximité » sont des concessions de service public de radiodiffusion sonore « dont la caractéristique essentielle est la production et la diffusion d'émissions radiophoniques: par voie hertzienne et en modulation de fréquence ou en modulation d'amplitude, sur une zone géographique limitée, au maximum, à un cercle de dix (10) kilomètres de rayon autour du centre émetteur, dont le contenu des programmes est exclusivement d'intérêt local » (extrait du Décret n°95-714 du 13 septembre 1995 fixant les règles de fonctionnement des radios de proximité). Ne pouvant légalement participer au débat politique, la multiplication des radios ne constitue pas un élargissement de « l'espace public » (Habermas 1990).
6. La télévision et la radio nationales, la radio privée Jam FM (par exemple) ainsi que des initiatives nouvelles ont fait du webbing pendant les événements de novembre 2004 afin de *« montrer aux ivoiriens de la diaspora et aux amis de la Côte d'Ivoire ce qui se passe réellement dans le pays »* en faisant appel à une certaine économie solidaire.
7. Cette classification s'abstient volontairement d'utiliser l'expression « journaux indépendants », car tous ces journaux réclament avec plus ou moins de verve leur indépendance. Mais, la nature de l'indépendance est rarement évoquée. Parle-t-on d'indépendance financière, d'indépendance politique, d'indépendance des journalistes, d'indépendance des actionnaires ?
8. Dans le contexte ivoirien, le qualificatif patriote est revendiqué par une panoplie d'acteurs. Des «jeunes patriotes » au « Mouvement Patriotique de Côte d'Ivoire » (MPCI), l'utilisation de ce mot pourrait être l'objet d'un article en soi mais est, à notre avis, symptomatique des différentes définitions et imaginations de la communauté nationale.
9. Il s'agit du groupe dont est issu le président Gbagbo, qui est Bété. Pour être plus précis, on reproche à ces rédactions d'employer surtout des journalistes issus des groupes dit « BAD » (Bété, Attié, Dida). Notons au passage que les Attié font partie du groupe Akan.
10. Fédération estudiantine et scolaire de Côte d'Ivoire. À propos de la FESCI et de l'affirmation d'une nouvelle génération politique par le biais de la crise, lire Yacouba Konaté (2003).
11. Cette affaire qui suscite une vive polémique dans le champ politique n'a curieusement pas fait l'objet de nombreux écrits.
12. Sur les 16 journaux, 12 ont 12 pages, 3 en ont 16 et un seul en a 24. Si on exclut les pages consacrées à la publicité, la moitié du journal est dédié à l'actualité politique nationale.
13. Par exemple, Le Monde, New York Times, RFI, BBC, VOA, Africa n°1, CFI, TV5, etc.
14. Un rapport de RSF (2005) annonce plutôt un taux d'invendus entre 25 et 95%.
15. Selon le PNUD, le taux d'alphabétisation était de 48,7% en 2003 chez les 15 ans et plus.
16. Dans d'autres pays, on assiste à des phénomènes analogues tels que le « parlement debout » en République Démocratique du Congo et les grins de Bamako (Mali) depuis le milieu des années 1990.

17. Fédération Nationale des Agoras et Parlements de Côte d'Ivoire.
18. Ils sont d'un niveau d'études surtout secondaires, sont souvent sans emploi, habitent principalement les communes populaires d'Abidjan. Pour nuancer ce propos précisons que dans ces forums populaires, on rencontre également des agents de la fonction publique, des travailleurs d'entreprises parapubliques et privées, des enseignants du primaire et du secondaire, des étudiants et élèves des grandes écoles, des lycéens. Mais, le contexte de foule conventionnelle rend difficile l'identification précise des individus.
19. Précisons encore qu'il ne s'agit pas d'une corrélation aveugle entre ethnicité et appartenance politique. Le contexte de guerre a contribué à accentuer la crispation des positions. Ainsi, il ne fait pas bon être d'un autre parti et encore moins du Rassemblement des Républicains (RDR), parti d'Alassane Ouattara, a fortiori afficher de la sympathie pour la cause des rebelles…
20. C'est à cette période que les agoras et les parlements s'engagent en tant qu'organisation de la société civile légitimée et crédibilisée par le chef de la junte. On peut lire pour la première fois sur des pancartes de guingois, « BBC RFI menteurs », « Radio Foutaise Internationale », etc. Pour RFI en particulier, perçue par ces « jeunes » comme la voix officielle de la France, les quolibets ne manqueront pas.
21. Il est possible d'identifier des signes annonciateurs de cette importante transformation: période du référendum pour la nouvelle Constitution qui devait connaître le fameux épisode du choix entre les deux conjonctions « et/ou »; attaque de la résidence du Général R. Guéï; complot de la Mercedes noire / tentative de coup de force des 7 et 8 janvier 2001; tentative de coup d'État du 19 septembre 2002.
22. La diplomatie française dans cette situation semble victime des atermoiements de sa politique de « ni ingérence, ni indifférence », convaincues que « la solution de sortie de crise n'est pas militaire mais politique » (Smith 2003).
23. Encore faudrait-il qu'elle soit convaincue que le régime ivoirien est démocratique.
24. Pour la présentation du grin, nous nous appuierons sur des entretiens conduits en 2003 et en 2005 ainsi que sur des travaux universitaires et des articles de presse. Selon nos informateurs, le terme « grin » aurait des origines lointaines: « le mot galan à l'époque des rois de l'empire du Mali, désignait l'écorce de l'arbre touffu à feuilles minces de la famille du baobab et qui servait à la confection de bancs traditionnels disposés sous l'ombrage d'un grand arbre, constituant ainsi un espace servant de lieu de réunions (conseils, conciliabules, entretiens, causeries etc.) aux grands dignitaires qui s'y retrouvaient pour échanger et s'entretenir sur les affaires du royaume ». Dans son travail, Robert Vuarin présente plusieurs autres versions de l'origine du terme « grin ».
25. Notons au passage que l'instigateur de cette association, a été à la base de la création des Sorbonnes, parlements et agoras, et y a œuvré jusqu'à la chute du PDCI avec le coup d'état de 1999. C'est probablement à partir de ce moment que ces espaces de discussions semblent avoir pris position pour le général Guéï, puis pour Gbagbo devenu président. Cet exemple renforce l'importance, dans tous les camps, de la socialisation militante qu'évoque Konaté (2003).
26. Ancien porte-parole des Forces Armées Nationales de Côte d'Ivoire (FANCI), célèbre pour la formule « Haut les cœurs » qui clôturait chacune de ses interventions télévisées.
27. Lorsque Jean Hélène, correspondant de RFI, a été assassiné à Abidjan en octobre 2003, il attendait des militants du RDR, mais plus précisément, des membres du Rassemblement des grins.

28. Les coordinations, les collectifs, et mouvements les plus divers se succèdent sur les tribunes, des sigles déjà connus et actifs à ceux dont les dénominations peuvent paraître des plus surprenants: Alliance des Jeunes Patriotes, COJEP, Coordination des Femmes Ivoiriennes Mariées à des Etrangers, Mouvement Ivoirien pour le Rapatriement d'Alassane Ouattara, etc.
29. Nous utilisons « paradigme » au sens large de « découvertes scientifiques universellement reconnues qui, pour un temps, fournissent à la communauté de chercheurs des problèmes et des solutions » (Kuhn 1983:11) mettant en relief l'activité sociale d'un groupe s'accordant sur un positionnement épistémologique, un ensemble de concepts et une méthode (méthodologie) agençant ainsi un mode de compréhension du réel, lui donnant vie, vivacité, pérennité et décidant de sa mise en crise.
30. La maîtrise de la définition de la citoyenneté (code électoral) est enjeu électoral (composition de la Commission Electorale Indépendante, vérification des fichiers électoraux) et donc un enjeu de pouvoir (Whitaker 2005).
31. Comme l'illustre l'expression: « C'est ça qui est la vérité ! », clôturant nombre de déclamations en Côte d'Ivoire.

Références

Akindès, F., 2004, *Les racines de la crise militaro-politique en Côte d'Ivoire,* Dakar: CODESRIA.

Althusser, L., 1976, *Positions,* Paris: Éditions sociales.

Anderson, B., 1983, *Imagined Communities,* London: Verso.

Atchoua, N. G. J., 2004, *Forums populaires, conduite de débats et construction d'identités collectives dans les quartiers d'Abidjan,* unpublished DEA thesis, Abidjan, University de Cocody, Département des Sciences de la communication.

Bahi, A. A., 1998, « Les tambours bâillonnés: contrôle et mainmise du pouvoir sur les médias en Côte d'Ivoire ». *Media Development,* Vol. XLV, no. 4, pp 36-45.

Bahi, A. A., 2001, « L'effet 'titrologue': étude exploratoire dans les espaces de discussion de rues d'Abidjan », *En-Quête: Revue scientifique de Lettres, Arts et Sciences Humaines,* Vol. 8, pp. 129-167.

Bahi, A. A., 2003, « La 'Sorbonne d'Abidjan: rêve de démocratie ou naissance d'un espace public », *Revue Africaine de Sociologie,* Vol. 7 no. 1, pp. 1-18.

Bahi, A. A., 2004a, « Approche sémio-contextuelle des communications dans les forums populaires d'Abidjan », *Kasa Bya Kasa: Revue Ivoirienne d'Anthropologie et de Sociologie,* Vol. 5 no. 5, pp. 5-26.

Bahi, A. A., 2004b, « Les lanternes de la cité. Éthique professionnelle de la presse plurielle en Côte d'Ivoire », in J. P. Brunet et M. David-Blais, eds, *Valeurs et éthique dans les médias: Approches internationales,* Québec, Les Presses de l'Université Laval.

Banégas, R. et R. Marshall-Fratani, 2003, « Côte d'Ivoire, un conflit régional? », *Politique Africaine,* no 89, pp. 5-11.

Bassett, T., 2003, « Nord musulman et sud chrétien: les moules médiatiques de la crise ivoirienne », *Afrique Contemporaine,* Vol. 206, pp. 13-28.

Bouquet, C., 2003, « Être étranger en Côte d'Ivoire: la nébuleuse 'Dioula' », *Géopolitique Africaine,* Vol. 9, pp. 27-42.

Bourdieu, P., 1984, *Questions de sociologie,* Paris: Minuit.

Bourdieu, P., 1996, *Sur la télévision; suivi de L'emprise du journalisme,* Paris: Liber.

Bourdieu, P., 1997, *Méditations Pascaliennes,* Paris: Seuil.

Champagne, P., 1990, *Faire l'opinion. Le nouveau jeu politique,* Paris: Minuit.

Champagne, P., 2004, *Faire l'opinion. Le nouveau jeu politique,* Paris: Minuit.

Diégou, B., 1995, *La réinstauration du multipartisme en Côte d'Ivoire ou la double mort d'Houphouët-Boigny,* Paris: L'Harmattan.

Dozon, J.-P., 1985, *La société Bété. Histoires d'une "ethnie" de Côte d'Ivoire,* Paris: Orstom & Karthala.

Ellul, J., 1962, *Propagandes,* Paris: Armand Colin.

Ettema, J. S. and Whitney, D. C., eds, 1994, *Audiencemaking. How the media create the audience?,* London: Sage.

Frère, M.-S., 2000, *Presse et Démocratie en Afrique francophone, Les mots et les maux de la transition au Bénin et au Niger,* Paris: Karthala.

Frère, M.-S., 2005, « Médias en mutation: De l'émancipation aux nouvelles contraintes », *Politique Africaine,* no. 97, pp. 5-17.

Gadji, D. J., 2002, *L'Affaire Kragbé Gnagbé: Un autre regard 32 ans après,* Abidjan: Nouvelles Éditions Ivoiriennes.

Gellner, E., 1983, *Nations and Nationalism,* New York: Cornell University Press.

Ginsburg, F. D., 1994, « Culture/Media: A (Mild) Polemic », *Anthropology Today,* Vol. 10, no. 2, pp. 5-15.

Gramsci, A., 1978, *Cahiers de prison,* Paris: Gallimard.

Habermas, J., 1990 *L'espace publique. Archéologie de la publicité comme dimension constitutive de la société bourgeoise,* Paris: Payot.

Konaté, Y., 2003, « Les enfants de la balle. De la Fesci aux mouvements de patriots », *Politique Africaine,* Vol. 89, pp. 49-70.

Konaté, Y., 2005, « Côte d'Ivoire: le canari d'eau de Jacques Chirac », *Politique Africaine,* no. 97, pp. 117-132.

Koné, H., 1989, *La dynamique des médias dans les sociétés en mutation: le cas de la Côte d'Ivoire,* unpublished DEA thesis, Strasbourg, Université Louis Pasteur.

Kossou, J.-M., 2005, « Dembélé Bazoumana 'Recteur' (Président des 'Grins'). 'Nous ne sommes à la solde de personne' » in *Nord-Sud Quotidien,* 11 septembre, Abidjan.

Kossou, J.-M., 2005, « Nord-Sud Quotidien adopté par les 'Grins' », *Nord-Sud Quotidien,* 12 septembre, Abidjan.

Kouamé, J. R., 2005, « Agoras, Parlements, Congrès, Sorbonne…Au cœur de la machine de propagande de Gbagbo », in *Nord-Sud Quotidien,* 11 juin, Abidjan.

Koulibaly, M., 2001, « Introduction. La pauvreté en Afrique de l'Ouest. La situation et l'avenir de la lutte », in M. Koulibaly, ed., *La pauvreté en Afrique de l'ouest,* Paris & Dakar: Karthala & CODESRIA, pp. 7-19.

Kuhn, T. S., 1983, *La structure des révolutions scientifiques,* Paris: Flammarion.

Lazar, J., 1995, *L'opinion publique,* Paris: Sirey.

Leimdorfer, F., 2003, « L'espace public urbain à Abidjan. Individus, associations, état » in Leimdorfer, F. and Marie, A., eds, *L'Afrique des citadins. Sociétés civiles en chantier (Abidjan, Dakar),* Paris: Kathala, pp. 109-154.

N'Da, P., 1999, *Le drame démocratique africain sur scène en Côte d'Ivoire,* Paris: L'Harmattan.

Neveu, E., 2001, *Sociologie du journalisme,* Paris: La Découverte.

Nyamnjoh, F. B., 2000, *West Africa: Unprofessional and Unethical Journalism,* Bonn: Friedrich Erbert Stiftung, www.fes.de.

Nyamnjoh, F. B., 2005, *Africa's Media, Democracy & the Politics of Belonging,* Pretoria, London & New York: Zed Books.

Perret, T., 2005, *Le temps de journalistes : L'Invention de la presse en Afrique francophone,* Paris, Karthala.

RSF, 2005, *Côte d'Ivoire: Il est temps de désarmer les esprits, les plumes et les micros* Paris: Reporters sans frontières.

Smith, Stephen, 2003, « La politique d'engagement de la France à l'épreuve de la Côte d'Ivoire », *Politique Africaine,* Vol. 89, pp. 112-126

Théroux-Bénoni, L.-A., en cours, *Manufacturing Conflict? An Ethnographic Study of the News Community in Abidjan,* Toronto: University of Toronto, Department of Anthropology.

Touraine, A., 1994, *Qu'est-ce que la démocratie?,* Paris: Fayard.

Vuarin, R., 2000, *Un système africain de protection sociale ou 'Venez m'aider à tuer mon lion...'* Paris: L'Harmattan.

Whitaker, B. E., 2005, « Citizens and Foreigners: Democratization and the Politics of Exclusion in Africa », *African Studies Review,* Vol. 48, no. 1, pp. 109-126.

Wolton, D., 1989, « La communication politique: construction d'un modèle », *Hermès,* Vol. 4, pp.27-42.

Wolton, D., 1997, *Penser la communication,* Paris: Flammarion.

www.ingramcontent.com/pod-product-compliance
Lightning Source LLC
Chambersburg PA
CBHW021404290426
44108CB00010B/378